# 中国县级政府偿债能力与举债空间测算研究

庄佳强　著

中国财经出版传媒集团

经济科学出版社
Economic Science Press

**图书在版编目（CIP）数据**

中国县级政府偿债能力与举债空间测算研究／庄佳
强著 . -- 北京：经济科学出版社，2022.5
ISBN 978 - 7 - 5218 - 3679 - 0

Ⅰ.①中⋯　Ⅱ.①庄⋯　Ⅲ.①县 - 地方政府 - 偿债能
力 - 研究 - 中国　Ⅳ.①F812.7

中国版本图书馆 CIP 数据核字（2022）第 081017 号

责任编辑：白留杰　杨晓莹
责任校对：刘　昕　齐　杰
责任印制：张佳裕

**中国县级政府偿债能力与举债空间测算研究**
庄佳强　著
经济科学出版社出版、发行　新华书店经销
社址：北京市海淀区阜成路甲 28 号　邮编：100142
教材分社电话：010 - 88191309　发行部电话：010 - 88191522
网址：www. esp. com. cn
电子邮箱：bailiujie518@ 126. com
天猫网店：经济科学出版社旗舰店
网址：http://jjkxcbs. tmall. com
北京密兴印刷有限公司印装
710×1000　16 开　16.25 印张　270000 字
2022 年 10 月第 1 版　2022 年 10 月第 1 次印刷
ISBN 978 - 7 - 5218 - 3679 - 0　定价：65.00 元
（图书出现印装问题，本社负责调换。电话：010 - 88191510）
（版权所有　侵权必究　打击盗版　举报热线：010 - 88191661
QQ：2242791300　营销中心电话：010 - 88191537
电子邮箱：dbts@ esp. com. cn）

# 前　言

　　地方政府债务是我国政府债务管理的重中之重。区县是地方政府债务规模最大的行政层级，并出现了新一轮的快速增长。作为国家的基本经济单元，县域经济体承担着县（县级市、自治县）全域的经济发展任务，也承载着改善辖区内社会民生的责任。相较而言，县级财政自给能力较弱，区域异质性强，债务负担差异较大。偿债资金不足可能引发的系统性偿债困境和偿债责任的上移与后推，不仅会影响基层地方政府财政安全，甚至可能对国家经济社会发展的稳定性和可持续性产生很大压力。因此，分析县级政府债务现状与负担，测算县级政府偿债能力及其区域差异，评估县级政府举债空间及其动态调整，进而提出与县域经济、财政特征相匹配的地方政府债务管理的整体框架和政策建议，优化基层政府债务管理势在必行。

　　基于此，本书从以下五个方面对县级政府偿债能力与举债空间展开了研究。

　　一是县域经济发展与财政能力的区域异质性分析。本书从省内和省际两个层面分析县域经济、财政的区域差异。基于经济发展水平、人口规模、资源禀赋和产业结构探讨不同类型县级政府的财政能力。从财政自给性、转移支付依赖度探讨不同区域县级政府的财力汲取能力。量化了县级政府财政能力的不均衡性。

　　二是县级政府债务与债务负担演变。从整体共性和区域差异两个视角总结和比较不同类型县级政府债务压力。分总债务、一般债务、专项债务分析了县级政府债务余额的规模与结构特征。从负债率、债务率、人均政府债务、债务余额限额比探讨县级政府债务负担及其演化情况。将债务规模、债务负担与经济、人口、财政和产业指标相结合，分析县级政府债务负担的地区差异，预判可能的风险趋势。

　　三是基于财政可持续性的县级政府偿债能力测算。应用基于跨期预算约束的动态财政可持续性模型，分析负债率及其与县级政府财政、经济指标之间的关系。从县级政府经济发展水平、财政能力两个方面测算县级政府偿债能力。判断最优负债率区间，为县级政府债务限额管理提供更为准确的量化依据。

四是与地区经济发展和财政负担相匹配的县级政府举债空间评估。将各类债务负担指标相结合，采用基准分析法、债务限额法和回归分析法来定性和定量评估县级政府举债空间。根据宏观经济和金融条件变动、区域发展动能和财力变化情况，对重点县的新增举债空间进行预判。

五是县级政府债务管理的政策体系。在上述研究基础上，结合地区间偿债能力差异和举债空间约束，提出优化的县级政府举债空间测算框架。提出县级政府债务管理的整体制度性安排，增强债务管理针对性，切断和预防县级政府出现系统性偿债困境。

在研究内容上，本书聚焦于县级政府债务，收集了全国 1789 个县域经济体的政府债务数据，涵盖了全国98%的县级政府，是对县级政府债务的一项全面研究。本书研究紧扣当前县级政府的债务负担、偿债能力和举债空间分析，尽可能地利用最完整的县域经济、财政指标，对县级政府的债务负担情况进行全景式分析，对县级政府的偿债能力进行评估，并采用多种方法对县级政府的举债空间进行测算。在政策建议方面，针对县级政府债务管理中存在的实际难题，本书根据研究结论，从法律顶层设计、债务信息公开、债务会计、债务监督、政府信用评价等在县级层面的落地提出有针对性和可行性的政策建议，力求所提出的政策建议具有实际可操作性。

本书是国家社会科学基金一般项目"区域异质性下中国县级政府偿债能力与举债空间测算研究"（16BJY153）的最终研究成果。本书能够顺利出版，还得到了中央高校基本科研费（2722021BX007）的部分资助。

本书的研究还有很多不足之处，随着以县城为重要载体的城镇化建设的推进，亟须建立多元可持续的投融资机制，县级政府债务在城镇化推进中的作用将得到进一步的加强。在此背景下，本书所探讨的县级地方政府债务，会出现新的特征和新的问题，都需要更加深入的研究。笔者学识浅薄，书中不如人意之处，恳请读者批评指正。

庄佳强

2022 年 3 月

# 目　录

# 第1章 导 论

"地方政府债务的研究意义在于，在市场失灵的条件下，政府干预可能是最优的，并且存在干预成功的例子"（Stiglitz，1993）。

## 1.1 研究背景与研究意义

我国地方政府正在快速成为国内各类债务的最大债务人。在 2021 年末，地方政府债务余额为 30.47 万亿元，这一数据还不包括未正式纳入这一口径的地方政府隐性债务，以及在政府与社会资本合作项目（PPP）中可能出现的需要政府承担的风险债务。规模不断扩大的地方政府债务也导致增量金额不断走高。2021 年，全国新增地方政府债务 43709 亿元①，高于安徽省 2021 年的地区生产总值。

以负债率指标（地方政府债务占国内生产总值的比重）来衡量，2019 年我国地方政府债务的负债率已经超过了国债负债率。与 OECD 国家相比，我国政府债务整体负债率不高（见图 1-1），但是我国属于极少数地方政府债务负债率超过国债负债率的经济体，在 OECD 国家中仅加拿大 2015 年的地方政府债务负债率高于中央政府债务负债率，两者之比为 1.22，而我国在 2015 年这一比值为 1.50。毫无疑问，地方政府债务是我国政府债务管理的重中之重。

从债务成因来看，地方政府发展经济的积极性和城镇化建设增加了其对财政投资所需资金的需求（陈志勇等，2017），在税收立法权集中和税收收入分成方式确定的情况下，财权与事权的不匹配诱发了地方政府对"以地融资"的偏爱（庄佳强，陈志勇，2017）。为应对 2008 年的全球金

---

① 财政部预算司.2021 年 12 月地方政府债券发行和债务余额情况［EB/OL］. http：//www.gov.cn/xinwen/2022-02/10/content_5672859.htm.

融危机和中国经济增速下行而实施的积极财政政策更是直接刺激了地方政府举债融资模式的蔓延。

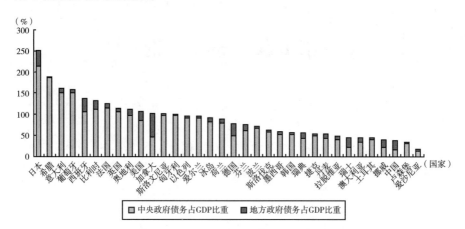

**图 1 - 1　2015 年部分国家地方政府债务与中央政府债务占 GDP 的比重**

注：日本、以色列、墨西哥和瑞士的数据为 2014 年，冰岛的数据为 2013 年。

资料来源：除中国外，OECD 国家的数据均来自经济合作与发展组织财政分权数据库（OECD Fiscal Decentralisation Database）。中国地方政府债务和中央政府债务数据取自财政部。

　　从行为特征上来看，地方政府债务规模的积累和增量的快速上升，主要来自经济下行时期财政收支缺口规模的超速增加。为应对经济衰退，各级政府的财政赤字会随着财政收支的差额而扩大，在大规模的刺激性财政支出政策下，新增财政赤字的规模会超过预期，推动债务以非线性的增速积累（湖北省财政厅，2014）。但是纵使经济增长进入上行通道，地方政府也很少用财政盈余来填补累积的赤字。因此，一旦允许地方政府举债，其必然会积累大量债务。

　　高的债务规模自然要求增加财政收入中用于支付债务利息的比例，高的债务余额、上升的债务利息和低的经济增长（以及由此导致的低的财政收入增幅），会增加债权人对地方政府偿债能力的怀疑，提升地方政府债务风险。这就需要地方政府或者缩限财政支出或者提供地方政府具有偿债能力的依据以增强债权人的信心。在地方财政支出刚性持续，非急需，非刚性支出压减①的背景下，有效评判地方政府偿债能力，更好度量地方政府举债空间，对于增强债权人信心，缓释地方政府债务风险，具有更为重要的作用和意义。

　　为加强地方政府性债务管理，规范政府举债行为，我国于 2014 年发布

---

　　①　财政部，《关于有效应对新冠肺炎疫情影响切实加强地方财政"三保"工作的通知》（财预〔2020〕12 号）。

《国务院关于加强地方政府性债务管理的意见》，通过建立"借、用、还"相统一的地方政府性债务管理机制，推动地方政府债务管理的规范化，以硬化约束的形式来防范地方政府的过度举债行为。从 2015 年开始，我国将三年内到期的存量债务置换为低利率的地方政府债券，通过以时间换空间的方式降低地方政府短期存量债务压力。同时，对新增债务实施限额管理，以控制债务增速。上述举措在一定程度上防止了地方政府债务风险的扩散。

为准确判断地方政府的合理债务规模，分析基层政府的偿债能力，当前研究对省、市和代表性县域地方政府（性）债务进行了分析和比较（陈志勇等，2017；刁伟涛，2020 等），得到了较为丰富的研究结论。但是受数据可及性的约束，对县级地方政府债务（以下简称"县级政府债务"）的分析略显不足。

在实践中，县级政府债务规模与增速已成为地方政府债务管理的焦点问题。作为国家的基本经济单元，县域①经济体承担着县（县级市、自治县）全域的经济发展任务，也承载着改善辖区内社会民生的责任。新型城镇化建设的融资要求和财政增收乏力，决定了县级政府债务需求将高位持续。相对而言，县级财政自给能力较弱，区域异质性强，债务压力差异较大。偿债资金不足可能引发的系统性偿债困境和偿债责任的上移与后推，不仅会影响基层地方政府财政安全，甚至可能威胁到国家经济社会发展的稳定性和可持续性。因此测算县级政府偿债能力及其区域差异，评估县级政府举债空间及其动态调整，判断适度债务规模，防控县级政府债务风险势在必行。建立一套有别于省、市政府，科学的县级政府偿债能力与举债空间测算方法是促进县级政府债务可持续发展的重要举措。

## 1.2　研究内容、研究框架和主要创新点

### 1.2.1　研究内容与研究目标

本书主要研究内容如下：

---

① 本书将县级地方政府债务的界定为县级行政单元（含县级市、县、自治县、旗、自治旗、林区）政府举借的债务，对县级行政单元在下文中简称为"县"。县级政府债务运用于全县域，即县级行政单位管辖的全部范围。因此，本书以"县域"来指代全县。县域经济即县级行政单位全部范围的经济情况。在不会对上下文的理解产生歧义的情况下，本书将"县"和"县域"交换使用，均指代全县范围内的情况。

（1）县级政府债务管理相关研究文献的梳理、总结和分析。系统梳理国内外关于偿债能力和举债空间的最新成果和动态，综述主要文献及基本观点，归纳县级政府债务限额管理的趋势和特点。基于文献梳理了各国地方政府债务管理与救助的历程。结合区域经济差异和财政能力差距，剖析县级政府偿债能力与举债空间的递进关系。

（2）县域经济发展与财政能力的区域异质性分析。从省内和省际两个层面分析县域经济、财政的区域差异。基于经济发展水平、人口规模、资源禀赋和产业结构探讨不同类型县级政府的财政能力。从财政自给性、转移支付依赖度探讨不同区域县级政府的财力汲取能力。量化了县级政府财政能力的不均衡性。

（3）县级政府债务与债务负担演变。从整体共性和区域差异两个视角总结和比较不同类型县级政府债务压力。分总债务、一般债务、专项债务分析了县级政府债务余额的规模与结构特征。从负债率、债务率、人均政府债务、债务余额限额比探讨县级政府债务负担及其演化情况。将债务规模、债务负担与经济、人口、财政和产业指标相结合，分析县级政府债务负担的地区差异，预判可能的风险趋势。

（4）基于财政可持续性的县级政府偿债能力测算。应用基于跨期预算约束的动态财政可持续性模型，分析负债率及其与县级政府财政、经济指标之间的关系。从县级政府经济发展水平、财政能力两个方面测算县级政府偿债能力。判断最优负债率区间，为县级政府债务限额管理提供更为准确的量化依据。

（5）与地区经济发展和财政负担相匹配的县级政府举债空间评估。将各类债务负担指标相结合，采用基准分析法、债务限额法和回归分析法来定性和定量评估县级政府举债空间。根据宏观经济和金融条件变动、区域发展动能和财力变化情况，对重点县的新增举债空间进行预判。

（6）县级政府债务管理的政策体系。在上述研究基础上，结合地区间偿债能力差异和举债空间约束，提出优化的县级政府举债空间测算框架。提出县级政府债务管理的整体制度性安排，增强债务管理针对性，切断和预防县级政府出现系统性偿债困境。

本书以构建增强县级政府偿债能力和举债空间的政策框架为研究目标。通过顺次解决上述问题，试图在充分描述和分析我国县域经济发展和财政能力异性的基础上，总结不同区域县级政府债务压力及其债务负担演变的共性和差异性问题。以经济、财政、人口、产业指标分析县级政府的偿债资源，测算县级政府偿债能力，评估县级政府举债空间。提出与县域经济、财政特征相匹配的地方政府债务管理的整体框架和政策建议，优化基层政府债务管理路径。

### 1.2.2　研究框架

本书主要包含五个部分共九章的内容。第一部分主要为地方政府偿债能力和举债空间的理论分析，包括第 2 章和第 3 章。

第 2 章在对政府财政收支进行界定的基础上，通过对政府债务与财政赤字之间关系的分析，强调财政可持续性即确保地方政府债务规模与财政赤字之间存在平稳性。在此基础上，探讨基于财政可持续性视角研究地方政府偿债能力的可行性，通过判定政府债务的负债率与财政收支余额之间的关系，衡量地方政府的偿债能力。在对偿债能力进行理论分析的基础上，第 3 章给出本书提出的举债空间定义和具体的测算方法，提出了举债空间的四种测算方法。

第二部分包括第 4 章和第 5 章。从经济、财政两个方面对我国县域经济体进行分析，比较和总结不同县域经济体的异同，进而从县级政府债务规模、结构两个方面对县级政府债务进行全面考察。

第三部分为我国县级政府债务负担分析，以及对县级政府债务偿债能力和举债空间的测算。包括第 6 章和第 7 章。

债务负担指标是评判地方政府债务偿还能力以及未来举债空间的关键指标。在第 6 章，本书依次采用负债率、债务率、人均政府债务、债务余额占债务限额的比重四个指标衡量地方政府债务负担及其变化。通过对县级政府债务负担的分析，在第 7 章，本书采用动态财政可持续性框架对县级政府偿债能力进行定量考察，采用基准分析法、限额分析法和回归分析法对县级政府举债空间进行测算。

第四部分，即第 8 章，主要是对地方政府债务管理以及救助的国际经验分析，分别从债务管理模式、事后执法两个方面论述了地方政府债务管理的国际经验，在分析各国具体的债务管理政策的同时，对各国在地方政府债务管理过程中出现的典型救助案例进行了分析和说明。

第五部分（第 9 章）为地方政府债务的管理制度设计，主要解决的问题包括县级政府举债空间的测算框架，县级政府债务管理制度的优化和促进债务良性发展的配套制度建设。

### 1.2.3　研究创新点

相对于既有研究，本书研究的创新点在于全面性和可操作。首先，本书着眼于县级政府债务，收集了全国 1789 个县域经济体的政府债务数据，涵盖了全国 98% 的县级政府，是对县级政府债务的一项全面研究。其次，本书的研究紧扣当前县级政府的债务负担、偿债能力和举债空间分析，尽可能地利用最完整的经济、财政指标，对县级政府的债务负担情况进行全景式分析，对县级政府的偿债能力进行评估，采用多种方法对县级政府的举债空间进行测算。最后，针对县级政府债务管理中存在的实际难题，根据研究结果，有针对性地提出政策建议，所涉及的政策建议具有实用性。

## 1.3　文献述评[①]

### 1.3.1　地方政府债务限额管理

对地方政府实施债务限制的原因有很多，包括预防地方政府过度举债（Wagner，1970）；有利于代际公平，防止当代人在享受债务融资的公共支出服务后，将成本转嫁给下代人（Barton，2011）；维持财政平衡、增强地方政府的充足性、避免地方债务融资中的"搭便车"问题（Ogawa and Nagami，2007；Ogawa and Nagami，2011）；降低利息成本，提高信用评级，保护债权人（Johnson and Kriz，2005；Poterba and Rueben，1999）。

研究普遍认为债务限额的重要性主要体现在两个方面：一方面是确保地方政府对负债的承诺，对政府采取时间一致性政策提供最优的约束条件，依靠稳健的制度安排来限制债务规模过高时政府可能采取的违反时间一致性政策的措施，减少市场冲击；另一方面是降低地方政府间因举债行为产生的负外部性问题，这种负外部性包括本地区多举债导致的其他地区少发债（地方政府间策略性替代），本地区多举债导致的其他地方政府多发债（地方政府间的策略性互补），以及本地区债务风险增加，导致的投资者对其他地方政府的信用度下降（Epple and Spatt，1986）。

为确保地方政府的举债空间，使其具有可持续的偿债能力，研究提出多种债务限额管理方式，包括上一级政府引入借款约束和债务使用约束来规范下级政府的举债行为，以预防违约潮的出现，确保地方政府的偿债能力（Farnham，1985）。推崇一般预算平衡约束和债务限额在约束债务规模

---

[①]　本书着重考察当前关于地方政府债务限额、偿债能力和举债空间的研究；关于地方政府债务成因、效应、风险等研究的述评参见陈志勇、庄佳强等（2017）。

上的作用；强调对债务还本规模，即对债务还本数量占本地区年度预算收入的比重进行限定（Pogue，1970）；主张限制地方政府债务的使用方向和制定地方政府举债政策的融资纪律（Cabases et al.，2007）。但也认识到债务限额对于财政政策自动稳定器功能的发挥可能会产生负面影响（Buiter et al.，1993），会降低地方政府执行债务政策的效率（Ogawa and Nagami，2011），甚至无法有效地约束政府的债务发行（Kiewiet and Szalaky，1996）。

各国在对地方政府债务的管理中，均会实施不同形式的限额管理。比如，美国由州政府对地方政府设定债务限额；加拿大和部分欧洲国家则在地方财政预算中直接引入债务限额；澳大利亚联邦政府要求所有地方政府举债必须得到澳大利亚贷款委员会的批准（Aronson and Hilley，1986；Bird and Slack，1983；Smekal，1986；Bird，1986；Mathews，1986）。但这种借款约束和管理往往是随着建立更为审慎的地方政府财政政策而逐渐确立的（Swianiewiez，2007）。不少学者（Daniels，Ejara and Vijayakumar，2010）对使用财政规则约束预算赤字和政府举债的行为及其效应进行了研究，认为财政规则在控制各级政府的赤字和债务方面成效较为显著。

虽然理论上提出了上述功能，但是地方政府设定债务限额等财政规则对于约束地方政府赤字和举债行为的实际效果上，实证研究存在两种不同的结论，基于美国各州地方政府财政规则政策的变动，波恩和英曼认为严格的平衡预算规则能够起到降低地方政府财政赤字的作用（Bohn and Inman，1996）。对部分拉美国家和欧盟国家的研究也证实这一结论（Alesina et al.，1999，Debrun et al.，2008；Hallerberg and Wolff，2006）。对美国地方政府财政行为的研究发现实施更严格财政规则的地方政府，其债务发行量更少（Bunche，1991；Eichengreen，1992；Kiewiet and Szakaly，1996；von Hagen，1991），财政支出更少（Rueben，1996），在经济波动后，恢复也更快（Poterba，1994）。对瑞士各州的研究发现财政政策规则还能减少债券风险溢价（Fled et al.，2011）。

但也有研究者质疑财政规则的有效性，肯尼迪和罗宾斯认为负责任的经济体不需要财政规则，有些国家即使设立了财政规则也无法保证其遵守财政纪律。财政规则实际上反映了该经济体自身的国别特征，而后者才是约束地方政府财政行为的根本因素（Kennedy and Robbins，2001）。对经合组织 22 个国家以及对欧盟国家财政规则与债券利差的研究均证实财政规则仅在高风险和市场压力较大时，有明显作用（IMF，2009；Iara and Wolff，2010）。而德国的实践证实财政规则在约束地方政府财政赤字进而地方政府债务方面基本不起作用。

整体而言，目前关于地方政府债务限额影响效果研究得出的结论是不确定。可能存在的一种情况是，债务限额无法减少政府举债规模，地方政府会选择绕过相关规定而寻求新的融资渠道。从这个意义上说，债务限额的实施有其管理上的障碍，比如地方政府可以通过租赁购买的方式绕开预算约束，这一方式并不会改变地方政府面临的债务限额，但其具有与债务相似的经济实质，从而导致实际政府债务规模上升。

### 1.3.2 偿债能力与举债空间

举债空间一般被认为是地方政府在当前债务水平和法律约束下，根据该地方政府未来可获得的财政收入规模，确保债务偿还在其承受能力以内，其可以额外发行的债务规模（Hildreth and Zorn，2005）。从现有文献来看，对于地方政府举债空间的研究着重探讨了举债空间的测算指标，包括人均债务余额、债务总额或者债务占当期财政收入的比重。近年来的研究则进一步将举债空间界定为在不影响其他支出项目的条件下，地方政府所能承受的债务水平。

在举债空间测算指标的选择上，研究认为指标的选择应该确保地方政府制定的债务政策能够反映地区的举债空间或者债务负担标准。米兰达就建议地方应该首先考虑债务率、债务上限以及相似地方政府的债务负担指标，以建立自己的债务约束（Miranda and Picur，2000）。他们提出根据人均债务、债务本金占当期收入的比重，或者其他可比的债务指标来设定能够反映中央政府管理意图或能够作为基准的地方债务上限政策。拉姆齐等则建议采用类似行业标准的方法作为设定地方政府举债空间或者相关债务上限的参照方式（Ramsey et al.，1988），但是其不足在于这种标准选取方法可能并不具有统计意义。

在对我国地方政府债务适度规模的分析中，一类研究基于地方政府偿债能力的视角进行考察。偿债能力是指与地方当期财政收入相关的债务水平，这一水平能够确保该地方政府在不改变其预算水平的情况下，仍然能够偿还债务或者进行还本付息（Denison and Hackbart，2006）。刘尚希等（2012）通过指标体系量化我国地方政府的债务压力来测算地方政府偿债能力，郭玉清等（2015）通过分析我国省际政府偿债能力的影响因素及其渠道，对省级地方政府的偿债能力进行时空双维比较。一类研究通过将地方政府的债务规模与地方的经济和财政能力相比较做出判断。这类研究采用的方法包括债务预警指标法（Ma，2003），地方政府债务可持续性框架分析方法（缪小林，伏润民，2014），地方政府债务的违约概率推断法（徐占东，王雪标，2014；李腊生等，2014），包含地方政府财政目标和债务风险控制的多任务非线性规划方法（梅建明等，2015），基于需求偏好的债务绩效评估方法（洪源等，2015）等。现有研究均强调识别政府债务负担能力、偿债能力或者举债空间的重要性，但是如何衡量县级政府的偿债能力与县级政府的举债空间仍是一大难题。

# 第 2 章　地方政府偿债能力的理论分析

"可持续性必须从一个正义和分析的概念转变为各政策部门和政府治理各环节的决策制定和行动方案的指引"（Fiorino，2010）。

## 2.1　地方政府债务与财政赤字

地方政府债务与地方财政赤字是一组紧密交织的概念，地方财政赤字用于估计地方政府所实施的财政政策处于紧缩或宽松状态的程度，地方政府债务用于确定地方政府对宏观经济的影响。准确识别地方政府债务和地方财政赤字，才能评估政府财政收入和财政支出政策的可持续性，才能够预判地方政府债务所可能产生的风险，才能更好地分析财政收支代际公平性。

政府的定义不同，就导致对于政府赤字与债务的定义也存在差异。一般将赤字定义为财政收支差异，或者资产负债表的变化。衡量赤字的最简单方式是政府净资产价值的下降，这种赤字被称为净赤字，在此基础上进行调整的赤字称为经调整的赤字（Nobes，2006）。这类赤字有时候能更好地体现政府的实际情况，比如在净赤字中剔除市场价格变化所导致的资本利得或资本损失，能够反映政府更为稳定和更易控制的财政状况。

对于净赤字的不同衡量也依赖于政府会计中所确认的资产和负债的差异。现金收支是政府现金流量表中的余额，其主要用于确定政府的财务流动性。在收付实现制下，更关注基于交易分类的赤字，即将现金流划分为经常性支出现金流和资本性支出现金流，赤字则视为是两类现金流之和。当财政收支仅包含现金和其他金融资产（如贷款、股份、会计和负债）时，这一口径下的赤字等于政府财务净值的下降。当财政收支还包括实际资产（如土地和建筑物）时，赤字包括政府净值的下降，这种政府会计制度被称为权责发生制。当财政收支包括所有政府项目的支出和收入时，就构成当前部分国家实施的综合财务报告的内容，对赤字的测量等于政府综合性净值的下降（包括在当前政策下政府项目支出和收入的净现值）。

上述每组政府资产和负债的归类都可以用于测算政府债务，在纯收付实现制下，债务即为政府透支额，政府采用收付实现制来记录其接受的贷款和发放的债券。在权责发生制下，政府的负债范围进一步扩大。而综合性财务会计制度下的负债所涵盖的范围是最大的。

对于赤字和债务的狭义定义和广义界定各有优缺点，狭义定义更为可信，能够对财政的变化提供更为可用的信息，如政府在短期内满足负债的能力，其不足在于无法准确衡量政府的储蓄以及政策可持续性。而广义界定在更好地确定政府财政政策可持续性的同时，也面临无法可信测算的问题。

当前，我国用于计算财政赤字的方式是利用各级政府财政收支统计数据，而对债务的衡量则依赖于各级政府在给定地方政府债务口径下的统计数据。基于这两类数据源，考察地方政府债务变动与财政赤字之间的关系，成为研判各级地方政府偿债能力和举债空间的一种方法。必须指出的是，基于权责发生制的地方政府资产负债表和政府综合财务报告的编制进展缓慢。试编报告的公开性在各省尚未完全落实，这使得对于地方政府债务的研究，缺乏政府资产数据的支撑。当前研究不得不依赖反映地方政府债务规模与地方经济发展水平之比的负债率指标，以及债务规模与地方政府综合财力之比的债务率指标作为衡量地方政府债务风险和负担，估算地方政府举债空间的主要指标。这类指标自身就存在存量与流量间的不匹配。正是缺乏对不同类型的地方政府债务使用相对应的政府资产数据，才需要缩限地方政府债务的范围。政府债务类型上的缩限再加上对地方政府债务的限额管理，必然会导致地方政府寻找限定种类以外的融资模式，产生地方政府隐性债务风险，继而又引发对地方政府债务的重新界定和概念外推。地方政府综合财务报告的不可得，实际上影响了本书所推算的地方政府举债空间的准确性，这也是本书目前研究的一个重要不足。

根据定义，在允许地方政府举债的情况下，地方财政赤字可以认为是两期债务之差，当财政赤字中包含一定的财政调整项目时，地方财政赤字与地方政府债务增量之间会产生一个残差项：

$$地方政府债务_t - 地方政府债务_{t-1} = 地方财政赤字_t + 残差项_t$$

$$(2-1)$$

当残差项持续为负，且金额较大时，就意味着新增债务低于地方财政赤字，但地方政府的财政收支缺口较大；若残差项持续为正，则意味着新增债务高于地方财政赤字，地方政府存在隐藏或减少财政支出的可能。因此通过分析残差项是否具有自相关性，可以对地方政府的偿债能力做一个间接的判断。当残差项不具有自相关性时，债务增量与财政赤字之间的正相关性强，说明地方政府如实反映其财政收支情况；而当残差项具有很强的自相关性，并且持续为负时，则说明地方政府的债务增量，并未完全体现为政府财政赤字的增加。

基于协整的概念，持续性就意味着地方政府债务规模与财政赤字之间存在平稳性（Hamilton and Flavin，1986）。这里需要注意两个问题。第一，地方政府债务作为存量概念，具有时间依存性，债务规模必定是一个非平稳变量，而财政赤字并非始终遵循相机抉择，其也是一个非平稳变量。这两个非平稳变量之间可能会构成长期平稳关系（协整关系），一旦构成，就意味着政府跨期预算方程成立。第二，根据我国的预算规定，地方政府是不列赤字的，地方政府公共预算收支缺口由上级政府通过税收返还和转移支付的方式予以弥补，因此地方政府并不存在严格意义上的财政赤字，但是在允许地方政府举债的情况下，每年的新增债务实际上意味着地方政府出现了赤字，并且其中的一部分通过发行债务的方式予以弥补。因此，当政府债务和财政赤字之间具有协整关系时，就可以保证财政可持续性。从式（2-1）出发，地方政府的债务负担或财政能力就自然与地方财政的可持续性联系在一起了。

## 2.2 基于财政可持续性的偿债能力

对于一国财政可持续性的分析，始于世界银行在 20 世纪 90 年代对财政可持续性的研究。财政可持续性主要衡量政府维持财政收入和财政支出跨期平衡的能力，即一段时期内出现的赤字由其他时期的盈余来予以补偿的能力。此后的研究虽然对一国的财政可持续性有不同的界定，但其考察的两个核心能力始终是政府在财政充足性条件下运用财政政策和货币政策的能力，以及政府偿还债务的能力（Burnside，2003）。在考虑政府债务的情况下，财政可持续性即保证政府债务不扩散条件下的财政收支状态（Blanchard，1990）。

财政可持续性的衡量最初以中央政府财政作为研究对象，比特（Buiter，1985）将财政可持续性定义为中央政府财政的持续状态和能力，并认为由财政可持续所界定的偿债能力可以反映政府债务可持续性，当其无力偿还债务时就不能存续；反之，有偿债能力则说明它可存续，因此，财政可持续性能够反映政府债务偿还能力问题。阿里约（Ariyo，1993）和丁（Dinh，1999）进一步扩展了对财政可持续性的分析，在经济增长率、实际利率以及通货膨胀率给定的情况下，不提高债务负担率就能弥补的赤字称为可持续赤字，进而将可持续财政阐述为实际赤字小于可持续赤字的财政。

在对衡量一国偿债能力的财政可持续性的测算上，主要通过对宏观经济与人口结构的设定，考察负债的现值，从而得到不同经济增长速度、利率和债务还本付息压力下财政盈余变动情况。为确保预测结果的稳健性，也有研究在测算中引入概率分布，采用风险估值方法进行考察。

具体到地方政府层面，伯恩赛德（Burnside，2005）提出地方政府财政可持续性的概念，即地方政府在始终保证自身具备偿债能力的条件下，其财政政策得以延续和维持的程度。这一界定实际上测度了地方政府满足其财政责任的长期能力，当一个地方政府财政变为不可持续时，就需要改变财政政策以避免债务违约。与国家层面的财政可持续性分析相比，对于地方政府的财政可持续性的测算还需要包括政府间（横向和纵向）的财政关系，通过考察地方政府面对的周期性、结构性和政府间三类财政压力来识别地方政府的财政可持续性。近年来，基于地方政府层面的财政可持续性分析逐渐丰富（Chapman，2008；Ward and Dadayan，2009；IPSASB，2011；GASB，2011；Mahdavi and Westerlund，2011；Raju，2011）。

从财政可持续性的视角来研究地方政府偿债能力，其优点在于无须关注全部债务偿还，只要维持负债率和财政收支净收入之间关系稳定，就能满足财政可持续性的要求，确保债务最终会得到偿还。而在实际测量地方政府的财政可持续性时，只需要关注地方财政收入和财政支出的口径，也简化了数据要求。

### 2.2.1　地方政府跨期预算约束与财政可持续性

2.2.1.1　地方政府跨期预算约束

基于莱依（Ley，2010）的财政可持续性模型，建构地方财政可持续性下的偿债能力分析框架。令 $D_t$ 表示在 $t$ 期末的地方政府债务余额，$i_t$ 表示平均名义利率，$B_t$ 表示地方政府财政余额（$B_t > 0$ 说明地方政府具有预算盈余）。地方政府的跨期预算约束可以表示为：

$$D_t = (1 + i_t)D_{t-1} - B_t = D_{t-1} - (B_t - i_t D_{t-1}) \qquad (2-2)$$

式（2-2）中，左边第二项表示剔除政府债务利息支出后的财政余额。将该式视为恒等式时，式（2-2）表示地方政府为满足其债务偿还要求，$t$ 期的债务缺口（$B_t < 0$）需要通过举借新债来进行融资。相应的，当存在财政盈余时，其可以用于减少当前债务余额。

根据式（2-2），当地方政府在 $t$ 期出现财政赤字时，本期需偿还的债务本金只能以借新还旧的方式进行滚动。当地方政府在 $t$ 期出现政府盈余（$B_t > 0$）时，则应该根据财政盈余金额来偿还部分债务本金，以降低债务存量。

对式（2-2）两边同时除以名义地区生产总值（$P_t Y_t$），得到地方政府债务负债率$\left( d_t = \dfrac{D_t}{P_t Y_t} \right)$的变动方程：

$$d_t = \frac{(1 + i_t)}{(1 + g_t)(1 + \pi_t)}d_{t-1} - b_t = \frac{(1 + r_t)}{(1 + g_t)}d_{t-1} - b_t \qquad (2-3)$$

其中，$g_t$ 为实际地区生产总值增长率，$\pi_t$ 为地区通货膨胀率，$r_t = (i_t - \pi_t)/(1 + \pi_t)$ 为实际利率。

2.2.1.2 两期比较分析

对式（2-3）两边同时减去 $d_{t-1}$，得到两期负债率的变化：

$$\Delta d_t = \frac{r_t - g_t}{1 + g_t}d_{t-1} - b_t \qquad (2-4)$$

当地方政府债务负债率处于稳定状态（即两期间负债率保持不变）时，式（2-4）左边为0，求解 $b$，可以得到确保地方政府债务稳定性的财政余额必须满足：

$$b_t^* = \frac{r_t - g_t}{1 + g_t}d_{t-1} \qquad (2-5)$$

实际利率与实际增长率之差越大，维持地方政府债务稳定性所要求的财政余额就越高。如果实际利率等于地区实际经济增长率，那么无须为维持地方政府债务稳定而预留除债务利息支出外的财政资金，在债务本金可以滚动存续的情况下，地方政府债务的利息支出可以由地区经济增长所带来的收入完全负担。由此，可以判断地方政府具有足够的偿债能力。

而当实际利率低于地区实际经济增长率时，地方政府债务的资金成本下降，还本付息金额减少，政府维持财政盈余的激励会减弱。这种情况下，地方政府会认为其不仅有足够的偿债能力，而且能够继续举借债务①。

式（2-4）的左边为未剔除地方政府债务利息支出的财政收支余额，而影响地方政府偿债能力的是因素可分为债务利息支出和净财政盈余水平，将政府债务名义利息支出纳入财政支出项，式（2-5）可以重写为以名义利率和名义增长率表示的方程：

$$\Delta d_t = \frac{i_t - \gamma_t}{1 + \gamma_t} d_{t-1} - b_t = \frac{i_t - \gamma_t}{1 + \gamma_t} d_{t-1} - (b_t - i_t d_{t-1}) - i_t d_{t-1}$$
$$= -(b_t - i_t d_{t-1}) - \frac{1 + i_t}{1 + \gamma_t} \gamma_t d_{t-1} \qquad (2-6)$$

其中，$1 + \gamma_t = 1 + g_t + \pi_t + g_t \pi_t$ 为名义增长率。式（2-6）第二行中右边第一项为总体财政状况，第二项为名义增长红利。当名义增长率为 0 时，两期间负债率的变动受到地方政府总体财政状况的影响。当财政收入下行，刚性支出存续的情况下，负债率必然上升。当地区经济增长红利无法支撑地方政府的总体财政赤字时，负债率也会上升。根据式（2-6），地方政府的偿债能力受到地方总体财政状况和地区经济增长率的影响。

给定每期债务偿还金额，令当期债务还本额占地区生产总值的比率为 $a_t$，可以将式（2-6）重写为：

$$\Delta d_t = \left( a_t - (b_t - i_t d_{t-1}) \right) - \left( \frac{1 + i_t}{1 + \gamma_t} \gamma_t d_{t-1} + a_t \right) \qquad (2-7)$$

式（2-7）左边第一项大于 0 时，表示当期财政余额不足以支付当期债务还本付息额。在这种情况下，需要举债为差额部分融资。在当期出现财政赤字的情况下，不仅赤字部分需要举借新债，本期还本付息部分必须全部借新还旧，导致负债率的上升。式左边第二项表示负债率的增加可以部分地被名义增长红利与当期已偿还债务负债率所抵减。

#### 2.2.1.3　长期财政可持续下的偿债能力

采用递归方法前向求解式（2-3），可以得到：

----

① 低利率环境下政府债务可持续性增强的观点在近年来的主权债市场中非常流行，也是各国国债负债率快速上升的重要理论支持。但本书并不着重讨论这种低利率的情况。原因在于，我国的地方政府债务以国内发行为主，而以我国一年期国债收益率作为利率中枢指标来看，该指标自 2010 年以来并未发生过明显的下行。虽然我国地方政府债务的融资成本在 2015 年进行债券置换后有较大幅度的下降，但是仍未达到国际社会所讨论的低利率。

$$d_T = d_0 \prod_{t=1}^{T} \left( \frac{1+r_t}{1+g_t} \right) - \sum_{t=1}^{T} b_t \prod_{j=t+1}^{T} \left( \frac{1+r_j}{1+g_j} \right) \qquad (2-8)$$

当经济体处于平衡增长路径（财政余额为常数）时，$(1+r)/(1+g)$ 为常数，可以由式（2-8）得到未来平均负债率：

$$d_T = d_0 \left( \frac{1+r}{1+g} \right)^T - b \sum_{t=1}^{T} \left( \frac{1+r}{1+g} \right)^t \qquad (2-9)$$

式（2-9）可用于分析在平衡增长路径下，地方政府财政余额与债务限额，进而与地方政府偿债能力之间的关系。假设在 T 期的最适债务率为 $\bar{d}$，实际利率等于经济增长率时（$r=g$），求解式（2-9）可以得到 $b = (d_0 - \bar{d})/T$，即地方政府可以根据当期负债率与最适负债率之间的缺口来确定单期平均财政余额。在当期负债率低于最适负债率时，可以增加财政赤字；在当期负债率高于最适负债率时，则需要增收减支，实现财政盈余。根据这一财政调整方案，地方政府能够在 T 期内均保持稳定的偿债能力。

当地方政府面对的实际利率超过地区的经济增长率时（$r > g$），每年根据债务缺口调整的财政余额项需要满足：

$$b = \frac{d_0 \left( \frac{1+r}{1+g} \right)^T - \bar{d}}{\sum_{i=0}^{T-1} \left( \frac{1+r}{1+g} \right)^i} > (d_0 - \bar{d})/T \qquad (2-10)$$

式（2-10）给出了在 T 年达到最适负债率的一条平滑调整路径。在这条路径上，每期所需要调整的地方政府财政余额为根据地区经济增长率和实际利率调整的一个特定比例，因此地方政府的偿债能力直接和间接地依赖于地区生产总值。在这种情况下，一旦实际负债率超过最适负债率，地区经济增长下行，需要由财政余额调整的债务缺口放大。在财政余额不足的情况下，负债率将持续扩大，地方政府失去了偿债能力。

基于财政可持续视角的分析，在一个持续增长的经济体中，地方政府偿债能力的判定，无须关注债务能否全部偿还。只要负债率不会出现爆发性增长，每期的财政余额可以根据式（2-10）进行调整，那么地方政府债务可以稳定在适度水平上。

### 2.2.2　动态可持续下的偿债能力

波恩（Bohn，1998）在财政缺口方法中引入了政府行为维度，检验财政政策对于债务增加的反应。当地方政府债务增加时，地方政府对财政收支进行主动调整。在这一设定下，财政余额对债务变化所做出的正向反应即为财政充足性得以满足的条件，若财政余额能够随着债务规模的上升而增加，从而避免庞齐（Ponzi）条件的出现，地方政府的举债能力就能得到保障，地方政府存在举债空间。其经济直觉在于，随着债务存量的增加，地方政府需要采取措施增加财政收入，减少财政支出，防止债务出现爆发性增长。

假设地方政府通过调整财政收支来应对地方政府债务变动：

$$b_t = \mu + f(d_{t-1}) + e_t \qquad (2-11)$$

其中，$\mu$ 表示除地方政府债务变量以外影响财政赤字的其他因素（包括产出缺口、财政支出、地区通货膨胀率等），$f(d_t)$ 为关于地方政府债务规模的非线性函数。根据式（2-4），可以得到以地方政府债务表示的财政反应函数：

$$(r_t - g_t)d_t = \mu + f(d_t) + e_t \qquad (2-12)$$

假设财政反应函数为非线性设定，当债务水平较低时，政府并不会对债务增加做出过多的反应；随着债务规模的不断上升，地方财政收支进行调整，其对应的均衡条件如图 2-1 所示。

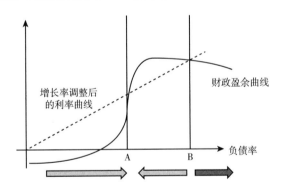

图 2-1　财政反应函数均衡条件

当负债率位于 A 点的右侧时，财政余额大于经过增长调整后的利息支出，能够匹配更高的利息支付额，地方政府存在举债空间，其举债金额为超过利息支出金额的财政余额除以经增长调整的实际利率。如果负债率在 B 点的右侧，则地方政府的财政面临不充足的风险很高，财政余额会持续低于债务付息额，政府必须借款以支付利息，进一步扩大了利息支出和财政余额之间的差距，对利息的滚动会快速减少地方政府的举债空间。由图 2-1 可知，当地方政府决定采取措施来增加财政余额以应对负债率上升时，负债率会出现均值复归。

在这一设定下，只要债务能够得到持续增长的财政盈余的支持，那么财政的可持续性和债务的无限增长是等价的，这就意味着存在一个潜在的无穷大的举债空间（甚至可以等于该地区的地区生产总值），政府可以无约束地借款，这无疑是不现实的。奥斯特雷等（Ostry et al., 2010）考虑了利率和债务限额同时增加的情况，负债率的上升一般会导致利率的上升，而利率的增加会更快地增加地方政府债务负担。在这一设定下，财政余额对于负债率的反应会存在门限效应。在该门限值以上，地方政府的财政收入将无法满足不断增加的债务还本付息要求，债务规模持续上升，负债率被迫无限制地增加，产生债务失序的情况。

这一政府负债门限值可被视为政府债务上限，当前政府负债水平和债务上限之间的差即为可行的举债空间。由此，对于债务增加做出积极应对的举债政府具有更高的债务限额和更多的举债空间，而不作为的政府则拥有较低的债务限额和较少的举债空间。

采用波恩（1995，1998）提出的方法来考察地方政府的偿债能力，其实质是衡量地方政府存在举债空间的充分条件①。该方法的优点在于不需要设定随机贴现因子，从而避免了考察地区间和不同类型债务的利率差异可能产生的影响，也不需要考虑财政政策和债务管理政策是否与财政可持续性保持一致。但是这类分析框架的主要不足在于其无法考虑未来时期，也未能给出维护可持续性的财政政策类型。

### 2.2.3　财政可持续性的量化评估方法

相应地，也有研究主张基于指标体系来对地方财政的可持续性进行评价。以指标体系评价的方式来评估地方政府的财政可持续性并没有统一的标准，根据对财政可持续性的不同定义，指标体系设计方式也存在差异。政府会计标准委员会（GASB）将地方政府的财政可持续性视为对经济条件的前瞻性展望，并将其定义为政府在不将融资负担转嫁给后代的条件下，产生必要的资源以满足当期服务承诺和财政责任的能力与意愿（GASB，2011），建议将影响政府长期财政条件的因素划分为政府结构、

---

①　波恩提出的财政可持续性检验是基于巴罗的税收平滑假说提出来的，但是后者无论是在理论上，还是在实践中都受到较多的批评。正如本书在第 1 章中所讨论的，在经济周期的各个阶段，政府都会选择财政赤字，从而导致债务的不断积累，差异仅在于累积速度的快慢而已。而理论上，税收平滑假说所依赖的仁慈政府（社会计划者），无限期家庭和制度中性假设都受到一定的批评。

政府财务结构与绩效、地方经济基础三部分。

国际公共部门会计标准委员会（IPSASB）将财政可持续性视为"实体满足当前和未来的服务提供以及财政承诺的能力"（IPSASB，2011），从而主张从财政能力、服务能力和脆弱性三个层面来评估地方政府的财政可持续性。其中财政能力是地方政府在不增加税收负担的情况下所具有的连续偿债能力；服务能力是地方政府在报告期内利用当期收入来提供服务的能力，以及基于当期和未来收入来满足政府职责的能力；脆弱性是指财政对于地方政府自有财政收入以外的资金来源的依赖程度，以及地方政府增加财政收入和寻求财政收入新渠道的能力。

在对澳大利亚地方政府财政可持续性的分析中，普华永道（PwC）将财政可持续性定义为地方政府管理预期的财政需求和财政风险，在不使用额外收入和不增加额外支出的情况下应对长期冲击的能力（Dollery and Grant，2011），并建议采用以下的财务指标作为评估地方政府财政可持续性的评判标准（见表 2 - 1）。

表 2 - 1　　　　　基于财务指标的地方政府财政可持续性示例

| 指标 | 标准 |
| --- | --- |
| 财政收支差额：财政收入—财政支出（不含债务利息支出） | 收支缺口占财政收入的比重超过 10%，意味着存在较高的财政风险 |
| 利息覆盖比率：收入/利息支出 | 财政可持续性门限值至少应达到 3 |
| 可持续性比率：资本性支出/折旧 | 比值大于 1 表明资产在增加，但该指标容易受到资产评估方法的影响 |
| 当期比率：当期资产/当期负债 | 财政可持续性要求该值至少为 1 |

资料来源：转引自 Dollery and Grant，2011。

在评估地方政府财政可持续下的偿债能力时，则更多依赖于以下三类指标：养老金负担、债务负担和地方财政预算平衡程度（Gorina，2013；Nollenberger，2003）。养老金负担是地方政府对于支付养老金的长期承诺。地方债务负担是地方政府财政可持续性的关键，高负债率意味着超额负担，债务增速过快可被视为地方政府财政可持续性的预警指标，但是在允许举债的情况下，负债率过低也意味着当地对于公共基础设施的投资不足。

从现行各种方法来看，反映偿债能力的财政可持续性要求满足跨期财政充足性约束条件和庞齐条件。换句话说，只要当期债务不高于未来预算盈余的现值，地方政府就具备偿债能力。但是基于财政可持续性的分析方法并未对特定时点上的债务和赤字进行约束，也没有界定维持财政可持续性的债务门槛应该是什么。从这个意义上来说，只要未来预算盈余的现值足够大，那么即使当期债务的负债率超过200％，也不能说明地方政府的偿债能力不足①。

为部分解决这一不足，近年来基于可持续性视角对偿债能力的测算开始引入上述限制。国际货币基金组织通过对不同场景下的债务可持续性的预测，来设定债务负担门限，从而将相应财政主体区分为低风险、适度风险、高风险和债务困难主体（IMF，2003）。欧盟采用类似的债务可持续性分析框架（EU，2014a，2014b）。但两大组织所进行的分析均需要假设未来的经济增长率、利率以及财政赤字的变动，科拉德等（Collard et al.，2015）则基于对这些宏观变量的预测值，采用最大可持续债务水平方法来确定各经济体的债务门槛。考虑到对未来的债务利率、经济增长率以及财政赤字率的预测均具有较强的不确定性，上述方法更多地适用于进行相对评价，而非绝对评估②。

因此，也有研究主张应该根据地方政府债务和财政风险来评估地方政府的偿债能力，基于未定权益法思想的地方政府可偿债收入的测算就是其中的一种探索。

## 2.3　基于未定权益法的偿债能力

### 2.3.1　未定权益法概述

未定权益法（contingent claims approach，CCA）是由布莱克、斯科尔斯和莫顿等学者提出的一种风险评估方法，简称CCA方法，适用于企业、银行等微观经济主体，近年来快速地应用到政府、央行等宏观主体。该方法把各主体的权益或担保看作期权，并运用期权定价理论和财务会计数据构建反映市场信息的分析框架，在此基础上计算一系列风险指标来评估各主体的债务风险情况。未定权益法的核心优势在于利用财务报表数据时会

---

① 在这一理论指导下，基于财政可持续性的实证分析也更聚焦于财政余额的平稳性，以及财政收支与债务间的协整关系。此外基于现有数据的外推，意味着这一分析范式有助于评估已发生的财政行为的可持续性，但是用于指导未来的财政可持续性实际上是有缺陷的。

② 在本书采用地方财政可持续性的方法来衡量县级政府的偿债能力时，同样也存在这个问题。

引入市场信息，具有前瞻性，其不仅适用于评估个体债务风险，而且适用于评估整体债务风险，进而推断主体的偿债能力。

未定权益法的核心思想是当资产的市场价值低于到期需偿付的债务时，违约发生。而导致违约的根本原因是未来资产市场价值的不确定性。该方法还定义了资产价值、所有者权益价值、负债价值和担保之间的关系。债权人和所有权人将来的收益依赖于资产价值，但由于资产价值具有不确定性，因此负债和所有者权益都属于"未定权益"。负债有违约的可能性，所以负债是有风险的。根据未定权益法，风险负债价值等于无违约负债价值减去债权人和担保人的预期损失。当担保人对债务提供全额担保时，预期损失则全由担保人承担。此外，在对两个"未定权益"进行分析时，所有者权益可以看作是购入以资产为标的、以到期债务为执行价格的欧式看涨期权，而预期损失可以看作是出售以资产为标的、以到期债务为执行价格的欧式看跌期权。因此，运用期权定价理论和财务会计数据，可以对所有者权益价值、风险负债价值、预期损失、资产价值进行量化：

$$资产价值 = 所有者权益价值 + 风险负债价值$$

$$所有者权益价值 = 看涨期权$$

$$风险负债价值 = 无违约负债价值 - 预期损失$$

$$= 无违约负债价值 - 看跌期权$$

### 2.3.2　未定权益法的理论推导

未定权益法假设资产价值的变化服从几何布朗运动：

$$\frac{dA}{A} = \mu_A dt + \sigma_A dZ \qquad (2-13)$$

在债务到期的时点 t，当资产价值 $A_t$ 低于到期需偿付的债务 $B_t$ 时，违约发生，可以计算出如下违约概率：

$$
\begin{aligned}
Prob(A_t \leqslant B_t) &= Prob\left( A_o \exp\left[ \left( \mu_A - \frac{\sigma_A^2}{2} \right)t + \sigma_A \varepsilon \sqrt{t} \right] \leqslant B_t \right) \\
&= Prob\left( \varepsilon \leqslant -\frac{\ln\left(\dfrac{A_0}{B_t}\right) + \left( \mu_A - \dfrac{\sigma_A^2}{2} \right)t}{\sigma_A \sqrt{t}} = -d_{2,\mu} \right) \\
&= Prob(\varepsilon \leqslant -d_{2,\mu}) \sim N(-d_{2,\mu}) \qquad (2-14)
\end{aligned}
$$

其中，$A_0$ 为资产的当前价值，$A_t$ 为资产在 t 时点的价值。$B_t$ 为 t 时点需要偿付的债务，在未定权益法中被称为债务危机临界点。$\mu_A$ 为资产预期收益率，$\sigma_A$ 为资产预期收益的波动率，t 为以年表示的时段长度，$\varepsilon$ 服从均值为 0，方差为 1 的正态分布，即 $\varepsilon \sim N(0,1)$，$N(d)$ 表示标准正态分布中离差小于 $d$ 的概率。而 $d_{2,\mu}$ 为实际概率测度下的违约距离，表示资产价值与到期债务的距离，距离越大，债务风险越小。由于未定权益定价所使用的资产价值概率分布不是实际概率分布，而是风险中性概率分布。因此，用无风险利率 $r$ 代替 $\mu_A$，可以得到风险中性条件下的违约距离 $DD$ 和风险中性违约概率 $N(-d_2)$ 为：

$$DD = d_2 = \frac{\ln\left(\frac{A_0}{B_t}\right) + \left(r - \frac{\sigma_A^2}{2}\right)t}{\sigma_A\sqrt{t}} \qquad (2-15)$$

根据未定权益法，所有者权益价值和预期损失都可用布莱克－斯科尔斯期权定价模型对其进行定价。在满足模型的基本假设①时，所有者权益价值 $E$ 等于看涨期权价值：

$$E = A_0 N(d_1) - B_t e^{-rt} N(d_2) \qquad (2-16)$$

预期损失 $P$ 等于看跌期权价值：

$$P = B_t e^{-rt} N(-d_2) - A_0 N(-d_1) \qquad (2-17)$$

有风险负债的价值 $D$ 等于无违约负债的价值减预期损失：

$$D = B_t e^{-rt} - P = B_t e^{-rt} - [B_t e^{-rt} N(-d_2) - A_0 N(-d_1)] \qquad (2-18)$$

其中：

$$d_1 = \frac{\ln\left(\frac{A_0}{B_t}\right) + \left(r + \frac{\sigma_A^2}{2}\right)t}{\sigma_A\sqrt{t}}, \ d_2 = d_1 - \sigma_A\sqrt{t}, \ r \text{ 为无风险利率，} B_t e^{-rt} \text{是}$$

t 时点到期债务的无风险连续复利现值。

此外，资产预期收益的波动率 $\sigma_A$ 和所有者预期收益的波动率 $\sigma_E$ 存在如下关系：

$$E\sigma_E = A_o \sigma_A N(d_1) \qquad (2-19)$$

① 布莱克－斯科尔斯模型的基本假设包括无风险利率 $r$ 为常数；标的价值的变化符合随机游走，并且标的回报率呈对数正态分布；标的为股票时，股票不分红；期权为欧式期权，即到期日才能行权；整个交易过程中，不存在交易费用。

只要 $E$、$\sigma_E$、$B_t$、$r$、$t$ 已知，则能求得 $A_0$ 和 $\sigma_A$，再将其代入风险中性违约概率和违约距离的公式，以评估相应主体的债务风险。而整体债务风险则用违约距离均值 $ADD$（ $= \sum DD/n$ ）和以均值为基础的违约概率来测度。

当研究对象是有交易信息的上市公司时，未定权益法假设上市公司股票价格服从对数正态分布，因此可以采用历史波动率法来估计上市公司所有者预期收益在未来一年的波动率。所有者权益价值 $E$ 也可以用相应时点个股总市值表示，然后结合 $B$、$r$、$t$ 的取值，求得上市公司的资产价值及其预期收益波动率。

但是，当研究对象是非上市公司或缺乏财务资料的主体时，所有者权益价值及其预期收益波动率都没有可观测的数据。这就需要使用同行业、同地区上市公司的可比数据拟合非上市公司的资产价值及其预期收益波动率，进而度量非上市公司的债务风险情况。现行的可比研究包括使用上市公司的税息折旧及摊销前利润来推算出非上市公司的资产价值，使用营业收入来判定资产预期收益波动率，采用账面价值来替代所有者权益市场价值，或者通过上市公司所有者权益市场价值和账面价值的比例来推算非上市公司所有者权益的市场价值，采用证券指数波动率计算所有者预期收益波动率。

### 2.3.3  基于未定权益法的地方政府可偿债收入

在未定权益法下，本书将地方政府需偿还的债务额看作看涨期权约定的权益价格，而将可偿债收入均值视为政府在期权到期日权益的实际价格，行权日即为债务到期日，地方政府作为行权人（债务人）需要决定是否通过偿还债务本息来回购这部分可偿债收入权益。当地方政府债务到期时，地方政府可偿债收入大于当期债务本息金额时，则地方政府会选择偿还债务，购回可偿债收入；反之，如果该地区的可偿债收入小于当期债务本息金额时，则可能导致违约从而产生债务风险。偿债额与可偿债收入之间的距离即为违约距离。假设地方政府可偿债收入服从正态分布，则在到期日，该笔收入小于到期应偿还债券本息金额时，就有可能发生违约，由此定义了违约概率（如图 2 - 2 所示）。

由于县级政府的财政收入中存在强制性支出项目，以保证政府部门的正常运行并且满足特定目的财政支出的要求，因此地方政府的财政收入并不能全部视为可偿债收入。为提高计算的准确性，在确定可偿债财政收入时，需要剔除这部分强制性支出，从而得到地方财政具有一定自主性的可偿债财政收入。

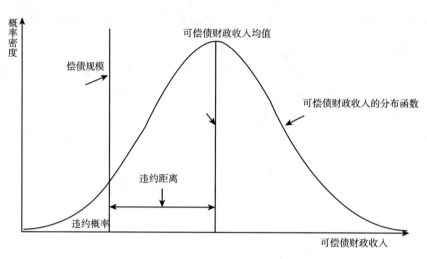

图 2 - 2　未定权益法下的地方政府债务可偿债收入与债务风险

# 第3章 地方政府举债空间的理论分析

"巨额债务的增积过程，在欧洲各大国，差不多都是一样的；目前各大国国民，都受此压迫，久而久之，说不定要因而破产！国家与个人同，开始借款时，通常全凭个人信用，没有指定特别资源或抵押特别资源来保证债务的偿还。在这种信用失效以后，它们继续借款，就以特定资源作抵押"（亚当·斯密，1981）。

## 3.1　基于财政空间视角的举债空间

财政空间是一个与财政可持续性相关的概念，一般是指政府在一段时期内为其支出项目融资、偿还债务本息，以及确保财政充足性的能力。财政空间可视为对财政可持续性概念的延展，财政可持续性的立足点是维持财政收支差额可控，负债率稳定，更适合于判断地方政府的偿债能力。而财政空间更多强调地方政府财政支出融资的资金来源，一方面与地方政府的举债能力联系较为紧密，另一方面也对应了地方政府的举债空间。

### 3.1.1　财政空间的概念与特征

财政空间也称为财政政策空间，其最初出现于20世纪70年代，主要用于反映一国（或地区）的财政支出和财政收入能力，可以视为对经济体财政可持续性的一种衡量。从财政空间的概念出发来判断地方政府的举债空间，就是在给定当期财政收入的约束下，有效支持地方政府财政支出的举债能力。

在2007年前后，世界银行、国际货币基金组织和联合国开发计划署均重新提及一国财政空间的概念，强调要增加一国的财政空间，确保政府支出更多、投资更多。但各方对财政空间的定义存在差异，主要是三大组织对政府以财政手段应实现的目标的认识并不一致。

联合国开发计划署将增加一国的财政空间作为战胜贫困，完成千年发展目标的手段。该组织对财政空间的界定立足于确保一国的财政资金能满足千年发展目标，财政空间即为"为实现一组特定的发展目标，政府制定的增强资源流动的具体政策行动，以及为确保这些政策行动有效实现所需进行的治理、体制和经济环境的改革所需要的财政资金"（Roy，Heuty and Letouze，2007）。

世界银行的财政空间更聚焦于经济增长目标，从而将亲增长的财政政策框架等同于亲贫或有利于实现千年发展目标的财政框架。财政空间即为"一国政府能够在不影响其偿债能力的情况下增加支出的能力"（World Bank，2006；Perotti，2007）[①]。在这一定义下，财政空间需要关注一国财政收支的规模和结构，及其对长期经济增长的影响，以制定更有利于经济增长的公共财政原则（World Bank，2007）。根据世界银行的这一定义，政府可以通过采取提高公共支出的配置效率和技术效率、增加财政收入、吸收国外援助和借款[②]等手段来扩大财政空间。

但联合国开发计划署认为世界银行未能在其财政空间报告中充分回答财政政策在实现千年发展目标上的作用。他们认为，扩大财政空间，应关注财政支出的短期影响和长期影响，考虑不同财政支出的作用。生产性支出更能促进增长和人的发展，在长期内带来更大的预算空间和更多的财政空间。因此，他们在后续研究中提出，财政空间的界定应该对具有增长潜力的扩张性财政政策赋予较高权重（UNDP，2006）。

国际货币基金组织对于财政空间的界定更强调其对中短期宏观经济稳定性的影响，财政空间为"在不损害政府财政收入或经济稳定的情况下，财政预算中能够为政府实现特定目的（基础设施建设支出、教育支出、政府与社会资本合作项目支出）提供财政资金的空间"（Heller，2005）。与上述两个组织相比，国际货币基金组织提出的财政空间概念更为狭义，也更偏重中短期性和对经济波动的预防。实际上，这一定义也是针对部分国

---

[①] 世界银行的这份报告也是世界银行对世界银行和国际货币基金组织董事会所提出的"财政政策能够如何用于增强世界银行在推动全球经济增长和实现千年发展目标（MDGs）上的作用"这一问题的解答。

[②] 但是世界银行并不推荐采取取消外债或债务协商等手段。

家批评的一个回应①。在这一定义下，国际货币基金组织认为分析一国财政空间的指标应重点关注通过税制改革和支出调整来增加公共储蓄的规模；通过借款、铸币税和外援获得额外的财政资金，以维持宏观经济稳定和债务的可持续性。

综合来看，上述三个国际组织关于财政空间的定义均强调政府财政资金的可持续性，差异主要体现为狭义的财政空间（即用于更多的基础设施和教育等支出的预算空间的可得性）与更广义的（宏观）财政空间（即政府在不损害宏观经济稳定的条件下增加支出的可能性）之分。

在财政空间测算的指标选取方面，各国际组织均基于所关注的影响因素来选取合适的指标。一般而言，影响财政空间的因素包括财政可持续性、债务可持续性、政府支出构成、准政府类支出隐含的财政风险（即政府担保等），以及政府收入弹性等（Hemming and Chalk，2000；Baldacci and Fletcher，2003）。根据财政空间的应用目的，研究会选择不同类型的财政支出、不同类型的税收收入以及不同口径的政府债务进行分析②。

与财政可持续性测度相似，对于财政空间测度指标的使用，不可避免地存在缺陷，比如宏观经济指标往往是后顾型（backward looking）指标，其可以作为分析的出发点，但并不必然能够评估财政空间，特别在面临金融危机和经济危机的条件下更是如此（Izvorski，2009）。这就需要补充其他指标以做出更好的判断。在政府偿债能力不受影响的情况下，财政空间的判断就应该考虑债务的还本支出额，短期债务的滚动率等核心债务指标，关注本国金融市场的融资能力，识别政府债务对于金融市场其他产品的负向冲击等，这些因素在经济和金融不确定性增强的条件下更为重要。

---

① 在 2005 年之后，拉丁美洲国家和部分欧洲国家集中批评了国际货币基金组织对受援助经济体所要求的财政调整。它们认为这一调整过于聚焦财政赤字目标，忽略了财政调整的质量。批评者指出财政空间应该反映对于经济增长具有重要作用的实物资本和人力资本的投资，而财政调整项目往往要求减少公共投资以改进政府当期的现金流，这种以损害未来经济增长为代价的调整方案具有短视性。国际货币基金组织的独立评估办公室在一项关于国际货币基金组织支持项目的财政调整（Fiscal Adjustment in IMF Supported Programs）的研究中承认了这一问题，并且认为已进行的财政调整中所采取的措施并不能确保财政体系应对未来冲击的长期可持续性和灵活性（IMF-IEO，2003，第 9 页）（转引自 Ley，2009，第 1 页）。

② 比如印度预算和政府治理中心在比较印度与包括中国、俄罗斯、巴西在内的 7 个国家的财政空间时，就选择了特定公共支出（健康、教育）占国内生产总值的比重，以及直接税占财政收入的比重两个指标来进行分析（Jyothish，2015）。

### 3.1.2 举债空间的界定

从范围上来说，财政空间是一个比举债空间更为广义的政府资源概念。给定财政空间的一般性定义，可以将这一视角下的地方政府举债空间定义为在不损害地方经济和地方财政状况可持续性的条件下，地方政府用于偿还债务的预算资源的可得性。在这一定义下，地方政府举债空间的含义具有多种维度，包括地方经济稳定性、地方财政收入充足率、地方政府债务流动性、或有财政负担等。

本书将地方政府的举债空间定义为，给定地区当期政府债务余额和法律约束，在不损害地方政府财政可持续性和地区经济稳定性的前提下，根据对本地区经济和财政状况发展趋势的预测，该地方政府能够额外举借的债务数额。举债空间的核心内涵是地方政府的竞争能力不会由于债务增加带来的偿债压力上升而减弱，当期和未来的本地区居民也不会因为地方政府债务的偿还而承担额外的税收负担。

从界定上看，举债空间和反映地方政府债务承受能力的债务负担是两个既有联系又有区别的概念，两者都能衡量地方政府的借款能力或者处置债务的能力。但是举债空间更具动态特征，强调债务规模的上升相对于经济总量增长的程度，着重探讨地方政府所获得的财政收入增加是否能够满足债务偿还的需要，而债务负担则更多强调"与偿债相关的负担"（Hildreth and Zorn，2005）。

相应的，举债空间也并不必然等于地方政府的适度债务规模，前者仅用于界定在财政可持续条件下举债的上限，并不意味着地方政府就需要去举借这么多债务（Ghosh et al.，2013），由此，地方政府的举债空间也可视为在当前条件下地方政府债务限额的最大值。

在举债空间测算方式的选择上，主要包括债务限额法、财政缺口法、基准分析法和回归分析法四种。债务限额法通过将地方政府的债务规模与某一个或某一组特定的指标进行比较，以反映该地区债务水平在样本期内的变化情况，估算地方政府的举债空间。具体而言，一般采用相对值或比率作为测算指标。或者比较债务与未来财政能力之间的关系，以衡量地方政府能够还本付息的程度，进而判定是否有足够多的财政收入用于还债。或者测算债务与可用于还债的实际资源之间的比率，检验在未来不影响预算支出安排的情况下能够用于偿债的资源。庄佳强（2015）采用债务限额法对我国地方政府举债空间的测算进行了探索。债务限额法的优点是简单，直观。但其不足也比较明显，单一年份的静态指标无法进行纵向比较和时序分析，包含的信息有限，未充分考虑未来财政收入发生变动的情况。罗默（Romer，2018，2019）提出多个举债空间的度量指标，包括负债率的负数，净负债率的负数（即总负债减去政府拥有的资产价值），建议采用给定均值和标准差的累积正态分布函数，通过对不同的负债率水平按照均值和正负标准差的范围赋值，按照负债率的分布（或负债率的非线性函数）来构建举债空间。

基准分析法则采用一个共同标准，通过地区间的横向比较，对债务状况进行直观评估，判定地方政府的举债空间，给出地区间的差异化应对举措。美国政府财政官员协会（GFOA）就建议将基准分析法作为美国各级地方政府举债空间测算的指导性方法。该方法将举债空间的测算划分为八步，包括定义研究目标、收集数据、构建指标、确定可比较的基准组、比较关键指标、举债空间场景预测、确定债务持平年度、修正测算的举债空间（Miranda and Picur，2000）。布雷彻等（Brecher et al.，2003）在该方法的基础上进行改进，采用四步法来测算地方政府举债空间。需要认识到的是，采用基准分析法测算的各地区举债空间更多的是给出地方政府间的相对排序，分析结论也以定性为主。

## 3.2　地方政府举债空间的定性评估

### 3.2.1　基于基准分析法的举债空间评估

根据我国省级地方政府债务数据，采用基准分析法评估和测算我国省级地方政府的举债空间，以作为对县级政府举债空间定性评估的示例。在基准分析中，本书结合我国地方政府债务管理实践，修正了布雷彻等（2003）提出的测算步骤，通过估计相关债务规模、考察债务占财政能力的比重，进行基准比较以确认预警区间，给出地方政府举债空间的定性评估。

第一步是确认地方政府债务的规模。并不是所有的地方政府性债务都与地方政府的负担能力相关。首先，偿还期在一年以内的短期债务不应包括在未来举债空间的测算中。这类债务在短期内可能会对地方政府产生一定的负面影响，但地方政府未来举债空间并不会受其影响。其次，无须由地方政府财政收入偿还的长期债务也不应该包含在长期债务中。以融资平台公司的债务为例，其中具有确定收入来源的融资平台债务主要利用融资平台自身收益偿还，地方政府仅在特定项目存在收益短缺的情况下，对上述债务承担一定的救助责任和担保义务等道义上的责任。这类或有债务的责任一旦明确，金融机构和投资者在提供上述债务所需资金时，往往会要求项目提供较多的担保来覆盖其可能的风险，真正出现债务违约的概率相对较低。综上所述，只有地方政府负责偿还的长期债务才能用于确定地方政府未来的举债空间。

在地方政府长期债务的确认上，以截至 2014 年底的各省地方政府债务余额为依据。我国自 2015 年起对地方政府债务全部进行了债券置换，因此可以将 2014 年底各省的地方政府债务余额确认为长期债务①。本文在分析地方政府债务时，仅考虑在 2014 年被统计口径中被界定为地方政府负有偿还责任的债务②，以及后续年份的地方政府债务（含债券），不包括地方政府隐性债务，以及地方政府负有担保责任或者或有责任的债务。

本书采用人均地方政府债务余额、负债率（地方政府债务余额占地区生产总值的比重）和债务率（地方政府债务余额占地区综合财力的比重）三个相对指标来对各省地方政府举债空间进行定性评估。从总体情况来看，截至 2019 年底，我国地方政府债务余额为 24 万亿元，人均地方政府债务余额为 20467 元，负债率为 24.5%，地方政府债务率为 94.3%。从时序变动来看，2012～2015 年间地方政府债务余额年均增幅为 15.6%，略高于人均地方政府债务余额增速（13.9%），这一时期负债率年均上升 1.5 个百分点，债务率年均提高 6.9%。而 2015～2019 年的政府债务余额及各项指标增幅均有较大幅度的下降，政府债务年均增速为 11.1%，较前一时期增幅下降 4.5 个百分点；负债率年均上升 1.1 个百分点，较前期减少 0.4 个百分点；债务率年均提高 2.1%，是前期的 1/3。地方政府债务限额管理在减缓政府债务增长上起到了积极作用，而地方政府综合财力增

---

① 需要注意的是，除了长期债务外，地方政府仍需要承担的债务负担包括社保等养老金支出，一旦出现养老金入不敷出的情况，政府将不得不为此承担相应的支出责任，从而增加其偿债负担。自 2013 年开始，在剔除财政补贴因素后，我国企业职工基本养老保险基金连续三年出现收不抵支，并且"亏空"金额不断加大，从 2013 年的 959 亿元跃增到 2015 年的 3024.87 亿元，增加了 300% 以上。因此，在考虑地方政府的整体债务负担和举债空间时，需要密切关注养老金作为隐性债务所可能产生的影响。

② 这一负有偿还责任的债务包括地方政府部门和机构、全额拨款事业单位、经费补助事业单位、公用事业单位、融资平台公司和其他相关单位举借，确定由财政资金偿还，政府负有直接偿债责任的债务。实际上，在计算综合债务率时，各省均将一定比例的或有债务纳入其中，限于数据可及性，本书未对此进行调整，因此会低估地方政府长期债务规模。

速在 2015 年后也以高于地区生产总值增幅的速度在增长。

从结构上比较，各地区间政府债务差异较大。表 3 - 1 给出了各省份前述债务指标和债务负担变动情况。从债务余额来看，截至 2019 年底，6 个省的政府债务余额超过 10000 亿元，其中江苏省达到 16525 亿元，广东、山东 2 省份分别达到 14000 亿元以上。2012 ~ 2019 年，24 个省份的债务增幅超过 100%，其中增幅超过 200% 的有 12 个省份，宁夏在此期间的债务增幅最高，增长了 316.6%，从 2012 年的 448 亿元增加到 2019 年的 1867 亿元。

以 2015 年为界，各省在 2012 ~ 2015 年和 2015 ~ 2019 年的政府债务增幅具有负相关性，前期债务增速较高的省区，在后一时期债务增速普遍更低，债务高增长地区的债务规模得到一定程度的控制。比如贵州的年均债务增速从前期的 36.0% 下降到 1.8%。也有部分省份在后期的债务开始加速增长，这尤其以 4 个直辖市最为典型。

以负债率来比较，各省份负债率整体呈现上升趋势，债务增速要高于地区生产总值的增长速度。2019 年负债率最高的省份为青海，负债率达到 77.9%。青海的负债率在 2015 年以后提升较快，年均提高 7.6 个百分点。债务负担较轻的广东省仅有 13.2%，较 2012 年只增加了 1.7 个百分点。截至 2019 年，有 13 个省份负债率高于 30%。从各省负债率的变动情况来看，浙江、福建、云南、贵州 4 个省份在 2019 年末的负债率较 2015 年有所下降，贵州的负债率下降最快，从 2015 年的 87% 下降到 2019 年的 58.5%，年均减少 9.5 个百分点。

省际地方政府债务负担的绝对值和相对值差异较大，采用不同指标所反映出来的地方政府债务负担程度存在差异。从各省份 2019 年负债率和人均债务余额的排序来看，内蒙古的排序位置不变，无论是负债率还是人均债务余额，均排第 5 位；辽宁、青海、湖南、新疆、安徽 5 个省份排序变化在 1 位以内，青海负债率在全部省区中最高，人均债务余额仅次于北京，排在第 2 位；4 个省份（重庆、陕西、辽宁和内蒙古）两个指标的排序变动在 2 位；上海和甘肃 2 个省份这两个指标的排序差异达到 18 位之多。以甘肃为例，其 2019 年的人均地方政府债务余额为 13436 元，在 30 个省份中排第 27 位，而政府债务负担率为 38.7%，排在第 9 位。通过对多种指标的综合评价，能够更好地识别地方政府的债务负担能力差异。

表 3－1 2012~2020 年我国省级地方政府债务余额与债务负担情况

| 省份 | 政府债务余额 | | | | | 人均政府债务余额 | | | | | 负债率（%） | | | | | 债务率（%） | | | | |
|---|---|---|---|---|---|---|---|---|---|---|---|---|---|---|---|---|---|---|---|---|
| | 2012年（亿元） | 2015年（亿元） | 年均变动（%） | 2019年（亿元） | 年均变动（%） | 2012年（元） | 2015年（元） | 年均变动（%） | 2019年（元） | 年均变动（%） | 2012年 | 2015年 | 年均变动 | 2019年 | 年均变动 | 2012年 | 2015年 | 年均变动 | 2019年 | 年均变动 |
| 北京 | 5972 | 5727 | -1.4 | 9409 | 12.4 | 28866 | 26379 | -3.0 | 42963 | 12.2 | 33.4 | 24.9 | -2.8 | 26.5 | 0.5 | 117.5 | 79.4 | -12.7 | 104.1 | 8.2 |
| 天津 | 2171 | 2381 | 3.1 | 5063 | 18.9 | 15367 | 15388 | 0.0 | 36556 | 21.6 | 16.8 | 14.4 | -0.8 | 36.0 | 7.2 | 69.5 | 62.3 | -2.4 | 115.4 | 17.7 |
| 河北 | 3657 | 5309 | 12.4 | 10238 | 16.4 | 5018 | 7150 | 11.8 | 13748 | 16.3 | 13.8 | 17.8 | 1.3 | 29.3 | 3.8 | 68.2 | 82.4 | 4.7 | 98.1 | 5.2 |
| 山西 | 1327 | 2025 | 14.1 | 3832 | 15.9 | 3676 | 5527 | 13.6 | 10958 | 17.1 | 11.0 | 15.8 | 1.6 | 22.6 | 2.3 | 37.1 | 55.7 | 6.2 | 70.2 | 4.8 |
| 内蒙古 | 3070 | 5676 | 20.5 | 7544 | 7.1 | 12330 | 22603 | 20.2 | 31238 | 8.1 | 19.3 | 31.5 | 4.0 | 43.8 | 4.1 | 77.0 | 131.3 | 18.1 | 143.4 | 4.0 |
| 辽宁 | 5149 | 8880 | 18.2 | 9759 | 2.4 | 11731 | 20264 | 18.2 | 22817 | 3.0 | 20.7 | 30.9 | 3.4 | 39.3 | 2.8 | 75.5 | 182.5 | 35.7 | 152.9 | -9.8 |
| 吉林 | 2574 | 2752 | 2.2 | 4823 | 14.0 | 9358 | 9997 | 2.2 | 19702 | 17.0 | 21.6 | 19.3 | -0.8 | 41.1 | 7.3 | 84.8 | 75.5 | -3.1 | 117.7 | 14.1 |
| 黑龙江 | 1835 | 3046 | 16.9 | 4973 | 12.3 | 4785 | 7991 | 17.1 | 15278 | 16.2 | 13.4 | 20.2 | 2.3 | 36.7 | 5.5 | 50.0 | 77.6 | 9.2 | 100.0 | 7.5 |
| 上海 | 5185 | 4880 | -2.0 | 8621 | 14.2 | 21786 | 20207 | -2.5 | 34748 | 13.6 | 25.7 | 19.6 | -2.0 | 22.7 | 1.0 | 91.7 | 59.0 | -10.9 | 84.3 | 8.4 |
| 江苏 | 6523 | 10556 | 16.0 | 16525 | 11.2 | 8237 | 13235 | 15.8 | 19512 | 9.7 | 12.1 | 15.1 | 1.0 | 16.7 | 0.6 | 55.6 | 76.2 | 6.9 | 84.0 | 2.6 |
| 浙江 | 5827 | 9188 | 15.2 | 13168 | 9.0 | 10640 | 16588 | 14.8 | 20656 | 5.5 | 16.8 | 21.4 | 1.5 | 21.1 | -0.1 | 96.7 | 110.7 | 4.7 | 70.6 | -13.4 |
| 安徽 | 2560 | 5107 | 23.0 | 8913 | 13.9 | 4275 | 8313 | 22.2 | 14631 | 14.1 | 14.9 | 23.2 | 2.8 | 24.2 | 0.3 | 49.7 | 79.8 | 10.0 | 90.3 | 3.5 |
| 福建 | 2268 | 5051 | 26.7 | 7800 | 10.9 | 6050 | 13158 | 25.9 | 18854 | 9.0 | 11.5 | 19.4 | 2.6 | 18.4 | -0.3 | 58.4 | 103.2 | 14.9 | 111.5 | 2.8 |
| 江西 | 2227 | 3736 | 17.2 | 6479 | 13.8 | 4945 | 8182 | 16.8 | 14347 | 14.0 | 17.2 | 22.3 | 1.7 | 26.3 | 1.3 | 57.3 | 71.7 | 4.8 | 83.4 | 3.9 |
| 山东 | 4742 | 9534 | 23.3 | 14419 | 10.3 | 4896 | 9682 | 22.7 | 14268 | 9.7 | 9.5 | 15.1 | 1.9 | 20.4 | 1.8 | 53.9 | 92.4 | 12.9 | 89.9 | -0.9 |
| 河南 | 2993 | 5465 | 20.1 | 9737 | 14.4 | 3182 | 5765 | 19.8 | 9834 | 13.4 | 10.1 | 14.8 | 1.6 | 18.1 | 1.1 | 48.5 | 69.6 | 7.0 | 77.0 | 2.5 |
| 湖北 | 4263 | 4698 | 3.2 | 8416 | 14.6 | 7376 | 8027 | 2.8 | 14199 | 14.3 | 19.2 | 15.9 | -1.1 | 18.5 | 0.9 | 83.4 | 64.7 | -6.2 | 81.7 | 5.7 |
| 湖南 | 3157 | 6780 | 25.5 | 9863 | 9.4 | 4756 | 9996 | 24.8 | 14854 | 9.9 | 14.3 | 23.3 | 3.0 | 24.7 | 0.5 | 63.8 | 103.6 | 13.3 | 101.6 | -0.7 |

续表

| 省份 | 政府债务余额 | | | | | 人均政府债务余额 | | | | | 负债率（%） | | | | | 债务率（%） | | | | |
|---|---|---|---|---|---|---|---|---|---|---|---|---|---|---|---|---|---|---|---|---|
| | 2012年（亿元） | 2015年（亿元） | 年均变动（%） | 2019年（亿元） | 年均变动（%） | 2012年（元） | 2015年（元） | 年均变动（%） | 2019年（元） | 年均变动（%） | 2012年 | 2015年 | 年均变动 | 2019年 | 年均变动 | 2012年 | 2015年 | 年均变动 | 2019年 | 年均变动 |
| 广东 | 6554 | 9142 | 11.1 | 14263 | 11.1 | 6187 | 8426 | 10.3 | 11420 | 7.6 | 11.5 | 12.6 | 0.4 | 13.2 | 0.2 | 66.1 | 64.1 | -0.7 | 70.3 | 2.1 |
| 广西 | 1946 | 4465 | 27.7 | 6872 | 10.8 | 4157 | 9309 | 26.9 | 13794 | 9.8 | 14.9 | 26.6 | 3.9 | 32.4 | 1.9 | 53.7 | 102.1 | 16.1 | 103.6 | 0.5 |
| 海南 | 917 | 1491 | 16.2 | 2437 | 12.3 | 10337 | 16370 | 15.3 | 24492 | 10.1 | 32.1 | 40.3 | 2.7 | 45.7 | 1.8 | 79.2 | 101.0 | 7.3 | 110.7 | 3.2 |
| 重庆 | 3294 | 3379 | 0.8 | 6049 | 14.6 | 11186 | 11201 | 0.0 | 18974 | 13.2 | 28.9 | 21.5 | -2.5 | 25.6 | 1.4 | 74.6 | 65.8 | -3.0 | 95.9 | 10.0 |
| 四川 | 5536 | 7470 | 10.0 | 11731 | 11.3 | 6854 | 9105 | 9.5 | 14047 | 10.8 | 23.2 | 24.8 | 0.5 | 25.3 | 0.2 | 78.4 | 84.9 | 2.2 | 87.3 | 0.8 |
| 贵州 | 3103 | 9136 | 36.0 | 9811 | 1.8 | 8906 | 25880 | 35.6 | 25496 | -0.4 | 45.3 | 87.0 | 13.9 | 58.5 | -9.5 | 93.3 | 199.7 | 35.5 | 149.8 | -16.6 |
| 云南 | 3502 | 6229 | 19.2 | 9129 | 9.6 | 7518 | 13135 | 18.6 | 19366 | 9.7 | 34.0 | 45.4 | 3.8 | 39.3 | -2.0 | 83.9 | 132.0 | 16.0 | 121.0 | -3.6 |
| 陕西 | 2404 | 5065 | 24.8 | 7279 | 9.1 | 6405 | 13353 | 24.5 | 18456 | 8.1 | 16.6 | 27.9 | 3.7 | 28.2 | 0.1 | 38.6 | 102.8 | 21.4 | 107.6 | 1.6 |
| 甘肃 | 943 | 1616 | 18.0 | 3371 | 18.4 | 3657 | 6215 | 17.7 | 13436 | 19.3 | 16.7 | 23.8 | 2.4 | 38.7 | 5.0 | 42.5 | 53.4 | 3.6 | 82.9 | 9.8 |
| 青海 | 698 | 1331 | 21.5 | 2290 | 13.6 | 12177 | 22634 | 20.7 | 38814 | 13.5 | 36.8 | 55.1 | 6.1 | 77.9 | 7.6 | 63.2 | 102.1 | 13.0 | 120.5 | 6.1 |
| 宁夏 | 448 | 1059 | 28.6 | 1867 | 14.2 | 6927 | 15846 | 27.6 | 26039 | 12.4 | 19.1 | 36.4 | 5.7 | 49.8 | 4.5 | 45.4 | 88.2 | 14.3 | 128.1 | 13.3 |
| 新疆 | 1436 | 2634 | 20.2 | 5250 | 17.2 | 6430 | 11159 | 18.4 | 20516 | 15.2 | 19.1 | 28.2 | 3.0 | 38.6 | 3.5 | 44.4 | 60.7 | 5.4 | 97.3 | 12.2 |
| 全国 | 96282 | 153806 | 15.6 | 239931 | 11.1 | 8601 | 13036 | 13.9 | 20467 | 11.3 | 16.7 | 21.3 | 1.5 | 24.5 | 1.1 | 67.1 | 87.8 | 6.9 | 94.3 | 2.1 |

注：人均债务余额＝地方政府债务余额/户籍人口；负债率＝地方政府债务余额/地区生产总值；债务率＝地方政府债务余额/地区综合财力。政府债务余额年均变动率分别为2012～2015年、2015～2019年年均变化值。人均政府债务余额：地方政府债务余额／户籍人口，2012～2015年、2015～2019年年均变动则为2012～2015年、2015～2019年年均变化值。

资料来源：地方政府债务余额、一般公共预算收入、政府性基金收入、地区生产总值、户籍人口等数据取自各省（区、市）公开发行债券信息披露文件，为各省（区、市）报告的2015年度地方政府债务余额数据；地区生产总值、户籍人口数据取自不同年份《中国统计年鉴》，2012年各省（区、市）税收返还和转移支付收入来自财政部网站《2015年中央对地方转移支付分地区决算表》，2015年各省（区、市）税收返还和转移支付收入来自《中国财政年鉴》（2013），2015年各省（区、市）税收返还和转移支付收入来自财政部网站《2019年中央对地方转移支付分地区决算表》。本表数据均不含西藏。

第二步是测算地方政府的财政能力。在当前债务负担给定的情况下，举债空间的测算还需依据各地可利用的偿债资源来确定。本书采用一般公共预算收入、政府性基金收入和中央补助收入（包含税收返还和转移支付收入）作为地方政府综合财力水平的度量指标，计算各省地方政府债务率水平。15个省份2019年的债务率超过100%，辽宁债务率最高，为152.9%，其次是贵州，为149.8%。与2015年相比，前期债务率较高的省份，债务率的增幅较小，甚至出现负向变动。天津、吉林、重庆、宁夏和新疆5个省份的债务率上升较快，而贵州、浙江、辽宁等省份债务率降幅较大。

第三步是根据债务率和债务分布变动来确定风险易发区域。利用上述步骤测算的绝对指标和相对指标，可以计算各省份债务规模与其可利用偿债资源的比例。同时采用上述债务负担指标进行定性分析，负债率、债务率比值越高、人均债务余额越大，说明债务负担越重，未来的举债空间就越有限。将三项指标均高于2019年全国平均水平的地区视为债务负担较重的地区，包括北京、天津、内蒙古、辽宁、海南、贵州、青海、宁夏、新疆等省份。

选取的第二个核心指标是债务分布变动。地方政府债务的风险除由债务规模体现外，还可以通过债务的增速来反映。通过比较本地区债务占全部地方政府债务的比重的变化，可确定同期债务积累较快的地区。表3-2给出2015年和2019年地方政府债务分布及其变动情况，比值大于1表示在这一时期该省的相对举债力度在增加。可知天津、甘肃、新疆、河北、山西等省份举债力度强于其他省份。举债力度的增强可能是由于上述省份在这一时期的政府投资支出增速加快，或者是由于上述省份在这一时期更频繁地使用债务作为主要的融资工具。但快速的债务积累意味着上述省份未来的举债空间有所削弱。

表3-2　　　　2015年和2019年各省份地方政府债务分布变动

| 省份 | 地方政府债务分布 | | | 省份 | 地方政府债务分布 | | |
|------|------|------|------|------|------|------|------|
| | 2015年（%） | 2019年（%） | 比值 | | 2015年（%） | 2019年（%） | 比值 |
| 天津 | 1.55 | 2.11 | 1.36 | 海南 | 0.97 | 1.02 | 1.05 |
| 甘肃 | 1.05 | 1.40 | 1.34 | 黑龙江 | 1.98 | 2.07 | 1.05 |
| 新疆 | 1.71 | 2.19 | 1.28 | 四川 | 4.86 | 4.89 | 1.01 |
| 河北 | 3.45 | 4.27 | 1.24 | 江苏 | 6.86 | 6.89 | 1.00 |
| 山西 | 1.32 | 1.60 | 1.21 | 广东 | 5.94 | 5.94 | 1.00 |

续表

| 省份 | 地方政府债务分布 | | | 省份 | 地方政府债务分布 | | |
|---|---|---|---|---|---|---|---|
| | 2015 年（%） | 2019 年（%） | 比值 | | 2015 年（%） | 2019 年（%） | 比值 |
| 湖北 | 3.05 | 3.51 | 1.15 | 福建 | 3.28 | 3.25 | 0.99 |
| 重庆 | 2.20 | 2.52 | 1.15 | 广西 | 2.90 | 2.86 | 0.99 |
| 河南 | 3.55 | 4.06 | 1.14 | 山东 | 6.20 | 6.01 | 0.97 |
| 上海 | 3.17 | 3.59 | 1.13 | 云南 | 4.05 | 3.80 | 0.94 |
| 宁夏 | 0.69 | 0.78 | 1.13 | 湖南 | 4.41 | 4.11 | 0.93 |
| 吉林 | 1.79 | 2.01 | 1.12 | 陕西 | 3.29 | 3.03 | 0.92 |
| 安徽 | 3.32 | 3.71 | 1.12 | 浙江 | 5.97 | 5.49 | 0.92 |
| 江西 | 2.43 | 2.70 | 1.11 | 内蒙古 | 3.69 | 3.14 | 0.85 |
| 青海 | 0.87 | 0.95 | 1.10 | 辽宁 | 5.77 | 4.07 | 0.70 |
| 北京 | 3.72 | 3.92 | 1.05 | 贵州 | 5.94 | 4.09 | 0.69 |

注：地方政府债务分布即为该地区地方政府债务余额占全国地方政府债务余额的比重。比值为 2019 年占比相对于 2015 年占比的变化。

资料来源：同表 3 - 1。

将上述两类指标相结合，可以发现地区间地方政府债务出现进一步分化趋势，部分地区有陷入恶性循环的态势，表 3 - 3 给出将各省份根据两类指标划分的分类情况。部分省份不仅债务负担重，而且这种高债务率主要是由于 2015 年以来大规模举债所带来的，比如天津、新疆、宁夏、青海、北京、海南等省份。而有些省份虽然债务率较高，但是其近年来举债力度有所下降，如贵州、辽宁 2 个省，其债务负担有所下降。而山东不仅三项指标均低于全国平均水平，而且 2019 年的地方政府债务占比也较 2015 年有所减少，仅就地方政府债务而言，本书认为，该省的举债空间是全部省份中最大的。

表 3 - 3　　　　　　　　2019 年各省份债务负担与举债空间矩阵

| 项目 | 新增债务（多） | 新增债务（少） |
|---|---|---|
| 三项指标均高于全国平均 | 天津、新疆、宁夏、青海、北京、海南 | 内蒙古、辽宁、贵州 |
| 两项指标高于全国平均 | 河北、重庆、吉林、黑龙江 | 湖南、广西、云南、陕西 |
| 一项指标高于全国平均 | 甘肃、上海、江西、四川 | 福建 |
| 三项指标均低于全国平均 | 山西、湖北、河南、安徽、江苏、广东 | 山东 |

注：2019 年全国地方政府债务率为 94.3%，全国地方政府负债率为 24.5%，人均政府债务余额为 20467 元。新增债务（多）的判断指标为 2019 年该省份地方政府债务占全国地方政府债务比例较 2015 年有所增加，即表 3 - 2 中比值大于 1 的地区。

### 3.2.2 基于财政缺口的举债空间测算

基于跨期政府预算约束方程，可以通过约束政府主体的财政余额，来判定其举债空间，即从当期的财政收支实际情况出发，计算未来每期债务还本付息的现值与未来每期财政余额预测值的现值，推断地方政府当期的财政缺口，根据财政缺口的相对规模和可承受程度来判定地方政府的举债空间。将式中的 $T$ 期未来地方政府债务负债率表示为当期的现值，将稳态的财政余额 $b$ 设定为每期所必要支出的财政收支差额（$b_j$），推断在 $T$ 期达到给定的负债率目标，每年需要填补的财政缺口：

$$\Delta 财政缺口 = - \frac{d_0 - \left(\frac{1+g}{1+r}\right)^T d_T + \sum_{j=1}^{T}\left(\frac{1+g}{1+r}\right)^j b_j}{\sum_{j=1}^{T}\left(\frac{1+g}{1+r}\right)^j} \qquad (3-1)$$

式（3-1）左边"$\Delta$ 财政缺口"表示年均需要增加的财政资金，$d_0$ 表示当期负债率，$d_T$ 为 $T$ 期的目标负债率，$b_j$ 为基于过去财政收支情况推算的第 $j$ 期的财政余额。财政缺口越大，表示地方政府的举债能力越弱，举债空间较窄；反之，财政缺口越小，则该地区的举债能力越强，举债空间较大。

依赖于模型设定的较强假设，在数据口径一致的条件下，财政缺口（即当期财政余额与债务稳定性条件下的财政余额之间的差异）可以用来预测不同政策变化下的未来债务，从而对各政府主体的举债空间进行一个相对的评价。以国际货币基金组织进行的类似测算为例，给定国际货币基金组织关于我国 2018～2023 年广义财政收支差额预测数据，基于预测平均增幅外推至 2040 年，利率设定为 3%，经济增长率分别设定为 6.5%，6% 和 5%，可以得到可持续的财政缺口分别为 3.58%，3.74% 和 4.06%。图 3-1 列示了不同债务情境下的财政缺口估算情况。

财政缺口可以进一步分解为反映债务不可持续的风险和由于大的财政余额积累导致的不可持续的债务存量可能产生的财政可持续性风险，将总体财政余额可持续缺口（$ogap$）定义为：

$$ogap = b - \left(\frac{-\gamma}{1+\gamma}\right)d^*$$

其中，$\gamma$ 表示名义国内生产总值增长率，$b$ 为总体财政余额，方程右边最后一项表示用于将地方政府债务负债率稳定在 $d^*$ 处的所需要的财政余额。

债务存量 $d^*$ 可以选择为全国平均水平（中位数水平）的负债率。

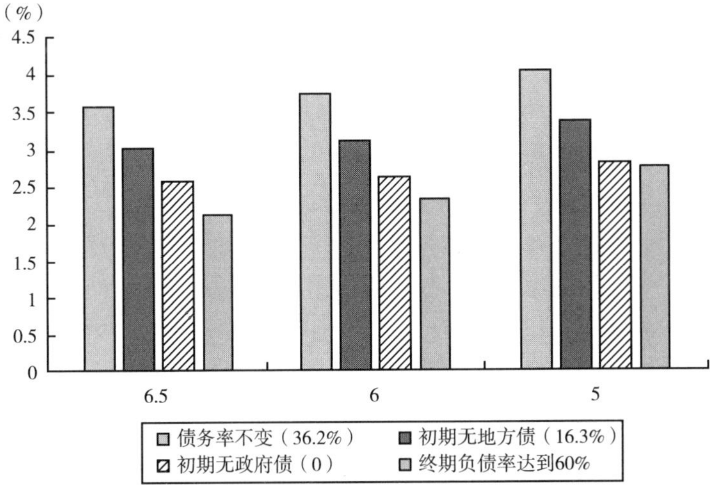

图 3 - 1　不同债务情境下的整体财政缺口估算

财政余额可持续缺口（$pgap$）则表示为剔除债务利息的财政余额和债务稳定性基础盈余之差：

$$pgap = p - \left( \frac{i - \gamma}{1 + \gamma} \right) d^* = p - \left( \frac{r - g}{1 + g} \right) d^*$$

其中，$p$ 表示基础盈余（占 GDP 的比重），$i$ 为名义长期利率，$r$ 为实际利率（名义利率减去通货膨胀率），$g$ 为实际经济增长率。基础财政余额可持续性缺口采用整个样本期的平均增长率和平均利率计算，或者采用当期增长率和当期利率计算。

如果负债率与财政盈余率之间的长期协整关系成立，则财政缺口为 0，根据上式：

$$d_0 - \left( \frac{1 + g}{1 + r} \right)^T d_T + \sum_{j=1}^{T} \left( \frac{1 + g}{1 + r} \right)^j b_j = 0$$

由此，可以得到在 T 期的最适负债率 $d_T^*$ 为：

$$d_T^* = \frac{d_0 + \sum_{j=1}^{T} \left( \frac{1 + g}{1 + r} \right)^j b_j}{\left( \frac{1 + g}{1 + r} \right)^T} \qquad (3 - 2)$$

$T$ 期实际负债率（$d_t$）与最适负债率（$d_t^*$）之差即为地方政府举债空间的预判指标：

$$举债空间 1 = d_t - d_t^* \tag{3-3}$$

该指标为负数时，表示地方政府具有一定的举债空间；该指标为正数时，表示就最适负债率而言，地方政府的举债空间不足。

波恩（1995，1998，2005，2007）对基于财政缺口的测算方法提出批评。他认为在随机经济条件下，以固定的利率来贴现未来债务并不现实。在随机经济中，不能忽略财政变量、实际利率和经济增长率在不同状态下的概率分布。因此，在一种状态下可持续的政策在另一个状态下可能不再被视为可持续。这就意味着即使未通过财政可持续性检验的政策也可能表现为可持续的状态，比如当负债率的增速超过实际利率的增速，但只要债务率的增速低于产出增速，该地方政府债务仍然可能是可持续的。在这种情况下，根据协整检验无法得出上述可持续性条件的充分信息，需要对这一方法进行修正。

## 3.3 地方政府举债空间的定量测算

对于地方政府举债空间的定量测算主要采用债务限额法和回归分析方法，前者通过相关指标的选取来进行推算。后者基于实证模型的设定分析地方政府举债空间的影响因素，根据估计结果，结合模型中每个解释变量的预测值，获得各地区举债空间的预测值。相对而言，回归分析方法所包含的分析因素较为全面，得到的结论也较前述两种方法更为准确[①]。本节首先对这两种方法进行说明。

### 3.3.1 基于债务限额法的举债空间测算

采用债务限额法进行测算时，往往根据经验判断，将政府债务余额与本地区财政收入、地区生产总值、人口规模等指标相比较确定一个单一上限指标（比如本年还本付息额占地方财政收入的比重，人均债务规模等），或者将债务上限与多个指标相联系，以便得到更为准确的举债空间估计值。通过采用债务限额法来确定地方政府的举债空间，其对防范地方政府债务风险的影响是两方面的：第一，通过约束地方政府债务的规模来直接控制债务风险；第二，通过改进地方政府债务信用评级，降低地方政府债

---

① 需要注意的是，给定数据只能反映过去的情况，这种方法仍然无法避免无条件预测方法自身存在的缺陷，预测结果也会根据解释变量的调整或样本期的变化而出现波动。

务融资成本来间接控制债务风险。

在以本年度政府债务还本付息额占地方综合财力比重为单一指标的情况下，可以采用如下方法测算地方政府举债空间。

以表 3 - 4 为例，假设以年度债务还本付息总额占本地综合财力的 5% 作为举债限额指标。首先计算在给定当前债务限额指标和所预测的财政收入情况下，地方政府还本付息的能力，基于对未来财政收入的预测和举债限额率的设定，可以得到不同情况下的还本付息空间上限。在给定未来财政收入为 1 亿元的情况下，5% 的举债限额率意味着最高的债务还本付息能力为 500 万元（表 3 - 4 中的（3）），给定当期需要还本付息的债务金额，可以得到剩余的还本付息空间，在本例中即为 40 万元。

表 3 - 4　　　　债务限额法下的地方政府举债空间测算　　　单位：元

| 1. 确定地方政府债务还本付息能力 | | | | |
|---|---|---|---|---|
| 预测的<br>财政收入<br>（1） | 举债限额指标<br>（还本付息/<br>财政收入）<br>（2） | 在限额指标下<br>的债务还本<br>付息能力<br>（3）=（1）×（2） | 现有债务的<br>还本付息水平<br>（4） | 基于当前举债上<br>限的剩余还本<br>付息空间<br>（5）=（3）-（4） |
| 100000000 | 5% | 5000000 | 4600000 | 400000 |

| 2. 计算新债发行上限 | | | |
|---|---|---|---|
| 新债的最大还<br>本付息规模<br>（6）=（5） | 债券利率（%）<br>（7） | 债券期限<br>（年数）（8） | 新债发行<br>规模上限<br>（9） |
| 400000 | 4.5% | 10 | 3165087 |

注：根据债券利率和债券期限，可以得到最大新债发行规模计算公式为：$(9)=(6)/(7) \times \left\{ \dfrac{1}{[1+(7)]^{(8)}} \right\}$，假设在存续期内分期平均还本付息。

其次是计算地方政府的举债空间，根据所测算的剩余还本付息的最高空间，以及债券利率水平和发行债券的期限，可以得到地方政府债务增量上限。在表 3 - 4 中，给定发行 10 年期的债券，利率为 4.5%，债券在存续期内分期平均还本付息，可以推算出地方政府的新增债务上限为 316.5087 万元。这一规模可以作为参照的举债基准指标，其会受到新发行债务的利率、期限以及债券还本付息方式的影响。

在确定地方政府债务限额指标时的主要问题在于：首先，债务应该包含哪些种类，财政收入中应该考虑哪些组成部分，不同的债务类型和财政收入变量的组合会导致各地的举债空间产生较大的差异；其次，采用以往年度的平均值还是采用未来的预测值来进行估算、债务还本付息的方式差异等都会对结论产生不同的影响;最后,如何正确地设定债务上限门槛,设定太高会减弱地方政府在未来提供公共服务的能力,从而影响其信用评级。而设定太低,会减少该地区的基础设施投资,影响地区经济的长期发展。

在县级地方政府举债空间测算中,也可以根据上述测算结果进行地方政府间的横向比较,或者比较该地方政府的举债空间和全省平均水平之间的异同,或者选择具有相同地理区位、经济水平、人口规模、综合财政能力和基础设施水平的县级地方政府进行比较分析。

### 3.3.2 基于回归分析方法的举债空间测算

回归分析方法通过采用两步法来测算举债空间。第一步是选择合适的解释变量,来估计线性方程,然后根据解释变量的预测值来预测被解释变量,获得举债空间的估计值。一般认为可以采用的被解释变量包括债务余额、年度还本付息金额,而相应的解释变量有财政收入、人均收入、人口或人口增长率、历史债务水平等。第二步,在估计解释变量的预测值时,将这些解释变量视为单整自回归移动平均(ARIMA)类型的函数,采用时间序列方法估计这些变量的趋势值。

# 第4章　我国县域经济财政分析

"中国地方政府形式实际上是美国式财政分权和欧洲式货币集权的混合体"（Qian and Roland，1998）。

本章首先对我国 2000 年以来县域经济财政基本情况进行分析。根据研究目标，将县域经济财政的发展划分为三个阶段，分别是 2008 年之前、2008 ~ 2014 年、2015 ~ 2018 年①。第一阶段对应于地方政府债务发展前期或发展初期的阶段；第二阶段对应于地方政府（性）债务快速发展的阶段；第三阶段对应于实行限额管理的阶段。从地区经济增长的态势分析，地方政府债务的增加，实际上也是地区经济增长乏力、财政收入趋紧的一个表现。

## 4.1　我国县域经济分析

本书整理了全国 1724 个县域的总量经济和财政指标②，数据来自 EPS 数据平台的县市统计数据库。样本中县域经济体数量最多的为四川省，共计 118 个县；最少的为宁夏回族自治区，共计 13 个县，样本县域占各省份县级区划数的平均比率为 61.5%。表 4 - 1 给出 2018 年各省份的样本县域数量以及样本县域占省区划数值比例。

---

① 截至本书完成时，本章分析所需的部分 2019 年的经济指标在部分县不可得，因此本章的县域经济财政分析截至 2018 年。而第 5 章的债务分析和基本的经济、财政指标均使用了 2019 年的数据。

② 县域经济体的指标连续性存在一定的差异，在本章的分析中，不同指标所包含的县域经济体的数量会存在一定差异，同时本书所分析的县不包括直辖市和地级市下辖的区。

表4-1 2018年样本县域经济分省情况

| 省份 | 县域数量 | | 县域户籍人口数 | | 县域地区生产总值 | |
|---|---|---|---|---|---|---|
| | 样本（个） | 占比（%） | 样本（万人） | 占比（%） | 样本（亿元） | 占比（%） |
| 河北 | 105 | 62.5 | 4807 | 63.6 | 17467 | 53.8 |
| 山西 | 90 | 76.9 | 2343 | 63.0 | 8293 | 52.0 |
| 内蒙古 | 77 | 74.8 | 1671 | 65.9 | 9035 | 56.0 |
| 辽宁 | 38 | 38.0 | 1959 | 44.9 | 6347 | 27.0 |
| 吉林 | 37 | 61.7 | 1613 | 59.7 | 6268 | 55.7 |
| 黑龙江 | 60 | 46.9 | 2018 | 53.5 | 6143 | 47.8 |
| 江苏 | 40 | 41.7 | 4077 | 50.6 | 39296 | 42.2 |
| 浙江 | 50 | 56.2 | 2932 | 51.1 | 23741 | 40.9 |
| 安徽 | 52 | 49.5 | 4283 | 67.7 | 12352 | 36.3 |
| 福建 | 54 | 63.5 | 2620 | 66.5 | 18398 | 47.6 |
| 江西 | 66 | 66.0 | 3261 | 70.2 | 11425 | 50.3 |
| 山东 | 76 | 55.5 | 5887 | 58.6 | 34460 | 51.7 |
| 河南 | 98 | 62.0 | 8320 | 86.6 | 29699 | 59.5 |
| 湖北 | 58 | 56.3 | 3829 | 64.7 | 15245 | 36.3 |
| 湖南 | 79 | 64.8 | 5355 | 77.6 | 18762 | 51.6 |
| 广东 | 55 | 45.1 | 4403 | 38.8 | 13100 | 13.1 |
| 广西 | 66 | 59.5 | 3598 | 73.0 | 8012 | 40.8 |
| 海南 | 15 | 65.2 | 581 | 62.2 | 2142 | 43.6 |
| 重庆 | 11 | 28.9 | 875 | 28.2 | 2285 | 10.6 |
| 四川 | 118 | 64.5 | 5501 | 65.9 | 17245 | 40.2 |
| 贵州 | 64 | 72.7 | 3141 | 87.2 | 8453 | 55.1 |
| 云南 | 97 | 75.2 | 3400 | 70.4 | 9025 | 43.2 |
| 西藏 | 62 | 83.8 | 242 | 70.4 | 643 | 41.5 |
| 陕西 | 70 | 65.4 | 2101 | 54.4 | 8618 | 36.0 |
| 甘肃 | 61 | 70.9 | 1701 | 64.5 | 2997 | 37.0 |
| 青海 | 36 | 81.8 | 429 | 71.2 | 1494 | 54.4 |
| 宁夏 | 13 | 59.1 | 372 | 54.1 | 1528 | 43.5 |
| 新疆 | 76 | 72.4 | 1694 | 68.1 | 6827 | 53.3 |

注：县域数量占比为样本县域数量除以该省份2018年县级区划数，县域户籍人口数占比为样本县域2018年户籍人口数合计值除以该省份2018年常住人口数，县域地区生产总值占比为样本县域2018年地区生产总值合计值除以该省份2018年地区生产总值。

资料来源：样本县域数据取自EPS数据平台的县市统计数据库，各省份相关数据取自国家统计局国家统计数据库。

### 4.1.1 县域人口与地区生产总值

从 1724 个县域经济体的经济情况来看，户籍人口占到全国总人口的 60%，经济规模不到全国经济总量的 40%，县域经济体的人均产出约为全国平均的 2/3。样本县域经济体的户籍人口从 2000 年的 7.61 亿人增长到 2018 年的 8.3 亿人，人口年均增速为 0.48%，低于全国 0.546% 的人口自然增长率增幅，所统计县域人口占全国年末总人口的比重从 2000 年的 60.1% 下降到 2018 年的 59.5%，人口占比略微减少 0.6 个百分点。

样本中县域经济的地区生产总值从 2000 年的 38352 亿元增加到 2018 年的 339297 亿元，年均增速为 12.1%，略低于 12.3% 的全国平均水平。样本县域经济占国内生产总值的比重从 2000 年的 38.7% 下降到 2018 年的 37.1%，对全国经济总量的贡献略有下降。样本县域经济体的人均地区生产总值从 2000 年的 4771 元增加到 2018 年的 41866 元，占全国人均国内生产总值的比重分别为 60.1% 和 63.4%。从构成人均国内生产总值的两个指标来看，由于县域户籍人口的增速在这一时期低于全国平均增速，从而拉高了县域人均国内生产总值的相对水平。

样本县域中，年度人均地区生产总值高于当年全国人均 GDP 水平的县域数量，从 2000 年的 273 个略微减少至 2018 年的 269 个，占到全部样本县域的 15.8%。在两个时期均高于全国人均 GDP 的县域有 148 个。与县域均值相比，这些县域的人均地区生产总值从 2000 年的 12166 元增加到 2018 年的 121270 元，基数与增幅均优于其他县域经济体。

但是此类县域中，地区间人均地区生产总值的差异也非常明显。表 4-2 比较了 2000 年和 2018 年两个时点上述县域分地区的人均地区生产总值、地区生产总值和户籍人口情况。以 2018 年为例，西部地区（90 个县）的平均地区生产总值仅为东部地区（120 个县）的 28%，但是这些西部县的平均户籍人口数则不到东部地区的 8%，从而出现较东部地区高的人均地区生产总值[①]。

---

[①] 采用人均地区生产总值会高估人口数较少地区的产出水平。另一种比较县域间经济差异的方式是县域行政区域内的每公里地区生产总值，由此测算的样本县域每公里地区生产总值从 2000 年的 162 元增加到 2018 年的 1400 元，受到不同地区地理区位的影响，这一指标下的产值呈现出明显的从东向西的降序排列，从而低估行政区域面积较大的县域的产出水平。本书的主要目的是分析县域的负债率和人均债务负担水平，因此采用人均地区生产总值作为县域经济的衡量指标，高估了对人口数量较少地区的经济实力。

表 4 – 2　　　　　2000 年和 2018 年年度人均地区生产总值高于
全国平均水平的县域经济情况

| 地区 | | 县域数量<br>（个） | 人均地区生产<br>总值（元） | 地区生产总值<br>（万元） | 户籍人口<br>（万人） |
|---|---|---|---|---|---|
| 2000 年 | 东部 | 168 | 13067 | 789401 | 60 |
| | 中部 | 24 | 9542 | 557229 | 58 |
| | 西部 | 58 | 11196 | 243071 | 22 |
| | 东北 | 23 | 10768 | 530622 | 49 |
| | 合计 | 273 | 12166 | 631118 | 51 |
| 2018 年 | 东部 | 120 | 109902 | 7296397 | 65 |
| | 中部 | 54 | 89999 | 4514161 | 49 |
| | 西部 | 90 | 155372 | 2060969 | 18 |
| | 东北 | 5 | 117989 | 4037565 | 44 |
| | 合计 | 269 | 121270 | 4925678 | 46 |
| 两期人均地区<br>生产总值均高<br>于全国平均水<br>平的 148 个县域<br>的变动情况 | 地区 | 县域数量 | 人均地区生产<br>总值年均增长<br>率（%） | 地区生产总值<br>年均增长率<br>（%） | 户籍人口<br>年均变动<br>（%） |
| | 东部 | 92 | 11.6 | 12.1 | 0.4 |
| | 中部 | 17 | 12.7 | 13.0 | 0.2 |
| | 西部 | 36 | 14.1 | 14.0 | 0.7 |
| | 东北 | 3 | 13.2 | 12.2 | − 0.2 |
| | 合计 | 148 | 12.4 | 12.3 | 0.4 |

注：人均地区生产总值为地区生产总值除以户籍人口数量。
资料来源：EPS 县市统计数据库，笔者整理。

　　表 4 – 2 也列示了两期人均地区生产总值均高于全国平均水平的 148
个县的三类指标的表动情况。作为发展最为稳定的前 10% 的县域经济体，
其人均地区生产总值增速平均维持在 12.4%。与两期分别统计下的户籍人
口减少不同，西部地区中两期人均产值均高于全国平均水平的县，其户籍
人口的增长是四类地区间最高的。

### 4.1.2　人均地区生产总值增长

　　从人均地区生产总值的变动来看，自 2000 年以来，县级经济体整体
呈现出增长率下行，县域间增长率差异幅度增加。2000 ~ 2018 年，样本县
人均国内生产总值年均增长率为 11.97%，县域间增长率的差异幅度为
2.56%。但分阶段来看，在 2015 年后增长率出现了快速下降，县域间增
长率的差异幅度甚至超过了县域间的增长率。2015 ~ 2018 年样本县域该指
标的年均增长率为 6.23%，不到 2008 ~ 2014 年水平的一半，但这一时期

样本县域间的增长率差异达到 7.17%，是 2008～2014 年波动幅度的 1.58 倍（见表 4-3）。

表 4-3　县域人均地区生产总值增长率与波动幅度（2000～2018 年）　单位：%

| 省份 | 2000～2018 年 | | 2000～2007 年 | | 2008～2014 年 | | 2015～2018 年 | |
|---|---|---|---|---|---|---|---|---|
| | 增长率 | 县域间波动 | 增长率 | 县域间波动 | 增长率 | 县域间波动 | 增长率 | 县域间波动 |
| 河北 | 9.25 | 2.22 | 11.80 | 5.11 | 9.13 | 3.18 | 3.66 | 3.18 |
| 山西 | 12.90 | 2.80 | 17.90 | 5.84 | 10.48 | 5.72 | 10.60 | 5.72 |
| 内蒙古 | 12.78 | 2.59 | 20.04 | 6.99 | 13.90 | 3.35 | -7.19 | 3.35 |
| 辽宁 | 10.06 | 2.88 | 15.35 | 6.30 | 13.47 | 5.44 | -8.52 | 5.44 |
| 吉林 | 10.68 | 2.15 | 13.50 | 4.33 | 15.13 | 3.37 | -4.82 | 3.37 |
| 黑龙江 | 11.16 | 2.88 | 11.04 | 7.16 | 15.96 | 6.76 | 1.92 | 6.76 |
| 江苏 | 13.24 | 1.03 | 13.66 | 3.16 | 14.82 | 2.83 | 9.01 | 2.83 |
| 浙江 | 11.16 | 1.02 | 13.52 | 2.48 | 10.31 | 1.51 | 8.18 | 1.51 |
| 安徽 | 12.30 | 2.53 | 12.30 | 4.14 | 13.77 | 3.55 | 8.96 | 3.55 |
| 福建 | 11.22 | 1.25 | 9.40 | 2.37 | 14.12 | 2.46 | 9.23 | 2.46 |
| 江西 | 12.99 | 1.68 | 13.78 | 3.11 | 13.83 | 3.06 | 9.46 | 3.06 |
| 山东 | 12.11 | 1.67 | 16.49 | 3.28 | 10.78 | 2.75 | 6.06 | 2.75 |
| 河南 | 11.66 | 1.58 | 14.84 | 4.04 | 9.94 | 3.42 | 7.18 | 3.42 |
| 湖北 | 11.54 | 1.83 | 7.79 | 3.39 | 16.27 | 3.33 | 8.15 | 3.33 |
| 湖南 | 11.41 | 1.58 | 11.11 | 3.59 | 13.53 | 2.54 | 7.50 | 2.54 |
| 广东 | 9.78 | 1.60 | 9.24 | 4.56 | 11.68 | 3.09 | 4.51 | 3.09 |
| 广西 | 10.85 | 1.78 | 12.69 | 3.45 | 10.59 | 3.94 | 6.03 | 3.94 |
| 海南 | 10.98 | 1.48 | 9.41 | 3.01 | 13.12 | 2.37 | 8.61 | 2.37 |
| 重庆 | 13.77 | 0.46 | 13.29 | 1.45 | 15.38 | 1.83 | 11.48 | 1.83 |
| 四川 | 12.10 | 1.73 | 13.37 | 3.53 | 13.45 | 3.15 | 8.32 | 3.15 |
| 贵州 | 14.09 | 1.62 | 11.76 | 3.50 | 18.29 | 2.01 | 10.44 | 2.01 |
| 云南 | 12.43 | 1.92 | 12.65 | 4.19 | 14.20 | 3.84 | 8.24 | 3.84 |
| 西藏 | 13.51 | 3.43 | 16.48 | 7.03 | 11.14 | 4.64 | 13.22 | 4.64 |
| 陕西 | 15.30 | 2.73 | 16.47 | 6.87 | 17.46 | 4.74 | 9.92 | 4.74 |
| 甘肃 | 11.79 | 2.29 | 14.03 | 4.40 | 14.91 | 3.82 | 3.75 | 3.82 |
| 青海 | 11.35 | 3.39 | 13.34 | 5.62 | 12.52 | 5.58 | 4.61 | 5.58 |
| 宁夏 | 14.10 | 2.38 | 15.85 | 4.88 | 15.34 | 3.23 | 7.27 | 3.23 |
| 新疆 | 12.27 | 3.00 | 13.21 | 5.09 | 14.60 | 5.31 | 5.17 | 5.31 |
| 样本县域全部 | 11.97 | 2.56 | 13.55 | 5.42 | 13.19 | 4.53 | 6.23 | 7.17 |

注：增长率为各省份所辖县域人均地区生产总值增长率的平均值。县域间波动为省份内各县人均地区生产总值年均增长率的标准差，反映省份内县域间的增长差异。

资料来源：EPS 县市统计数据库，笔者整理。

图 4-1 分区域县域人均地区生产总值增长率及县域间差异列示分区域分阶段的县域人均生产总值增长率及在区域内的增长率差异。东部地区的平均增长率始终低于中、西部区域，但是东部各县域的增长率差异也是各区域中较低的，特别是在 2015 年之后，这一特征更为明显。从整个样本期来看，西部各县的年均增长率是最高的，在 2014 年之前，西部各县的平均增幅均能维持在区域前列；而在 2015 年之后，中部县域经济增长率的降幅较其他区域更缓；东北县域在 2015 年后的平均增长率为负，从县域间差异看，东北地区部分县域出现了较为严重的下滑，拉低了整个区域的经济增长率水平。

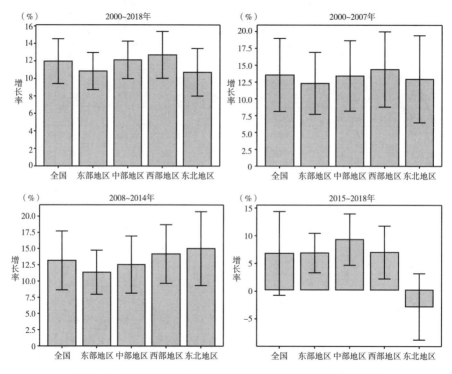

**图 4-1 分区域县域人均地区生产总值增长率及县域间差异**

注：东、中、西部和东北地区的划分按照国家统计局的标准。柱形图为人均地区生产总值增长率，茎叶图形为给定区域内县域增长率标准差。

资料来源：EPS 各省份县市统计数据库。

除区域差异外，县域规模的不同，也会对其经济增长率产生影响，图 4-2 列示了按照 2000 年的地区生产总值划分的不同规模县域的经济增长率。在 2015 年之前，县域增长率随着县域经济体规模的增加而递减，样本县域经济体在这一期间存在收敛走势，经济规模更大的县域平均增长率更低，但是这类县域间的增长差异也更窄；而在 2015 年之后，经济规模排在最高四分位的县域平均增速，较位于中间部分的县域更高，两者之间的产出差异开始出现扩大趋势。而经济规模相对较小的县域（位于最低四分位），其经济增长率仍然是最高的，这部分县域与中位数以下县域之间经济发展差异在缩小。若 2015 年以来的增长方式继续，可能出现县域经济的双峰分布，地区生产总值低于平均数的县向次高四分位数收敛，而地区生产总值更高的最高四分位的县域则会单独形成一极。

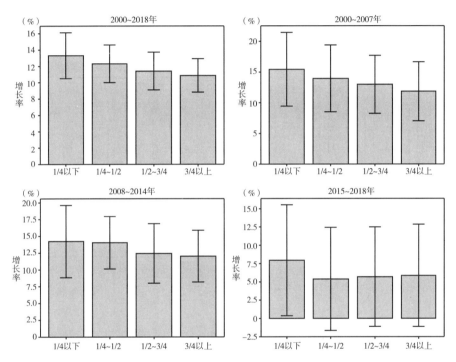

图 4 - 2 按 2000 年地区生产总值划分的县域人均
地区生产总值增长率及县域间差异

注：按照 2000 年的地区生产总值数将县域划分为四分位，分位点分别为 61100 万元、133400 万元和 280300 万元。柱形图为人均地区生产总值增长率，茎叶图形为给定区域内县域增长率标准差。

资料来源：EPS 各省份县市统计数据库。

与图 4 - 2 按照样本期初始的产值划分不同，图 4 - 3 给出按照各县户籍人口数量划分的不同规模县域的人均地区生产总值增长率。县域的增长走势与按照地区生产总值划分的大致相似。更为明显的是，在 2015 年之后，不同户籍人口规模县域的平均增长率出现两头高，中间低的 U 型态势，进一步支持了县域经济出现双峰分布的可能性。

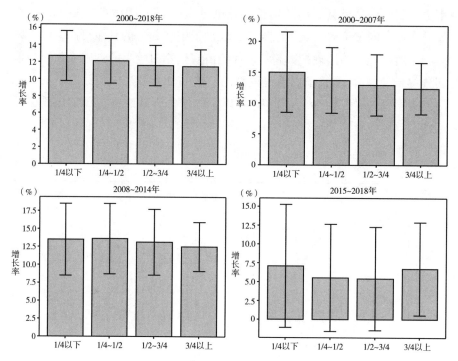

**图 4 − 3 按 2000 年户籍人口数划分的县域人均**

**地区生产总值增长率及县域间差异**

注：按照 2000 年的户籍人口数将县域划分为四分位，分位点分别为 21.04 万人、36.06 万人和 60.21 万人。柱形图为人均地区生产总值增长率，茎叶图形为给定区域内县域增长率标准差。

资料来源：EPS 各省份县市统计数据库。

### 4.1.3 县域城镇化

城镇化是地方政府债务快速增长的主要因素。鉴于县域城镇人口统计数据的连续性较弱，本书用两类指标来近似考察县域的城镇化程度，一是县域经济体第一产业增加值，及其占地区生产总值的比重；二是县域经济体第三产业增加值，及其占地区生产总值的比重。从全国数据来看，2000年以来第一产业增加值占比与城镇化（城镇人口占全国总人口的比例）之间的相关性为 −0.98，第三产业增加值与城镇化之间的相关性为 0.94，比较这两个指标可以近似反映县域经济体的城镇化水平。

整体来看，县域是农业产业发展的主要经济体。样本县域的第一产业增加值占全国的七成，第三产业增加值占全国的三成，第一和第三产业占全国的比重在样本期内均有所下降，县域的城镇化水平总体较低。样本县域的第一产业增加值从 2000 年的 10658.6 亿元增加到 2018 年的 44259.4

亿元，年均增长率为 7.91%，占全国第一产业增加值的比重从 2000 年的 72.4% 下降到 2018 年的 68.4%；样本县域的第三产业增加值从 2000 年的 11964.3 亿元增加到 2018 年的 141332 亿元，年均增长率 为 13.7%，占全国第三产业增加值的比重从 2000 年的 30.0% 下降到了 28.9%。

表 4 - 4 列示 2018 年样本县域第一产业、第三产业增加值的分省占比情况。与整体情况相似，样本县域是所在省份的主要农业生产区。除重庆外，样本县域的第一产业增加值均能占到该省一产增加值的 60% 以上，山西样本县域的一产增加值达到全省第一产业增加值的 91.3%。除吉林外，其余省份的样本县域三产增加值占全省第三产业增加值的比重均在 50% 以下，重庆和广东分别只有 8.7% 和 10.8%。

**表 4 - 4　　2018 年县域第一产业、第三产业增加值及其占比情况**

| 省份 | 第一产业增加值 | | 第三产业增加值 | | 第一产业增加值占地区生产总值比重 | | 第三产业增加值占地区生产总值比重 | |
|---|---|---|---|---|---|---|---|---|
| | 样本县域（亿元） | 占比（%） | 样本县域（亿元） | 占比（%） | 样本县域（%） | 相对值（%） | 样本县域（%） | 相对值（%） |
| 河北 | 2318 | 69.4 | 7936 | 48.8 | 16.9 | 164.8 | 45.0 | 90.0 |
| 山西 | 677 | 91.3 | 3143 | 38.6 | 11.6 | 249.2 | 41.8 | 81.8 |
| 内蒙古 | 1449 | 82.7 | 3689 | 45.8 | 22.1 | 204.2 | 41.8 | 83.8 |
| 辽宁 | 1389 | 68.7 | 2786 | 22.4 | 26.1 | 304.3 | 44.3 | 83.7 |
| 吉林 | 955 | 82.3 | 3247 | 53.7 | 15.4 | 149.1 | 52.5 | 97.8 |
| 黑龙江 | 1843 | 61.4 | 2636 | 41.8 | 35.8 | 153.3 | 40.5 | 82.5 |
| 江苏 | 2530 | 61.1 | 17887 | 38.1 | 9.6 | 214.9 | 45.1 | 89.5 |
| 浙江 | 1180 | 59.7 | 11283 | 36.7 | 6.9 | 203.5 | 49.0 | 92.5 |
| 安徽 | 1808 | 68.5 | 4544 | 26.3 | 15.7 | 202.9 | 38.7 | 76.1 |
| 福建 | 1936 | 81.4 | 7067 | 40.5 | 15.2 | 247.1 | 38.3 | 84.9 |
| 江西 | 1363 | 72.6 | 4276 | 39.7 | 13.7 | 165.4 | 40.6 | 85.8 |
| 山东 | 3279 | 66.2 | 13960 | 40.8 | 12.0 | 161.1 | 41.8 | 81.6 |
| 河南 | 3488 | 80.9 | 11672 | 49.5 | 14.0 | 162.5 | 39.0 | 82.6 |
| 湖北 | 2443 | 68.8 | 5503 | 26.3 | 18.7 | 222.0 | 37.7 | 75.7 |
| 湖南 | 2458 | 79.7 | 8352 | 43.2 | 15.3 | 179.7 | 48.1 | 90.4 |
| 广东 | 2248 | 58.6 | 5905 | 10.8 | 19.1 | 498.5 | 47.1 | 86.1 |
| 广西 | 1895 | 62.7 | 3124 | 31.5 | 24.7 | 160.5 | 40.7 | 80.6 |
| 海南 | 742 | 75.2 | 903 | 31.4 | 35.3 | 175.9 | 43.4 | 74.2 |
| 重庆 | 347 | 25.1 | 983 | 8.7 | 15.5 | 243.3 | 43.6 | 82.7 |

| 省份 | 第一产业增加值 | | 第三产业增加值 | | 第一产业增加值占地区生产总值比重 | | 第三产业增加值占地区生产总值比重 | |
|---|---|---|---|---|---|---|---|---|
| | 样本县域（亿元） | 占比（%） | 样本县域（亿元） | 占比（%） | 样本县域（%） | 相对值（%） | 样本县域（%） | 相对值（%） |
| 四川 | 2881 | 65.1 | 6695 | 29.9 | 20.9 | 202.4 | 37.7 | 72.2 |
| 贵州 | 1563 | 72.5 | 3787 | 49.2 | 22.1 | 157.4 | 47.4 | 94.6 |
| 云南 | 1891 | 75.7 | 3768 | 33.9 | 23.8 | 198.9 | 41.3 | 77.6 |
| 西藏 | 93 | 72.5 | 205 | 24.5 | 17.8 | 214.8 | 41.8 | 77.3 |
| 陕西 | 1208 | 66.0 | 2845 | 26.1 | 16.7 | 218.5 | 35.8 | 78.7 |
| 甘肃 | 576 | 62.2 | 1507 | 34.1 | 21.8 | 190.7 | 52.9 | 97.0 |
| 青海 | 238 | 88.6 | 487 | 35.1 | 29.4 | 301.1 | 33.6 | 66.6 |
| 宁夏 | 184 | 65.9 | 470 | 27.0 | 16.2 | 203.9 | 38.3 | 77.2 |
| 新疆 | 1281 | 75.7 | 2672 | 41.4 | 24.7 | 187.0 | 41.5 | 82.2 |
| 样本县域合计 | 44259 | 68.8 | 141332 | 33.3 | 19.2 | 212.0 | 42.5 | 83.1 |

注：（1）第一产业（第三产业）增加值为样本县域 2018 年的第一产业（第三产业）增加值分省合计值，第一产业（第三产业）增加值占比为县域第一产业（第三产业）增加值合计值占所属省 2018 年第一产业（第三产业）增加值的比重。

（2）第一产业（第三产业）增加值占地区生产总值的比重为样本县域 2018 年第一产业（第三产业）增加值占地区生产总值比重的分省平均值，相对值是样本县域该指标相对于所属省第一产业（第三产业）增加值占地区生产总值比重的相对数，用于反映样本县域的产业类型。

资料来源：EPS 县市统计数据库，笔者整理。

表 4-4 最后四列给出了按省份划分的 2018 年样本县域一产增加值和三产增加值占地区生产总值比重的均值，及其相对于该省第一、第三产业增加值占比的相对数。整体来看，样本县域一产增加值占比的均值为 19.2%，是省份平均值的 2.12 倍，同样反映出县域经济体是所在省第一产业发展的主体。分省来看，这一指标也受到各省农业经济发展程度的影响，比如，广东县域经济中第一产业增加值占比为 19.1%，在全部县域中处于中等水平，但广东县域经济体的第一产业占比是该省第一产业占比平均值的 4.99 倍，是所有省份中最高的；黑龙江县域经济中第一产业增加值占比为 35.8%，是分省计算的县域均值中最高的，但是其第一产业占比只是黑龙江省第一产业占比平均值的 1.53 倍，是所有省份中最低的。样本县域第三产业增加值占比均值为 42.5%，是省份平均值的 83%，县域经济第三产业的发展均有待提高。

从第一产业占比和第三产业占比的时间变化趋势来看（见图 4-4），

县域经济的城镇化水平在稳步提高。除黑龙江外，各省县域经济体第一产业增加值占地区生产总值的比例均出现下降，年均降幅最高的是西藏，每年下降 2.16 个百分点，多数省份县域第一产业增加值占比年均下降 1 个百分点。分地区来看，期初第一产业增加值占比越高的县域，其年均下降的比例也越大，县域经济的第一产业增加值整体呈现出趋同下降的趋势。2018 年全部县域经济间第一产业增加值占比的差异为 10.9%，较 2000 年 15.1% 的县域间差异缩窄了 4.2 个百分点。在全部县域中，只有黑龙江县域经济的第一产业增加值占比整体还略有上升，主要是在 2010 年前该省县域一产增加值占比在持续上升，此后在波动下降。

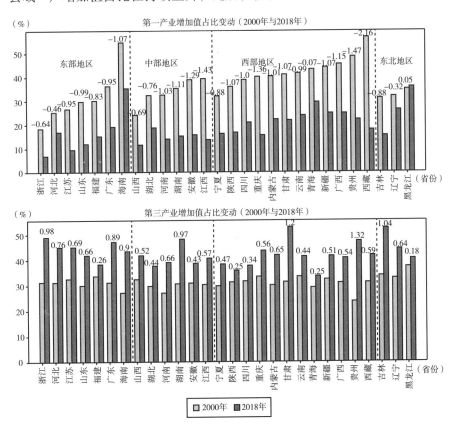

图 4-4　样本县域第一产业（第三产业）增加值
占比变动（2000 年与 2018 年）

资料来源：EPS 各省份县市统计数据库。

县域经济的第三产业增加值占比在样本期内均出现上升，各省县域经济体第三产业占比的增长幅度差异较大，并且与样本期初第三产业增加值占比之间没有明显的相关性，因此县域经济的第三产业增加值占比的差异在扩大。2018 年全部县域经济间第三产业增加值占比的差异为 10.6%，较 2000 年的 8.3% 扩大了 2.3 个百分点。

分区域和分时段变化来看，西部县域经济体的第一产业增加值占比最高，下降也最快，年均减少 1.14%。2018 年，东北地区县域经济体超过西部地区，成为第一产业增加值占比最高的区域。就本书的时段划分来看，县域经济体第一产业增加值占比下降最快的是 2000 年和 2007 年这段时期，而东北地区在这一时期第一产业增加值占比几乎没有变动。中部地区县域经济体的第一产业增加值占比下降速度出现 U 形变化，在第一阶段和第三阶段下降较快，而在第二阶段年均下降比率相对较低（见图 4 - 5）。

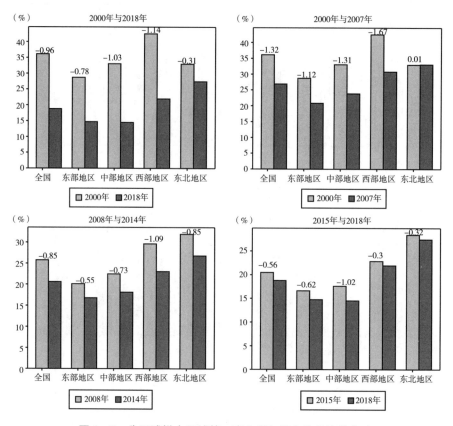

**图 4 - 5　分区域样本县域第一产业增加值占比分阶段变动**

资料来源：EPS 各省县市统计数据库。

县域经济体的第三产业增加值占比的快速增加主要出现在 2015 年之后。在此之前，第三产业增加值年均增幅在 0.34%，而在 2015 年之后，快速增加到 1.64%。对于东北地区的县域经济体来说，在 2015 年以前第三产业增加值占比几乎没有发生变动,在 2015 年以后则出现较快速度的增加。东部、中部地区县域经济体第三产业增加值占比的上升则主要是从 2008 年之后开始,并且在 2015 年以后出现更高幅度的增长。

根据不同地区县域经济体第一产业增加值占比和第三产业增加值占比的变动,大致可以推断,在 2008 年之前的县域经济城镇化过程是由第一产业的下降和第二产业的上升两个方面共同推进的;2008 年起,县域经济城镇化进程中第三产业开始发挥作用;2015 年以后的县域经济城镇化进程中第三产业的贡献快速上升(见图 4-6)。

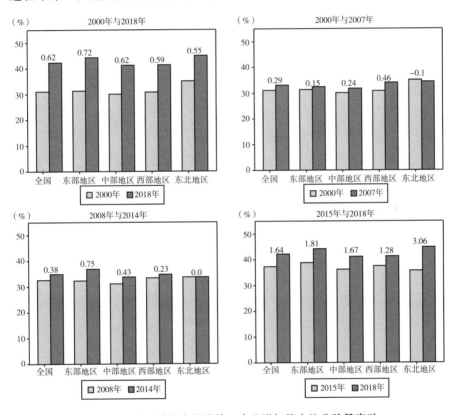

**图 4-6 分区域样本县域第三产业增加值占比分阶段变动**

资料来源:EPS 各省份县市统计数据库。

分规模来看,规模越大的县域,其第一产业增加值占比就越低,但是年均降幅在两个阶段具有相反的走势。县域经济体中经济规模排在最低 1/4 分位的,其第一产业增加值占比相对较高。在 2015 年前,县域经济体第一产业增加值占比的年均降幅随着县域经济规模的增加而下降,因此县域经济体第一产业增加值占比在逐渐趋同;自 2015 年起,第一产业增加值占比的降速变缓，县域经济体第一产业增加值占比的年均降幅随着县域经济规模的增加而递增，经济规模排前 1/4 的县域经济体与经济规模排后 1/4 的县域经济体之间的第一产业份额的差异有所拉大（见图 4-7）。这种一产份额的变动态势在按照人口规模来划分时，同样存在（见图 4-8）。

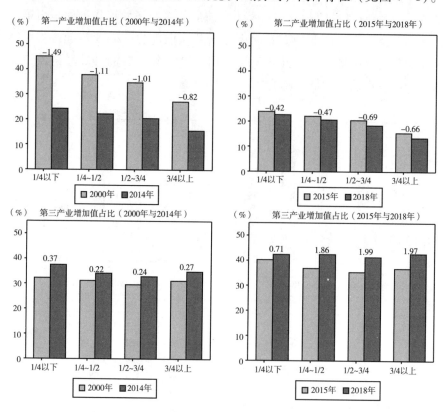

**图 4-7 按经济规模分县域第一产业和第三产业增加值占比分阶段变动**

资料来源：EPS 各省份县市统计数据库。

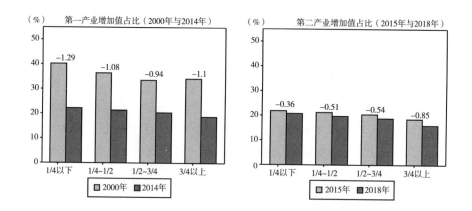

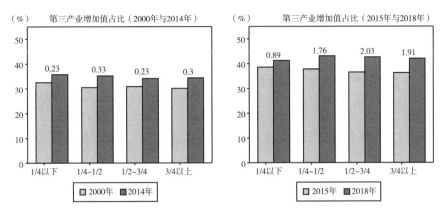

**图 4 - 8　按人口规模分县域第一产业和第三产业增加值占比分阶段变动**

资料来源：EPS 各省份县市统计数据库。

　　不论是按照经济规模划分，还是根据人口规模来判断，2000 年时县域经济体的第三产业增加值占比大致相似，在 2015 年之前，第三产业份额的增加并未因为县域经济（人口）规模的差异而有较大差别；而在 2015 年后，规模排序在最低 1/4 分位的县域，第三产业份额的增长明显弱于其他县域，随着经济规模（或人口规模）的增加，县域经济的第三产业份额年均上升的幅度也增大。

　　从不同规模县域第一产业份额和第三产业份额的变动，可以推断，县域经济的城镇化在两个时期所反映出来的特点是存在显著差异的。在 2015 年之前，主要是第一产业份额减少的城镇化；在 2015 年之后，则表现为第三产业份额增加的城镇化，并且这种城镇化的进程在经济（人口）规模越大的县域，进展得越快。

# 4.2　我国县域财政分析

　　县域财政收支是影响地方政府债务的最主要财政因素。自 2000 年以来，样本县域的一般公共预算收入占地方一般公共预算收入的比重保持稳定，但是一般公共预算支出份额增加较快，县域经济体财权与事权支出责任之间的不一致性在 2000 年以来有所增加。样本县域的一般公共预算收入总额从 2000 年的 1408.13 亿元增加到 2018 年的 22202.67 亿元，占全国地方一般公共预算收入的比重从 22.0% 上升到 22.7%，一般公共预算收入增幅与其他地方财政主体（市、区）相似。但是一般公共预算支出总额从 2000 年的 2464.89 亿元增加到 2018 年的 62600.48 亿元，占全国地方一般公共预算支出的比重从 23.8% 上升到 33.2%，上升了 9.4 个百分点。在地方一般公共预算收入占比只有小幅增加的情况下，样本县域的财政支出责任增加较快。由此导致的县域经济体一般公共预算收支差额占地区生产总值的比重在快速扩大，从 2000 年的 2.8% 增加到 2018 年的 12%。

### 4.2.1 县域一般公共预算收入

自 2000 年以来，样本县域一般公共预算收入年均增速为 15.3%，剔除价格因素①后增幅为 13.06%，较样本县域的地区生产总值增速（12.3%）略高 0.76 个百分点，一般公共预算收入的增长与地区生产总值增长基本保持一致。

县域一般公共预算收入占全省一般公共预算收入的份额不到三成。分省份来看（见表 4-5），2018 年县域一般公共预算收入额占各省一般公共预算收入的比重均值为 26.8%②。受省内财政体制差异和各省市县分布差异，县域一般公共预算的比重在各省间差异较大，样本县域中一般公共预算收入占比最高的为湖南省，达到 45.6%；比重最低的为广东省，仅为 4.9%。

表 4-5　　样本县域一般公共预算收入分省情况（2018 年）

| 省份 | 一般公共预算收入 | | 人均一般公共预算收入 | | 每单位地区生产总值产生的一般公共预算收入 | | |
| --- | --- | --- | --- | --- | --- | --- | --- |
| | 样本县域（亿元） | 占比（%） | 样本县域（元） | 相对值（%） | 样本县域（元） | 省域（元） | 相对值（%） |
| 河北 | 1097 | 31.2 | 2311 | 49.6 | 0.06 | 0.11 | 58.1 |
| 山西 | 605 | 26.4 | 2767 | 44.8 | 0.07 | 0.14 | 50.8 |
| 内蒙古 | 564 | 30.4 | 4997 | 68.1 | 0.06 | 0.12 | 54.3 |
| 辽宁 | 408 | 15.6 | 2180 | 36.4 | 0.06 | 0.11 | 57.8 |
| 吉林 | 363 | 29.3 | 2379 | 52.0 | 0.06 | 0.11 | 52.6 |
| 黑龙江 | 216 | 16.9 | 1690 | 49.8 | 0.04 | 0.10 | 35.7 |
| 江苏 | 2787 | 32.3 | 7672 | 71.5 | 0.07 | 0.09 | 76.6 |
| 浙江 | 2093 | 31.7 | 6932 | 59.9 | 0.09 | 0.11 | 77.5 |
| 安徽 | 1209 | 39.6 | 3669 | 75.7 | 0.10 | 0.09 | 111.6 |
| 福建 | 1144 | 38.0 | 4181 | 54.6 | 0.06 | 0.08 | 80.0 |

---

①　本书采用全国居民消费价格作为样本县域的价格因素，从而简化了县域间的价格差异，这是本书分析的一个不足之处。

②　县域样本中没有北京、天津和上海，因此样本县域合计栏中的样本县域一般预算收入（支出）占比高于前文测算的其占全国一般公共预算收支的比重。

续表

| 省份 | 一般公共预算收入 | | 人均一般公共预算收入 | | 每单位地区生产总值产生的一般公共预算收入 | | |
|---|---|---|---|---|---|---|---|
| | 样本县域（亿元） | 占比（%） | 样本县域（元） | 相对值（%） | 样本县域（元） | 省域（元） | 相对值（%） |
| 江西 | 974 | 41.1 | 3247 | 63.4 | 0.09 | 0.10 | 81.6 |
| 山东 | 2059 | 31.8 | 3891 | 60.2 | 0.06 | 0.10 | 64.1 |
| 河南 | 1461 | 38.8 | 2143 | 54.5 | 0.05 | 0.08 | 65.2 |
| 湖北 | 767 | 23.2 | 2182 | 39.0 | 0.05 | 0.08 | 64.0 |
| 湖南 | 1306 | 45.6 | 2510 | 60.4 | 0.07 | 0.08 | 89.2 |
| 广东 | 588 | 4.9 | 1712 | 15.9 | 0.04 | 0.12 | 37.1 |
| 广西 | 371 | 22.1 | 1174 | 34.3 | 0.05 | 0.09 | 54.1 |
| 海南 | 167 | 22.2 | 2890 | 35.7 | 0.08 | 0.15 | 50.9 |
| 重庆 | 146 | 6.5 | 1706 | 23.3 | 0.06 | 0.10 | 61.0 |
| 四川 | 1391 | 35.6 | 4990 | 106.2 | 0.08 | 0.09 | 88.5 |
| 贵州 | 571 | 33.1 | 1804 | 37.5 | 0.07 | 0.11 | 60.0 |
| 云南 | 594 | 29.8 | 1987 | 48.0 | 0.07 | 0.10 | 68.9 |
| 西藏 | 72 | 31.1 | 8252 | 122.0 | 0.17 | 0.15 | 116.1 |
| 陕西 | 348 | 15.5 | 2049 | 35.2 | 0.04 | 0.09 | 43.2 |
| 甘肃 | 161 | 18.5 | 1395 | 42.2 | 0.05 | 0.11 | 50.1 |
| 青海 | 57 | 20.9 | 1730 | 38.1 | 0.04 | 0.10 | 38.5 |
| 宁夏 | 97 | 22.3 | 2957 | 46.4 | 0.06 | 0.12 | 51.2 |
| 新疆 | 585 | 38.2 | 4776 | 76.9 | 0.09 | 0.12 | 73.2 |
| 样本县域合计 | 22203 | 26.8 | 3221 | 53.5 | 0.07 | 0.11 | 64.3 |

注：（1）一般公共预算收入为样本县域 2018 年的一般公共预算收入合计值，一般公共预算收入占比为县域一般公共预算收入合计值占所属省 2018 年一般公共预算收入的比重。

（2）人均一般公共预算收入为样本县域 2018 年按省计算的平均值，计算口径为县域一般公共预算收入除以户籍人口数。人均一般公共预算收入相对值为样本县域的均值相对于该省人均一般公共预算收入额的比重。省域人均一般公共预算收入为一般公共预算收入除以该省总人口数。

（3）一般公共预算收入占地区生产总值的比重，用于计算每单位地区生产总值所产生的一般公共预算收入数，按县域所属省份平均。一般公共预算收入占地区生产总值的相对值为县域该指标相对于全省的幅度，反映县域每单位产值产生一般公共预算收入的能力在全省的位置。

（4）广东省样本县域的一般公共预算收入占省域一般公共预算收入的比重较低，除了广东省的经济支柱在地级市本级以外，还可能是由于广东省在县市统计年鉴中披露的一般公共预算收入均为县本级数据，进一步拉低其县域一般公共预算收入的占比。省内市县财政分成制度的差异导致省际的财政收支比较存在一定的不足。

资料来源：样本县域为本书统计，所属省域 2018 年的一般公共预算收入、地区生产总值、地区总人口数据均取自国家统计局统计数据库。

县域人均拥有财政收入不到全国平均水平的一半，低于地级市本级财政收入较多。2018 年，样本县域人均一般公共预算收入均值为 3221 元，为全国人均地方一般公共预算收入的 45.9%。分省份来看，县域人均一般公共预算收入超过全省平均水平的有西藏和四川，分别为全省平均水平的122%和106.2%，8个省份县域人均一般公共预算收入不到全省平均的40%①。

县域每单位地区生产总值所能产生的一般公共预算收入不到全省平均水平的64.3%，并且受到本地区财政体制的影响较大。2018年，县域每单位地区生产总值产生的一般公共预算收入为0.07元，县域所属省份平均为0.11元，地级市本级和区的单位产值财政收入的生成能力更强。分省份来看，单位产值的一般公共预算收入创造能力高于全省平均的省份为西藏和安徽，分别为116.1%和111.6%；单位产值的财政收入创造能力较弱的省份是黑龙江、广东和甘肃。

地区生产总值和财政收入之间的正相关关系显著。样本县域的地区生产总值占所属省地区生产总值的比重越高，则样本县域财政收入在该省的重要性就越大。从2018年的数据来看，两者之间的相关系数为0.81。

与人均地区生产总值的增长情况相似，样本县域的人均一般公共预算收入增长率低于全国平均，人均一般公共预算收入变化幅度和县域间的差异在2015年前后均经历了巨大变化，县域间人均一般公共预算收入从增幅高、差异小演变为增幅低、差异大。2000年以来，县域人均一般公共预算收入年均增速为13.7%，较全国人均地方一般公共预算收入要低0.9个百分点。2015~2018年，这一增幅下降到4.73%，仅为2015年前平均增速的28.2%，仍较全国平均增幅要低0.27个百分点，与地级市本级、区级人均财政收入的差异在缩小。就县域间差异来看，同期县域间人均一般公共预算收入增长率差异从2015年以前的4.75%增加到了2015年以后的14.9%，县域间增幅差异扩大了3.14倍。

图4-9给出2015年前后样本县域分省人均一般公共预算收入平均增长率与省内县域间的增长差异情况。2000~2014年，大多数省份的县域人均一般公共预算收入增长率均较高，省内县域间的人均一般公共预算收入的增长率差异也相对较少。分地区来看，虽然东部地区的海南、中部地区的山西，其县域间人均一般公共预算收入的增长率差异在本地区内较大，但是增长率差异超过30%的省份主要集中在西部地区。这也使得西部地区作为一个整体，其县域经济体的人均一般公共预算收入增长率的差异是最大的（见图4-10）。

---

① 各地区省以下转移支付和税收返还的财政制度有差异，人均一般公共预算收入不代表该县域所拥有的全部人均财政收入，仅代表该县域所拥有的全部人均财政收入的下限。下文关于人均一般公共预算支出所反映的县域人均财政支出能力较收入的界定更具一般性。

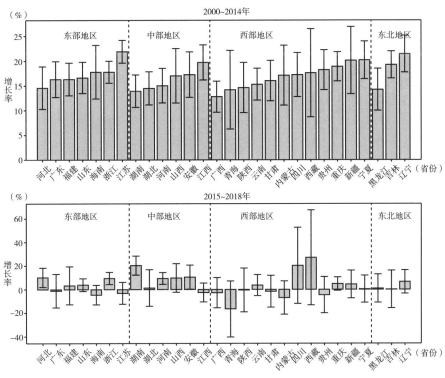

图 4-9　县域人均一般公共预算收入增幅与增长差异（分省）

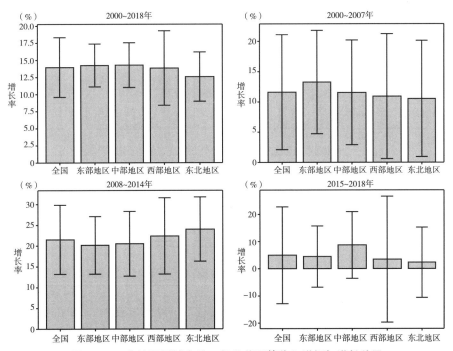

图 4-10　分地区县域人均一般公共预算收入增幅与增长差异

　　若进一步将 2015 年之前的县域人均一般公共预算收入增长划分为两个阶段，2008～2014 年的人均一般公共预算收入增长率高于前一时期，但四类地区的人均一般公共预算收入增长率的相对位置出现了相反的变动。在 2008 年之前，东、中、西和东北地区的人均一般公共预算收入的增长率依次递减；而在 2008 年之后，则呈依次递增。

　　在 2015 年之后，各省县域人均一般公共预算收入增幅均较此前下降，个别省份县域经济的人均一般公共预算收入还出现了减少，并且大部分省内县域间的财政收入增长率差异扩大。低增长、高差异的省份在各个地区均有分布，并未特别集中在某一特定地区。但中部地区的湖南、河南、山西和安徽均维持了相对较为稳定的县域人均财政收入增长率，从而成为 2015 年以后增长率最高、差异率最低的地区。而西部地区省内县域间的人均一般公共预算收入增长率差异较 2015 年前大幅扩大，集中表现在青海、四川、西藏等省份（见图 4－9），使该地区原本就较大的人均财政收入增长率差异进一步放大（见图 4－10）。

　　不同规模的县域经济体，人均一般公共预算收入增幅整体表现出两端高、中间略低的结构，规模较小的县域的人均一般公共预算收入的增长率更快。无论是按照产值规模（见图 4－11）还是按照人口规模（见图 4－12）

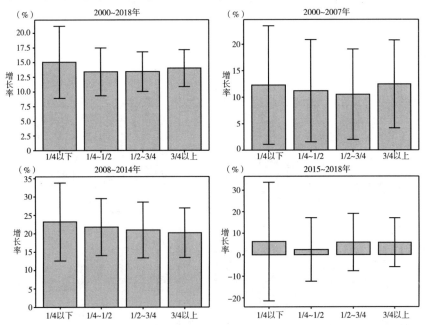

**图 4－11　按 2000 年地区生产总值划分的县域人均一般公共预算收入增幅与差异**

　　注：按照 2000 年的地区生产总值数将县域划分为四分位，分位点分别为 61100 万元，133400 万元和 280300 万元。

进行划分，经济（人口）规模最小和最大的县域在整个样本期内的增长率略高。在 2015 年之后，规模处于第二个四分位的县域经济体人均财政收入增长率下降最多，呈现出明显的凹陷。

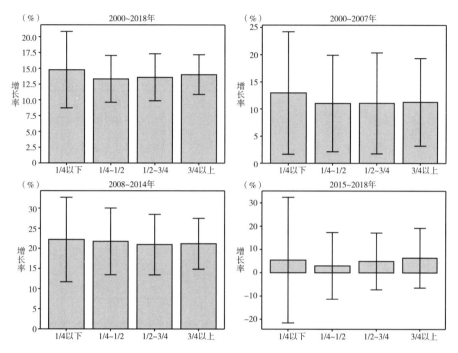

**图 4－12　按 2000 年户籍人口数划分的县域人均一般公共预算收入增幅差异**

注：按照 2000 年的户籍人口数将县域划分为四分位，分位点分别为 21.04 万人，36.06 万人和 60.21 万人。

从县域间人均财政收入增长率差异来看，不同规模内县域间人均财政收入增长率的差异则随着规模的增加而递减。在样本期内，规模越小的县域，县域间的增长率差异就越大，在 2015 年之后，各类规模分位数区间内这种增长率差异均有所扩大。

### 4.2.2　县域一般公共预算支出

县级政府的财政能力有限，一方面其自有财政收入较少；另一方面其财政支出责任刚性较强，在人口老龄化压力下，地方政府的支出责任刚性在不断增强。而不同地区县级政府的上级政府也会经常性地设定一些财政支出责任，导致县级政府间的支出责任差异也较大。

样本县域一般公共预算支出年均增幅为 18%，高于一般公共预算收入的增长速度，这也表明自 2000 年以来上级政府对于县域财政的转移支付和税收返还的增速较快。分省份来看（见表 4-6），2018 年县域一般公共预算支出完成总额占各省份一般公共预算支出的比重平均为 37.0%。样本县域中一般公共预算支出占比最高的为河南，达到 48.7%；其次是云南和新疆，均为 47.5%；比重最低的为重庆的 15.2%，其次是广东的 15.6% 和西藏的 21.7%。

表 4-6　　　　　　样本县域一般公共预算支出分省情况

| 省份 | 一般公共预算支出 | | 人均一般公共预算支出 | | 每单位地区生产总值需要的一般公共预算支出 | | |
|---|---|---|---|---|---|---|---|
| | 样本县域（元） | 占比（%） | 样本县域（元） | 占比（%） | 样本县域（元） | 省域（元） | 相对值（%） |
| 河北 | 3315 | 42.9 | 7360 | 71.8 | 0.19 | 0.24 | 79.8 |
| 山西 | 1892 | 44.2 | 9494 | 82.2 | 0.23 | 0.27 | 85.0 |
| 内蒙古 | 2200 | 45.5 | 18610 | 97.5 | 0.24 | 0.30 | 81.3 |
| 辽宁 | 1271 | 23.8 | 6836 | 55.9 | 0.20 | 0.23 | 88.2 |
| 吉林 | 1585 | 41.8 | 11688 | 83.6 | 0.25 | 0.34 | 75.1 |
| 黑龙江 | 1754 | 37.5 | 11533 | 93.2 | 0.29 | 0.36 | 79.4 |
| 江苏 | 4013 | 34.4 | 10666 | 73.6 | 0.10 | 0.13 | 81.6 |
| 浙江 | 3376 | 39.1 | 13446 | 88.8 | 0.14 | 0.15 | 95.6 |
| 安徽 | 2480 | 37.7 | 6931 | 66.3 | 0.21 | 0.19 | 106.2 |
| 福建 | 2055 | 42.5 | 8824 | 71.7 | 0.11 | 0.12 | 89.4 |
| 江西 | 2526 | 44.6 | 8622 | 70.5 | 0.22 | 0.25 | 88.6 |
| 山东 | 3402 | 33.7 | 6580 | 65.3 | 0.10 | 0.15 | 68.0 |
| 河南 | 4492 | 48.7 | 5859 | 60.9 | 0.15 | 0.18 | 81.9 |
| 湖北 | 2623 | 36.1 | 7754 | 63.1 | 0.17 | 0.17 | 99.6 |
| 湖南 | 3519 | 47.0 | 7235 | 66.5 | 0.19 | 0.21 | 91.9 |
| 广东 | 2451 | 15.6 | 6805 | 48.7 | 0.19 | 0.16 | 118.9 |
| 广西 | 2059 | 38.8 | 7248 | 67.0 | 0.26 | 0.27 | 95.0 |
| 海南 | 704 | 41.6 | 13419 | 73.8 | 0.33 | 0.34 | 95.4 |
| 重庆 | 691 | 15.2 | 8674 | 59.0 | 0.30 | 0.21 | 143.9 |
| 四川 | 3772 | 38.9 | 12224 | 104.8 | 0.22 | 0.23 | 96.7 |
| 贵州 | 2222 | 44.2 | 7759 | 55.4 | 0.26 | 0.33 | 80.3 |

续表

| 省份 | 一般公共预算支出 | | 人均一般公共预算支出 | | 每单位地区生产总值需要的一般公共预算支出 | | |
|---|---|---|---|---|---|---|---|
| | 样本县域（元） | 占比（%） | 样本县域（元） | 占比（%） | 样本县域（元） | 省域（元） | 相对值（%） |
| 云南 | 2886 | 47.5 | 10435 | 82.7 | 0.32 | 0.29 | 109.9 |
| 西藏 | 428 | 21.7 | 36226 | 62.6 | 1.03 | 1.27 | 81.0 |
| 陕西 | 1700 | 32.1 | 10170 | 73.8 | 0.20 | 0.22 | 89.3 |
| 甘肃 | 1568 | 41.6 | 12774 | 89.1 | 0.52 | 0.47 | 112.4 |
| 青海 | 695 | 42.2 | 25197 | 91.9 | 0.47 | 0.60 | 77.8 |
| 宁夏 | 540 | 38.0 | 15313 | 73.9 | 0.35 | 0.40 | 87.3 |
| 新疆 | 2383 | 47.5 | 18767 | 92.3 | 0.36 | 0.39 | 91.2 |
| 样本县域合计 | 62600 | 37.0 | 11659 | 74.6 | 0.27 | 0.30 | 89.8 |

注：（1）一般公共预算支出为样本县域 2018 年的一般公共预算支出合计值，一般公共预算支出占比为县域一般公共预算支出合计值占所属省 2018 年一般公共预算支出的比重。

（2）人均一般公共预算支出为样本县域 2018 年按省计算的平均值，计算口径为县域一般公共预算支出除以户籍人口数。人均一般公共预算支出相对值为样本县域的均值相对于该省人均一般公共预算支出额的比重。省域人均一般公共预算支出为一般公共预算支出除以该省总人口数。

（3）一般公共预算支出占地区生产总值的比重，用于计算每单位地区生产总值所需要的一般公共预算支出数，按县域所属省份平均。一般公共预算支出占地区生产总值的相对值为县域该指标相对于全省的幅度，反映县域每单位产值所需要投入的一般公共预算支出在全省的位置。

资料来源：样本县域为本书统计，所属省域 2018 年的一般公共预算支出、地区生产总值、地区总人口数据均取自国家统计局统计数据库。

与一般公共预算收入相比，县域一般公共预算支出占比较高。与此相一致的是，县域人均一般公共预算支出金额相对于全省人均一般公共预算支出的比重也较高，较多省份在市、县人均财政支出均等化方面完成较好。2018 年，样本县域人均一般公共预算支出额为 11659 元，达到所在省份人均水平的 74.6%。其中 10 个省份的县域人均一般公共预算支出额达到全省平均值的 80% 以上，5 个省份超过 90%，四川为 104.8%，县域人均一般公共预算支出超过全省平均值。在全部样本中，县域人均一般公共预算支出额不到全省平均值的 50% 的省份只有广东省。

与财政收入相比，一般公共预算支出的资金来源中包括了上级政府的转移支付和税收返还金额，能够更好地反映县域可以使用的一般公共预算财政总收入。从每单位地区生产总值所需要投入的一般公共预算支出这一指标来看，2018 年样本县域的均值为 0.27 元，为省域均值（0.30 元）的

89.8%。给定产出的生产成本递增，以及县域经济体的人均地区生产总值仅为全国人均国内生产总值的63.4%，可以推断县域一般公共预算支出的效率要低于地级市本级和区级经济体。

对于县域经济体而言，创造每单位地区生产总值所需要的政府支出也要相应地低于地级市本级和区级，但是与地级市本级和区级所占有的财政收入资源相比，其生产每单位地区生产总值所需要的财政支出金额的节约额有限。

与财政收入的增长率不同，样本县域的人均一般公共预算支出增长率高于全国平均。县域间人均一般公共预算支出增长率的差异，也随着收入增长率差异的增加而扩大，但是支出增长率差异的扩大幅度要高于收入。2000年以来，县域人均一般公共预算支出年均增速为17.6%，较全国人均一般公共预算支出要高出2个百分点，对于县域财政支出的投入力度在持续增加（见图4-13）。但这一时期的人均一般公共预算支出已经呈现出逐期递减，2000~2007年的增幅为20.4%，而2008~2014年间这一增幅下降到18.2%，并且这一下降态势在所有地区均出现（见图4-14），部分原因是连续多年的人均财政支出上升带来的基数增加效应。

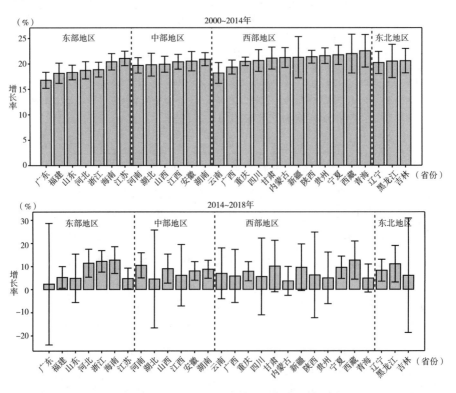

图4-13 县域人均一般公共预算支出增幅与增长差异（分省）

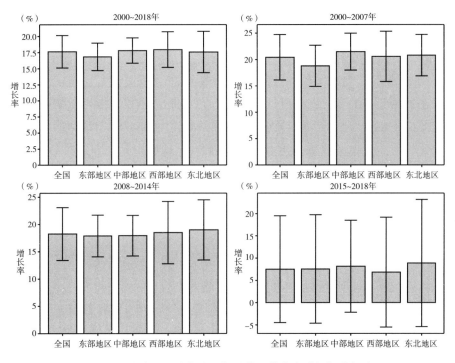

图 4 - 14 分地区县域人均一般公共预算支出增幅与增长差异

受限于财政收入的增幅减缓，人均一般公共预算支出变化幅度在 2015 年后也出现了较大幅度的减少。2015 ～ 2018 年，财政支出的增速下降到 7.52%，为 2015 年以前平均增速的 37.5%，但较全国平均增幅要高出 0.52 个百分点。无论是与全国平均相比，还是和县域人均一般公共预算收入的变动相比，2015 年后县域间人均一般公共预算支出的降幅均较缓。一方面源于县域财政中的强制性支出约束，制约了支出的大幅下降；另一方面也反映了对于基层财政支出的投入力度在加大，即使在财政收入下行的情况下，也尽量保障县域的财政支出要求。但从县域间差异来看，支出增长率的差异超过收入。同期县域间人均一般公共预算支出增长率差异从 2015 年以前的 2.44% 增加到了 2015 年以后的 12.0%，县域间增幅差异扩大了 4.91 倍。

图 4 - 13 给出 2015 年前后样本县域分省人均一般公共预算支出平均增长率与省内县域间的增长差异情况。2000 ～ 2014 年，大多数省份的县域人均一般公共预算支出增长率均在 15% 以上，高于人均地区生产总值和人均一般公共预算收入的增长率。除新疆、西藏、青海、黑龙江等少数西部地区和东北地区省份外，省内县域间的财政支出增长率差异相对较少。在

2007 年之前，东部地区的县域财政支出增长率相对较低；在 2008 年之后，东部地区的增长率降幅也较小。中部地区在 2007 年前后，财政支出增长率降幅最大（见图 4 - 14）。

在 2015 年之后，各省县域人均一般公共预算支出增幅均较此前下降。虽然各省的均值仍然显示出正增长，但是大多数省份内县域间的支出增长率差异均有了大幅扩大。部分省份的个别县域这一时期的人均一般公共预算支出出现了负增长。这类负增长县域主要在西部地区省份，但是东部地区的广东、山东，中部地区的湖北、江西也出现了此类县域（见图 4 - 13）。财政支出负增长率县域的增加，使得在 2015 年之后，西部地区的人均财政支出增长率从此前的最高地区转变为最低地区（见图 4 - 14）。

与人均财政收入相比，2015 年以后的县域间人均财政支出增长率差异更小，而且东部地区县域间的人均财政支出增长率差异不如人均财政收入增长率差异稳定。地区内县域间人均财政支出增长率分布呈现出东北、西部、东部、中部的递减排列（见图 4 - 14）。结合人均财政收入情况，中部地区县域经济体的人均财政收支增长是四类地区中最好的，县域间的差异也是四类地区间最小的。

对于不同规模的县域经济体，人均一般公共预算支出增幅随着经济规模的增加而递减（见图 4 - 15），规模较小的县域的人均一般公共预算支出的增长率更高。与按经济规模划分相比，县域人均一般公共预算支出的增长率随县域人口规模变动的幅度更小（见图 4 - 16），人口规模最小和最大的县域在整个样本期内的增长率差异不超过 1 个百分点。从县域间人均财政支出增长率差异来看，不同规模内县域间人均财政收入增长率的差异主要是在 2015 年后快速扩大。

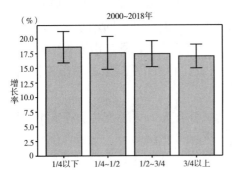
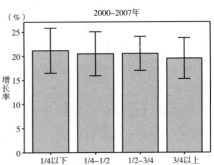

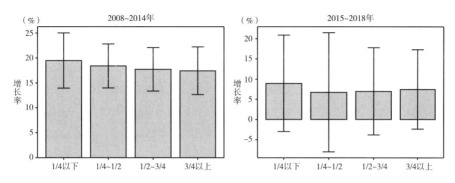

**图 4 - 15 按 2000 年地区生产总值划分的县域人均一般公共预算支出增幅与差异**

注：按照 2000 年的地区生产总值数将县域划分为四分位，分位点分别为 61100 万元，133400 万元和 280300 万元。

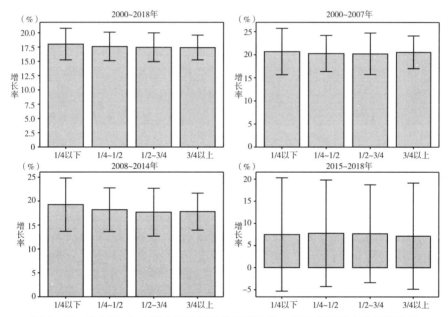

**图 4 - 16 按 2000 年户籍人口数划分的县域人均一般公共预算支出增幅差异**

注：按照 2000 年的户籍人口数将县域划分为四分位，分位点分别为 21.04 万人，36.06 万人和 60.21 万人。

### 4.2.3 县域一般公共预算收支缺口

平均来看，县域一般公共预算支出对转移支付和税收返还的依赖过半，但各省间差异较大。县域的一般公共预算收入远低于一般公共预算支出所需要的支出需求，使得样本县域一般公共预算收支缺口占该省一般公共预算收支缺口的均值为 46.8%（见表 4 - 7），高于样本县域一般公共预算收入、支出的占比均值。样本县域一般公共预算收支缺口占所在省一般公共预算收支缺口的比重，较接近与样本县域地区生产总值占所在省地区生产总值的比重（43.6%），反映出样本县域在所属省域内的位置在经济和财政两方面较为相似。分省来看，山西县域一般公共预算收支缺口占全省一般公共预算收支缺口的比重最高，达到64.6%；其次是浙江和海南，分别为63.1%和57.2%；比重最低的为西藏，仅为20.5%，其次是重庆和辽宁，分别为24%和31.7%。

表4-7　　　　　　样本县域一般公共预算收支缺口分省情况

| 省份 | 一般公共预算收支缺口 | | 人均一般公共预算收支缺口 | | 一般公共预算收支缺口占地区生产总值比重 | | |
| --- | --- | --- | --- | --- | --- | --- | --- |
| | 样本县域（亿元） | 占比（%） | 样本县域（元） | 相对值（%） | 样本县域 | 省域（%） | 相对值（%） |
| 河北 | 2217 | 52.6 | 5048 | 90.3 | 12.7 | 13.0 | 97.9 |
| 山西 | 1287 | 64.6 | 6728 | 125.4 | 15.5 | 12.5 | 124.4 |
| 内蒙古 | 1635 | 55.0 | 13614 | 115.9 | 18.1 | 18.4 | 98.2 |
| 辽宁 | 863 | 31.7 | 4656 | 74.7 | 13.6 | 11.6 | 117.5 |
| 吉林 | 1221 | 47.9 | 9309 | 99.0 | 19.5 | 22.6 | 86.0 |
| 黑龙江 | 1537 | 45.3 | 9843 | 109.8 | 25.3 | 26.4 | 95.9 |
| 江苏 | 1226 | 40.5 | 2994 | 79.5 | 3.1 | 3.2 | 96.1 |
| 浙江 | 1283 | 63.1 | 6514 | 182.7 | 5.4 | 3.5 | 154.3 |
| 安徽 | 1271 | 36.1 | 3262 | 58.2 | 10.5 | 10.4 | 101.6 |
| 福建 | 911 | 49.9 | 4644 | 99.9 | 5.0 | 4.7 | 105.0 |
| 江西 | 1552 | 47.1 | 5375 | 75.6 | 13.6 | 14.5 | 93.7 |
| 山东 | 1342 | 37.1 | 2689 | 74.6 | 4.1 | 5.4 | 75.0 |
| 河南 | 3031 | 55.6 | 3716 | 65.3 | 10.2 | 10.9 | 93.5 |
| 湖北 | 1856 | 47.0 | 5573 | 83.3 | 12.2 | 9.4 | 129.5 |
| 湖南 | 2213 | 47.9 | 4725 | 70.4 | 11.9 | 12.7 | 93.6 |
| 广东 | 1863 | 51.4 | 5093 | 158.2 | 14.2 | 3.6 | 392.1 |
| 广西 | 1688 | 46.5 | 6074 | 82.1 | 21.1 | 18.5 | 114.0 |
| 海南 | 537 | 57.2 | 10529 | 104.3 | 25.0 | 19.1 | 131.0 |
| 重庆 | 545 | 24.0 | 6968 | 94.6 | 23.9 | 10.5 | 226.4 |
| 四川 | 2381 | 41.1 | 7234 | 103.9 | 13.8 | 13.5 | 102.2 |
| 贵州 | 1651 | 50.0 | 5956 | 64.7 | 19.5 | 21.5 | 90.8 |
| 云南 | 2292 | 56.2 | 8448 | 99.7 | 25.4 | 19.5 | 130.0 |

续表

| 省份 | 一般公共预算收支缺口 | | 人均一般公共预算收支缺口 | | 一般公共预算收支缺口占地区生产总值比重 | | |
|---|---|---|---|---|---|---|---|
| | 样本县域（亿元） | 占比（%） | 样本县域（元） | 相对值（%） | 样本县域 | 省域（%） | 相对值（%） |
| 西藏 | 356 | 20.5 | 27974 | 54.7 | 85.8 | 112.4 | 76.3 |
| 陕西 | 1352 | 44.2 | 8121 | 102.2 | 15.7 | 12.8 | 123.1 |
| 甘肃 | 1407 | 48.5 | 11378 | 103.2 | 47.0 | 35.8 | 131.2 |
| 青海 | 638 | 46.4 | 23467 | 102.6 | 42.8 | 50.0 | 85.6 |
| 宁夏 | 442 | 45.0 | 12355 | 86.1 | 28.9 | 28.0 | 103.4 |
| 新疆 | 1798 | 51.7 | 13991 | 99.1 | 26.9 | 27.2 | 99.1 |
| 样本县域合计 | 1443 | 46.8 | 8438 | 87.9 | 20.4 | 19.7 | 103.4 |

注：（1）一般公共预算收支缺口为样本县域 2018 年的一般公共预算收支缺口合计值，一般公共预算收支缺口占比为县域一般公共预算收支缺口合计值占所属省 2018 年一般公共预算收支缺口的比重。

（2）人均一般公共预算收支缺口为样本县域 2018 年按省计算的平均值，计算口径为县域一般公共预算收支缺口除以户籍人口数。人均一般公共预算收支缺口相对值为样本县域的均值相对于该省人均一般公共预算收支缺口额的比重。省域人均一般公共预算收支缺口为一般公共预算收支缺口除以该省总人口数。

（3）一般公共预算收支缺口占地区生产总值的比重，用于计算每单位地区生产总值所产生的一般公共预算收支缺口数，按县域所属省份平均。一般公共预算收支缺口占地区生产总值的相对值为县域该指标相对于全省的幅度，反映县域每单位产值产生一般公共预算收支缺口的能力在全省的位置。

资料来源：样本县域为本书统计，所属省域 2018 年的一般公共预算收入、一般公共预算支出、地区生产总值、地区总人口数据均取自国家统计局统计数据库。

　　从人均一般公共预算收支缺口指标来看，大多数省份均在积极地落实财政支出均等化，样本县域人均一般公共预算收支缺口额与所属省份人均缺口之比的均值为 87.9%。其中相当于全省人均收支缺口的省份（比值在 90%～110%）超过一半。

　　与此相一致的，多数省份县域一般公共预算收支缺口占地区生产总值的比重与该省份一般公共预算收支缺口占地区生产总值的比重接近（相对值在 90%～110%之间）。2018 年样本县域的这一比值为 20.4%，而省域均值为 19.7%，样本县域财政收支缺口略高于省域平均水平。分省份来看，12 个省中县域的这一比值要低于省域，山东省样本县域的这一比值仅为全省平均的 75%。分地区来看，县域比值低于省域平均的省份主要集中在东部地区，这也印证了经济实力更强的县域，其一般公共预算支出更多依靠本级一般公共预算收入，对转移支付和税收返还的依赖更少。

# 第5章 我国县级政府债务规模与结构分析

"在债务增长的每一个阶段,都有有识之士严肃地警告破产和损失即将发生。但是债务仍然继续增长,破产和损害好似远未到来"(Macauley,1989)。

对于县级政府债务规模,较为权威的统计数据仍是 2013 年审计署的政府债务审计报告,此后一直缺乏完整的数据分析,其中一个主要障碍是数据的可得性。自新《预算法》实施以来,本级财政预决算信息成为政府信息公开的法定内容,区县政府需要在财政预决算中公开政府债务信息,而《地方政府债务信息公开办法(试行)》进一步对政府债务信息公开提出了要求,这就使得全面考察县级政府债务成为可能。本章分别采用自上而下法和自下而上法对地方政府债务进行分析。自上而下法是从一省的全部地方政府债务中剔除省本级和地级市本级的债务,以剩下的债务余额作为该省的县(区)级地方政府债务,得到各省的区县政府债务总量数据,以获得对区县政府债务分省情况的整体认识。自下而上法则是通过收集和整理各个县的政府债务,进而对县级政府债务规模、结构进行更详细的考察。

## 5.1 区县政府债务规模分析

### 5.1.1 区县政府债务规模与分布

从债务行政层级分布来看,区县是政府债务规模最大的行政层级,并在 2019 年出现新一次的快速增长,使得区县政府债务余额占比经历了 U 型变动。区县政府债务余额从 2015 年的 62781 亿元上升到 2019 年的 91260 亿元,年均增长 9.35%,较省市债务年均 9.27% 的增幅要高出 0.08

个百分点，是省、市、县三级中债务增速最快的行政单位。

在政府债务置换期间（2015~2018 年），区县政府债务增加受到较严格的控制，三年间平均增幅为 6.35%，低于省、市两级政府债务增长率，使得这一时期的区县政府债务规模整体下降，债务余额占地方政府债务余额的比重从 2015 年的 47.57% 下降到 2018 年的 45.6%。但 2019 年区县政府新增债务出现快速反弹，政府债务增幅达到 18.35%，是省、市政府债务增速的 1.8 倍，拉动区县政府债务占比快速上升到 47.65%，较 2018 年增加了 2.05 个百分点，较 2015 年增加了 0.08 个百分点①。

表 5 – 1 列示 2015 年、2017 年和 2019 年各省份（不包括直辖市，下同）区县政府债务余额、占比与增速变化情况。2019 年区县债务余额占比最高的省份为贵州省，占比为 64.3%；占比最低的为青海省，占比为 17.0%。2019 年有 15 个省的区县政府债务余额占该省债务余额的比重较 2015 年上升，平均增加了 5.6 个百分点；有 11 个省份的区县政府债务占本省政府债务余额的比重较 2015 年有所下降，平均减少了 5 个百分点。其中上升最快的是新疆，2019 年区县政府债务余额份额较 2015 年上升 14.3%；下降最多的是山西，区县政府债务余额占比从 2015 年的 38.3% 下降到 2019 年的 21.8%，减少了 16.4%；基本不变的是广东省，2019 年区县政府债务余额占比为 41.0%，较 2015 年下降了 0.1 个百分点。

表 5 – 1 　　　　　分省区县政府债务整体情况（2015~2019 年）

| 省份 | 区县债务余额<br>（亿元） | | | 区县债务占本区域政府<br>债务比重（%） | | | 区县政府债务<br>年均增速（%） | | |
|------|--------|--------|--------|--------|--------|--------|----------------|----------------|----------------|
| | 2015 年 | 2017 年 | 2019 年 | 2015 年 | 2017 年 | 2019 年 | 2015~<br>2019 年 | 2015~<br>2017 年 | 2017~<br>2019 年 |
| 河北 | 2286.4 | 2624.1 | 3873.8 | 42.9 | 42.7 | 44.3 | 13.2 | 6.9 | 19.5 |
| 山西 | 775.7 | 847.1 | 767.1 | 38.3 | 32.8 | 21.8 | -0.3 | 4.4 | -5.0 |
| 内蒙古 | 3248.5 | 3383.1 | 4103.1 | 59.6 | 54.4 | 56.2 | 5.8 | 2.0 | 9.6 |
| 辽宁 | 4447.2 | 4412.4 | 5393.7 | 51.8 | 52.2 | 60.7 | 4.8 | -0.4 | 10.0 |

---

① 在区分省、市、县（区）三级政府债务时，测算的比例剔除了直辖市和西藏。直辖市的政府债务仅能分为两类，省（直辖市）本级和区县。若包含直辖市，并将直辖市的区县归类为市本级，则 2019 年区县政府债务余额占比为 42.89%，若将直辖市的区县归类为区县，则 2019 年区县政府债务余额占比达到 50.18%，不论选择哪种口径，均不改变区县政府债务占比最大的事实。西藏的政府债务规模非常小（2019 年为 326 亿元），且分区县的债务数据可得性较差，本书予以剔除。

| 省份 | 区县债务余额<br>（亿元） | | | 区县债务占本区域政府<br>债务比重（%） | | | 区县政府债务<br>年均增速（%） | | |
|---|---|---|---|---|---|---|---|---|---|
| | 2015 年 | 2017 年 | 2019 年 | 2015 年 | 2017 年 | 2019 年 | 2015 ~<br>2019 年 | 2015 ~<br>2017 年 | 2017 ~<br>2019 年 |
| 吉林 | 682.2 | 727.4 | 1433.4 | 24.8 | 22.8 | 33.0 | 18.6 | 3.2 | 33.9 |
| 黑龙江 | 660.8 | 889.4 | 1112.9 | 21.6 | 25.7 | 23.4 | 13.0 | 14.9 | 11.2 |
| 江苏 | 6605.3 | 7636.1 | 9161.9 | 62.6 | 63.5 | 61.6 | 8.2 | 7.3 | 9.1 |
| 浙江 | 3879.8 | 4188.6 | 5373.3 | 48.9 | 45.3 | 43.7 | 8.1 | 3.8 | 12.5 |
| 安徽 | 2100.0 | 2498.5 | 4024.8 | 41.3 | 42.9 | 50.7 | 16.3 | 8.7 | 23.8 |
| 福建 | 2683.0 | 3231.2 | 4181.0 | 58.4 | 59.2 | 59.4 | 11.1 | 9.3 | 12.9 |
| 江西 | 1951.7 | 2244.6 | 2447.8 | 52.2 | 52.6 | 45.7 | 5.7 | 7.0 | 4.3 |
| 山东 | 4417.4 | 4884.3 | 6780.4 | 48.8 | 47.9 | 51.6 | 10.7 | 5.0 | 16.4 |
| 河南 | 2191.9 | 2688.2 | 3569.0 | 40.2 | 48.5 | 45.1 | 12.2 | 10.2 | 14.2 |
| 湖北 | 1745.5 | 2423.3 | 3543.3 | 38.2 | 42.4 | 44.1 | 17.7 | 16.4 | 19.0 |
| 湖南 | 2977.6 | 3207.1 | 4265.8 | 48.4 | 41.8 | 41.9 | 9.0 | 3.7 | 14.3 |
| 广东 | 3361.6 | 3787.7 | 4897.4 | 41.1 | 42.0 | 41.0 | 9.4 | 6.0 | 12.8 |
| 广西 | 481.0 | 697.0 | 1514.9 | 11.9 | 14.4 | 23.9 | 28.7 | 18.5 | 38.8 |
| 海南 | 342.1 | 511.1 | 626.7 | 24.5 | 29.7 | 28.1 | 15.1 | 20.1 | 10.2 |
| 四川 | 4633.0 | 5305.0 | 6499.0 | 62.1 | 62.4 | 61.4 | 8.5 | 6.8 | 10.1 |
| 贵州 | 6126.8 | 5883.7 | 6220.2 | 70.0 | 68.4 | 64.3 | 0.4 | -2.0 | 2.8 |
| 云南 | 2552.4 | 2564.7 | 3397.5 | 41.0 | 38.1 | 41.9 | 7.2 | 0.2 | 14.1 |
| 陕西 | 2247.1 | 1915.9 | 3214.9 | 45.4 | 35.5 | 48.8 | 9.0 | -8.0 | 25.9 |
| 甘肃 | 624.2 | 803.0 | 1378.0 | 39.3 | 38.8 | 44.2 | 19.8 | 12.6 | 27.0 |
| 青海 | 244.5 | 238.6 | 357.3 | 19.3 | 15.8 | 17.0 | 9.5 | -1.2 | 20.2 |
| 宁夏 | 520.2 | 544.1 | 711.5 | 49.3 | 44.4 | 42.9 | 7.8 | 2.2 | 13.4 |
| 新疆 | 995.3 | 1610.4 | 2411.1 | 37.8 | 47.7 | 52.1 | 22.1 | 24.1 | 20.2 |
| 北京 | 2848.5 | 2418.9 | 3592.9 | 49.7 | 62.4 | 72.4 | 5.8 | -8.2 | 19.8 |
| 天津 | 1300.6 | 2047.5 | 3214.6 | 57.7 | 59.8 | 64.8 | 22.6 | 22.7 | 22.6 |
| 上海 | 3468.0 | 3857.5 | 4867.3 | 71.1 | 82.2 | 85.1 | 8.5 | 5.3 | 11.6 |
| 重庆 | 2322.5 | 2868.0 | 3836.4 | 68.7 | 71.4 | 68.5 | 12.5 | 10.5 | 14.5 |
| 东部地区 | 23575.6 | 26863.1 | 34894.4 | 46.7 | 47.2 | 47.1 | 9.8 | 6.5 | 13.1 |
| 中部地区 | 11742.4 | 13908.8 | 18617.9 | 43.1 | 43.5 | 41.6 | 11.5 | 8.5 | 14.6 |
| 西部地区 | 21673.6 | 22945.6 | 29807.6 | 39.7 | 38.2 | 41.2 | 8.0 | 2.9 | 13.1 |

续表

| 省份 | 区县债务余额（亿元） | | | 区县债务占本区域政府债务比重（%） | | | 区县政府债务年均增速（%） | | |
|---|---|---|---|---|---|---|---|---|---|
| | 2015 年 | 2017 年 | 2019 年 | 2015 年 | 2017 年 | 2019 年 | 2015 ~ 2019 年 | 2015 ~ 2017 年 | 2017 ~ 2019 年 |
| 东北地区 | 5790.3 | 6029.2 | 7940.0 | 40.6 | 40.2 | 41.6 | 7.9 | 2.0 | 13.8 |
| 直辖市 | 9939.7 | 11191.9 | 15511.3 | 61.2 | 69.9 | 73.0 | 11.1 | 5.9 | 16.3 |
| 全国 1 | 62781.9 | 69746.7 | 91259.9 | 47.6 | 46.8 | 47.7 | 9.4 | 5.3 | 13.4 |
| 全国 2 | 72721.5 | 80938.6 | 106771.1 | 49.1 | 49.1 | 50.2 | 9.6 | 5.4 | 13.8 |

注：全国 1 不包含直辖市和西藏，全国 2 包含直辖市，但不包括西藏，并且将直辖市的区县债务归类为区县债务。东部地区包括河北、江苏、浙江、福建、山东、广东、海南；中部地区包括山西、安徽、江西、河南、湖北、湖南；西部地区包括内蒙古、广西、四川、贵州、云南、陕西、甘肃、青海、宁夏、新疆；东北地区包括辽宁、吉林、黑龙江。

资料来源：根据各省市历年政府债券发行情况说明和政府信用评级报告中给出的数据进行整理，其中大连、青岛、宁波、厦门和深圳的市本级与区县债务数据分别并入所在省的市本级与区县债务数据。江苏省（2017 年起）、河南省、广东省（不含深圳）、海南省、贵州省、陕西省、青海省、宁夏回族自治区仅提供省本级、省本级以下政府债务余额，本书收集了上述省份的地级市本级数据，汇总后，作为市本级债务余额，以差额作为区县政府债务余额。

在 15 个份额上升的省份中，黑龙江、广西、海南、吉林的区县债务份额均低于 35%。广西区县债务份额在 3 省份中上升最快，2019 年为 23.9%。而 2015 年只有 11.9%。广西通过调增区县债务和省本级债务，降低了市本级债务余额的比重，广西市本级债务余额从 2015 年的 67.9% 下降到 2019 年的 50.8%。其余 11 个省份在这一时期加大了区县政府债务的发行比例，有 6 个省份（辽宁、福建、新疆、山东、安徽、陕西）的区县政府债务份额在 2019 年超过了全国平均水平。

在 11 个份额下降的省份中，只有山西和青海的区县债务余额占比低于 40%，但是 2 个省份的政府债务分布仍有差异。山西以市本级政府债务为主，2019 年市本级政府债务占该省政府债务余额的 48.4%；而青海的政府债务主要集中在省本级，2019 年省本级政府债务占到青海政府债务余额的 65.2%。

从区县债务余额占比下降的省份来看，多数省份是为了控制过高的区县债务比重。这 11 个省份中有 8 个省份在 2015 年区县债务余额占比高于全国平均水平（47.6%），在控制区县债务的规模后，2019 年这 8 个省份中仍有 4 个省份（贵州、江苏、四川、内蒙古）的区县债务余额占比高于全国平均。江苏和四川 2 个省份区县政府债务份额小幅下降，贵州降幅较大，2019 年债务份额从 70% 下降到 64.3%，下降了 5.7 个百分点，但是

64.3%的区县政府债务份额仍然在全部省份中排第1位。湖南、江西、宁夏和浙江4个省份区县债务余额占比回落较快，2019年区县债务份额已经低于全国平均水平，但是区县债务份额占比均仍在40%以上。

分区域来看，区县政府债务占本地区政府债务的比重表现为"三升一降"，东部地区的区县政府债务占比最高，但西部地区的区县政府债务余额上升较快。2019年，东部、东北部和西部地区的区县政府债务占比均较2015年同期上升，东部地区的区县政府债务占比达到47.1%，为各区域最高。西部地区的区县政府债务占比为41.2%，在四个区域中最低，但是扩张速度是四个区域中最快的，较2015年增加了1.5个百分点。相比而言，中部地区的区县政府债务占比则从2015年的43.09%减少到2019年41.57%，同比减少1.52个百分点，是四个区域中唯一下降的地区。

表5-2列示了部分年份各省区县债务余额占比的分布情况。各省区县政府债务余额占全国区县债务的比重，基本与各省政府债务余额占全国政府债务余额的比重正相关。政府债务越大，区县债务余额占全国债务余额的比重就越高。江苏的区县政府债务占全国区县政府债务的比重是最高的，在2019年占到表中区县债务余额的10%；贵州省的区县债务余额减少最多，2019年较2015年减少3个百分点，但是比重仍然达到6.8%。占比在5%以上的还包括山东（7.4%）、四川（7.1%）、浙江（5.9%），辽宁（5.9%）、广东（5.4%）。

表5-2　　　　区县政府债务与政府债务省际分布情况

| 省份 | 区县债务占当年全部区县债务比重（%） | | | 区县债务占比变动（%） | 政府债务余额占当年全部债务余额的比重（%） | | | 省级债务占比变动 |
|---|---|---|---|---|---|---|---|---|
| | 2015年 | 2017年 | 2019年 | 2015~2019年 | 2015年 | 2017年 | 2019年 | 2015~2019年 |
| 辽宁 | 7.1 | 6.3 | 5.9 | -1.2 | 6.5 | 5.7 | 4.6 | -1.9 |
| 贵州 | 9.8 | 8.4 | 6.8 | -3 | 6.6 | 5.8 | 5.1 | -1.6 |
| 云南 | 4.1 | 3.7 | 3.7 | -0.3 | 4.7 | 4.5 | 4.2 | -0.5 |
| 内蒙古 | 5.2 | 4.9 | 4.5 | -0.7 | 4.1 | 4.2 | 3.8 | -0.3 |
| 陕西 | 3.6 | 2.7 | 3.5 | -0.1 | 3.8 | 3.6 | 3.4 | -0.3 |
| 江苏 | 10.5 | 10.9 | 10.0 | -0.5 | 8.0 | 8.1 | 7.8 | -0.2 |
| 四川 | 7.4 | 7.6 | 7.1 | -0.3 | 5.7 | 5.7 | 5.5 | -0.1 |
| 江西 | 3.1 | 3.2 | 2.7 | -0.4 | 2.8 | 2.9 | 2.8 | 0.0 |
| 山西 | 1.2 | 1.2 | 0.8 | -0.4 | 1.5 | 1.7 | 1.8 | 0.3 |
| 浙江 | 6.2 | 6.0 | 5.9 | -0.3 | 6.0 | 6.2 | 6.4 | 0.4 |

续表

| 省份 | 区县债务占当年全部区县债务比重（%） | | | 区县债务占比变动（%） | 政府债务余额占当年全部债务余额的比重（%） | | | 省级债务占比变动 |
|---|---|---|---|---|---|---|---|---|
| | 2015 年 | 2017 年 | 2019 年 | 2015 ~ 2019 年 | 2015 年 | 2017 年 | 2019 年 | 2015 ~ 2019 年 |
| 湖南 | 4.7 | 4.6 | 4.7 | -0.1 | 4.7 | 5.1 | 5.3 | 0.7 |
| 宁夏 | 0.8 | 0.8 | 0.8 | 0.0 | 0.8 | 0.8 | 0.9 | 0.1 |
| 青海 | 0.4 | 0.3 | 0.4 | 0.0 | 0.9 | 1.0 | 1.1 | 0.2 |
| 广东 | 5.4 | 5.4 | 5.4 | 0.0 | 6.2 | 6.1 | 6.2 | 0.0 |
| 海南 | 0.5 | 0.7 | 0.7 | 0.1 | 1.1 | 1.2 | 1.2 | 0.1 |
| 黑龙江 | 1.1 | 1.3 | 1.2 | 0.2 | 2.3 | 2.3 | 2.5 | 0.2 |
| 福建 | 4.3 | 4.6 | 4.6 | 0.3 | 3.5 | 3.7 | 3.7 | 0.2 |
| 山东 | 7.0 | 7.0 | 7.4 | 0.4 | 6.9 | 6.8 | 6.9 | 0.0 |
| 河南 | 3.5 | 3.9 | 3.9 | 0.4 | 4.1 | 3.7 | 4.1 | 0.0 |
| 吉林 | 1.1 | 1.0 | 1.6 | 0.5 | 2.1 | 2.1 | 2.3 | 0.2 |
| 甘肃 | 1.0 | 1.2 | 1.5 | 0.5 | 1.2 | 1.4 | 1.6 | 0.4 |
| 河北 | 3.6 | 3.8 | 4.2 | 0.5 | 4.0 | 4.1 | 4.6 | 0.5 |
| 广西 | 0.8 | 1.0 | 1.7 | 0.9 | 3.1 | 3.2 | 3.3 | 0.2 |
| 新疆 | 1.6 | 2.3 | 2.6 | 1.1 | 2.0 | 2.3 | 2.4 | 0.4 |
| 安徽 | 3.3 | 3.6 | 4.4 | 1.1 | 3.9 | 3.9 | 4.1 | 0.2 |
| 湖北 | 2.8 | 3.5 | 3.9 | 1.1 | 3.5 | 3.8 | 4.2 | 0.7 |
| 债务余额合计（亿元） | 62782 | 69747 | 91260 | | 131903 | 148987 | 191270 | |

注：表中的区县政府债务和省域政府债务中均不包括直辖市和西藏。

但是按照区县债务和全省债务占比的增减变动来划分，各省间仍然存在一定的差异。2015 ~ 2019 年，全省政府债务的份额出现下降的省份，区县政府债务占全国区县政府债务的份额均出现下降。全省政府债务余额占全国政府债务余额的比重下降的省份有 7 个，分别为内蒙古、辽宁、黑龙江、四川、贵州、云南、陕西，均集中在西部地区和东北地区，降幅在 0.1 ~ 1.9 个百分点。这 7 个省份的区县政府债务余额占全国区县政府债务余额的比重也同步减少，减少最多的是贵州。但是陕西、江西、湖南 3 个省份在全省政府债务余额占比增加的情况下，区县债务余额占比是下降的，表明这 3 个省份将新增的政府债务更多地配置在省、市本级。

其余 14 个省份中，全省政府债务余额占比和区县政府债务余额占比均出现上升。其中区县债务余额占比的上升幅度高于全省政府债务余额的有10个省份，这10个省份的区县债务余额占全国区县债务余额的比重上升了6.8%，是这10个省份的全省债务余额占比合计增幅（3.0%）的2.3倍，这些省份在这一时期均增加了区县政府债务的额度。

### 5.1.2 县级政府债务规模与分布

本书收集整理了2016~2019年公开债务信息的县域（含县、县级市、自治县）的政府债务数据。随着信息透明度的增加，县级政府债务数据的完整性也在不断丰富。本节着重对2019年1789个县级政府债务情况进行分析，样本覆盖了2019年全国县（含县级市、自治县）总数的97.9%。

县级政府债务占到地方政府债务的三成。2019年县、区政府债务余额分别为57983亿元和33074亿元①，县级政府债务余额占到地方政府债务余额的29.5%，县级政府债务余额均值为32.4亿元，相应的省本级与市本级的政府债务余额均值则分别为874.9亿元和227.5亿元。在样本县域中，2019年县级政府债务余额最高的县（旗）为福建省平潭县，债务余额为358.509亿元；债务余额最少的为西藏自治区贡嘎县，债务余额为126万元。政府债务余额最高的县级市为福建省晋江市，余额为296.8853亿元；债务余额最少的县级市为黑龙江省漠河市，余额为0.3535亿元。政府债务余额最高的自治县（旗）为贵州三都水族自治县，债务余额为96.3935亿元；最少的为青海省河南蒙古族自治县，余额为1.5875亿元。

表5-3给出了分地区和分县域类型的政府债务余额、县级政府债务均值和县域数量的分布。分县域类型来看，县级市的政府债务余额均值最高，自治县（旗）的政府债务余额均值最小。376个县级市2019年的政府债务余额为20717亿元，每个县级市的平均政府债务余额为55.1亿元；118个自治县（旗）的政府债务余额为2377亿元，平均余额为20.1亿元；而1295个县的政府债务余额35540亿元，均值为27.4亿元，介于两者之间。

表5-3　　　分县域类型和区域的县级政府债务情况（2019年）

| 项目 | 区域 | 全国 | 东部地区 | 中部地区 | 西部地区 | 东北地区 |
|---|---|---|---|---|---|---|
| 县级政府债务余额（亿元） | 县域 | 58634 | 20718 | 14966 | 19554 | 3396 |
| | 县 | 35540 | 10557 | 10562 | 13029 | 1391 |
| | 县级市 | 20717 | 9801 | 4202 | 4857 | 1857 |
| | 自治县 | 2377 | 360 | 202 | 1667 | 147 |

① 县、区债务的分类统计采用自下而上的方法收集，存在个别县、区数据缺失的情况，此处统计的县、区政府债务余额合计值略低于表5-1中全国1的区县债务余额。

续表

| 项目 | 区域 | 全国 | 东部地区 | 中部地区 | 西部地区 | 东北地区 |
|---|---|---|---|---|---|---|
| 县级政府债务余额均值（亿元） | 县域 | 32.4 | 49.6 | 31.4 | 26 | 23.8 |
| | 县 | 27.4 | 38.1 | 28.5 | 22.8 | 18.6 |
| | 县级市 | 55.1 | 78.4 | 43.8 | 49.1 | 33.2 |
| | 自治县 | 20.1 | 22.5 | 22.4 | 20.6 | 12.3 |
| 不同类型县域数量（个） | 小计 | 1789 | 418 | 476 | 752 | 143 |
| | 县 | 1295 | 277 | 371 | 572 | 75 |
| | 县级市 | 376 | 125 | 96 | 99 | 56 |
| | 自治县 | 118 | 16 | 9 | 81 | 12 |

注：地区分布说明见表5-1，县包括旗、湖北省神农架林区；自治县包括自治旗。本表所列县域数为本书的样本统计数，较全国县（县级市、自治县）总数少92个，本表数据包括西藏有政府债务信息的县和重庆市下辖的县。

按地区分布来看，在四个地区中，东部地区的县均政府债务余额最高，但是债务压力最小；而东北地区县均政府债务余额最少，但是债务压力最大。在2019年东部地区的县级政府债务余额最高，达到20718亿元；西部地区次之，为19554亿元；中部地区和东北地区的县级政府债务余额分别为14966亿元和3396亿。东部地区县域数量少，只有418个县域，县均政府债务余额为49.6亿元；而西部地区县域数量有752个，县均政府债务余额为26亿元，为东部地区的52.5%。西部地区和东部地区县域平均政府债务余额的比例，要远高于两地区财政收入的比例。2019年东部地区县域地方一般公共预算收入均值为24.66亿元；而西部地区只有7.04亿元，仅为前者的28.6%，以财政收入衡量的西部县域的债务承担压力接近于东部地区的2倍。

中部地区县域数量略多于东部地区，为476个，县均政府债务余额为31.44亿元，县域地方一般公共预算收入均值为14.17亿元，介于东部地区和西部地区之间。东北地区只有3个省份，县域数量也是四个地区中最少的，仅有143个县，县均政府债务余额为23.75亿元，县域地方一般公共预算收入均值为6.2亿元，县均债务余额是全地区最低的，以财政收入衡量的债务负担是最高的。

分县域类型来看，东部地区的县与县级市的政府债务余额基本持平，但县级市的债务均值是县债务均值的2倍。2019年东部地区的125个县级市与277个县的政府债务余额分别为9801亿元和10557亿元，县级市的债务均值为78.4亿元，县的债务均值为38.1亿元，前者是后者的2.06倍。

中、西部地区的县级政府债务集中在县，2019年中部地区的371个县和西部地区的 572 个县的政府债务余额分别为 10562 亿元和 13029 亿元，债务均值分别为 28.5 亿元和 22.8 亿元，县承担的债务呈现出自东向西依次递减分布的态势。但是西部地区县级市的政府债务余额和均值均要高于中部地区，2019 年西部 99 个县级市的政府债务余额为 4857 亿元，政府债务均值为 49.1 亿元，低于东部地区，但是较中部地区的 43.8 亿元的债务均值要高出 5.3 亿元。

东北地区的县级市政府债务余额要高于县。2019 年东北地区的 56 个县级市政府债务余额为 1857 亿元，较 75 个县 1391 亿元的政府债务余额要高出 466 亿元。东北地区县级市政府债务均值为 33.2 亿元，是县债务均值 18.6 亿元的 1.78 倍。与县级政府债务均值的地区间分布相同，东北地区各类型县域的政府债务均值均是四个地区中最低的。

表 5-4 列示了 2019 年分省县级政府债务的基本情况。各省县域数量不同，全省政府债务余额规模也有差异。各省县级政府债务余额分布较为分散，从 200 余亿元到接近 5000 亿元不等。其中江苏县级政府债务余额 4857 亿元，为各省最高；青海县级政府债务余额为 227 亿元，在样本省份中规模最小。在全部省份中，5 个省份的县级政府债务余额低于 1000 亿元，12 个省份在 1000 亿~3000 亿元，9 个省份在 3000 亿元以上。其中东北三省的县级政府债务余额均在 1000 亿元左右，县级政府债务余额在 1000 亿元以下的省份主要集中在西部地区。

**表 5-4**           **分省县级政府债务概况（2019 年）**        单位：亿元

| 省份 | 县级政府债务余额 | | | | 县级政府债务余额均值 | | | |
|---|---|---|---|---|---|---|---|---|
| | 县域 | 县 | 县级市 | 自治县 | 县域 | 县 | 县级市 | 自治县 |
| 河北 | 2735 | 1889 | 697 | 149 | 22.6 | 20.1 | 33.2 | 24.9 |
| 山西 | 858 | 682 | 176 | | 9.7 | 8.9 | 16.0 | |
| 内蒙古 | 2706 | 2143 | 527 | 36 | 33.8 | 32.5 | 47.9 | 12.1 |
| 辽宁 | 1161 | 330 | 762 | 69 | 28.3 | 19.4 | 47.6 | 8.7 |
| 吉林 | 1185 | 438 | 678 | 69 | 30.4 | 27.4 | 33.9 | 23.0 |
| 黑龙江 | 1049 | 623 | 417 | 9 | 16.6 | 14.8 | 20.8 | 8.9 |
| 江苏 | 4857 | 1687 | 3171 | | 118.5 | 88.8 | 144.1 | |
| 浙江 | 4694 | 2300 | 2357 | 37 | 90.3 | 71.9 | 124.0 | 37.3 |
| 安徽 | 3025 | 2533 | 491 | | 50.4 | 49.7 | 54.6 | |
| 福建 | 3019 | 1974 | 1045 | | 54.9 | 45.9 | 87.1 | |
| 江西 | 1790 | 1378 | 412 | | 24.5 | 22.2 | 37.4 | |
| 山东 | 3548 | 1852 | 1696 | | 46.1 | 36.3 | 65.2 | |

续表

| 省份 | 县级政府债务余额 | | | | 县级政府债务余额均值 | | | |
|------|------|------|--------|--------|------|------|--------|--------|
| | 县域 | 县 | 县级市 | 自治县 | 县域 | 县 | 县级市 | 自治县 |
| 河南 | 3392 | 2469 | 923 | | 32.3 | 29.7 | 42.0 | |
| 湖北 | 2267 | 1100 | 1117 | 50 | 36.0 | 29.7 | 46.5 | 25.0 |
| 湖南 | 3598 | 2399 | 1047 | 152 | 41.8 | 39.3 | 58.2 | 21.7 |
| 广东 | 1276 | 682 | 568 | 25 | 22.4 | 20.1 | 28.4 | 8.4 |
| 广西 | 1087 | 733 | 177 | 177 | 15.5 | 15.0 | 19.7 | 14.7 |
| 海南 | 589 | 173 | 267 | 149 | 39.3 | 43.2 | 53.5 | 24.8 |
| 四川 | 4016 | 2890 | 1060 | 66 | 32.4 | 28.3 | 58.9 | 16.4 |
| 贵州 | 3625 | 2193 | 881 | 550 | 51.8 | 43.0 | 97.9 | 55.0 |
| 云南 | 2833 | 1266 | 1168 | 400 | 25.3 | 19.2 | 68.7 | 13.8 |
| 陕西 | 1230 | 1125 | 105 | | 16.2 | 16.1 | 17.5 | |
| 甘肃 | 871 | 740 | 62 | 69 | 13.0 | 13.5 | 12.5 | 9.8 |
| 青海 | 227 | 74 | 78 | 75 | 6.3 | 2.8 | 26.0 | 10.7 |
| 宁夏 | 503 | 419 | 84 | | 38.7 | 38.1 | 42.2 | |
| 新疆 | 1805 | 997 | 714 | 94 | 22.0 | 17.2 | 37.6 | 18.8 |
| 合计/平均 | 57946 | 35090 | 20680 | 2176 | 35.4 | 30.5 | 50.8 | 19.6 |

注: 人均政府债务余额按照该县户籍人口计算, 户籍人口数据主要来自 EPSDATA 数据库的县市统计数据库, 个别数据缺失县域的户籍人口数据根据该县所属地级市的统计年鉴补充。本表不包括西藏和重庆, 县级政府债务和合计数低于表 5-2 中的地方政府债务合计值。

按县域类型来划分, 有 4 个省份的县级市政府债务余额要高于县 (含自治县) 政府债务余额。在这 4 个省份中, 江苏省的绝对额差异最大, 辽宁省的相对比例最高。江苏省的县级市的数量为 22 个, 比县的数量多 3 个, 但 2019 年江苏省县级市的政府债务余额为 3171 亿元, 较县的政府债务余额高出 1484 亿元。而辽宁、吉林、浙江 3 省份的县级市数量少, 同时政府债务余额更多, 但是差异不大, 分别为 363 亿元、171 亿元和 20 亿元。从相对比例来看, 辽宁县级市政府债务余额与县政府债务余额的比例为 1.91, 高于江苏的 1.88。

从各省县级政府债务的均值来看, 仅江苏 2019 年的县级政府债务均值超过 100 亿元; 浙江、福建、贵州、安徽的县级政府债务均值在 50 亿元以上; 其余 21 个省份的县级政府债务均值均在 50 亿元以下, 青海县级政府债务均值为 6.3 亿元。分县域类型看, 县级市与县级政府债务均值比例差异最大的是青海, 2019 年县级市政府债务均值为 26 亿元, 而县级政府债务均值只有 2.8 亿元, 前者是后者的 9.29 倍。差异最小的是甘肃, 2019 年县级市的政府债务均值为 12.5 亿元，是县政府债务均值 13.5 亿元的 93%。

图 5 – 1 给出了分省分县域类型政府债务余额和县级政府债务均值的分布情况。一省所辖的县域数量与该省的县级政府债务规模之间存在正相关性，但是差异程度很大。一省所辖的县域数量少，并不意味着债务规模就小。区分县域类型后，可以发现一省所辖特定类型县域数量与此类县级政府债务余额之间的正相关性明显增强。以县级市为例，两者之间的相关性可以达到 0.42。而从县级政府债务均值来看，一省所辖的县域数量越多，其政府债务均值相对越少，两者之间存在较弱的负相关性。这种负相关性主要来自县，而一省所辖的县级市数量与县级市的政府债务均值之间表现出正相关性。

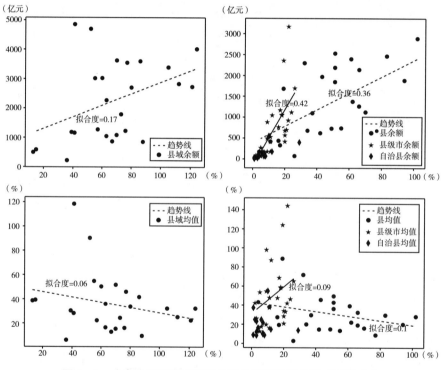

图 5 – 1　分省分县域类型政府债务余额与均值分布（2019 年）

注：同表 5 – 4。

如表 5 – 5 所示，按照县域的各项经济指标规模分布来看，县级政府债务规模依所处县域的人口规模、经济发展水平、地方自有财政收入的增加而增长。债务余额在不同规模的县域间的变化幅度呈现出 V 型特征，在人口规模最大、产出水平最高、地方自有财政收入最高的县域，政府债务余额最多，并且与其他县级政府债务规模的绝对差异和相对比例差异更大。以地区生产总值为例，地区生产总值位于第一四分位（即位于 25%

表 5 − 5 　按经济指标分各县域类型政府债务余额与均值情况（2019 年）

| 县域类型 | | 政府债务余额（亿元） | | | | 政府债务均值（亿元） | | | |
|---|---|---|---|---|---|---|---|---|---|
| | | 县域 | 县 | 县级市 | 自治县 | 县域 | 县 | 县级市 | 自治县 |
| 按人口规模分 | 最低25% | 6595 | 4256 | 2857 | 313 | 15.0 | 13.3 | 30.4 | 10.8 |
| | 25%~50% | 10340 | 6819 | 4007 | 588 | 23.4 | 21.4 | 43.1 | 21.0 |
| | 50%~75% | 15248 | 9233 | 5798 | 521 | 34.6 | 28.9 | 62.3 | 18.6 |
| | 最高25% | 25729 | 14763 | 8002 | 754 | 58.3 | 46.3 | 85.1 | 26.0 |
| 按地区生产总值分 | 最低25% | 5294 | 3484 | 2168 | 294 | 12.0 | 10.9 | 23.1 | 10.2 |
| | 25%~50% | 9387 | 5956 | 3870 | 537 | 21.3 | 18.7 | 41.6 | 19.2 |
| | 50%~75% | 14047 | 9559 | 4878 | 585 | 31.9 | 30.0 | 52.5 | 20.9 |
| | 最高25% | 29184 | 16071 | 9749 | 759 | 66.2 | 50.4 | 103.7 | 26.2 |
| 按二产占比 | 最低25% | 8564 | 5310 | 2912 | 532 | 19.4 | 16.6 | 31.0 | 18.3 |
| | 25%~50% | 12377 | 8685 | 4927 | 550 | 28.1 | 27.2 | 53.0 | 19.6 |
| | 50%~75% | 17045 | 10589 | 6233 | 519 | 38.6 | 33.2 | 67.0 | 18.6 |
| | 最高25% | 19927 | 10488 | 6593 | 574 | 45.2 | 32.9 | 70.1 | 19.8 |
| 按地方财政收入分 | 最低25% | 5388 | 3622 | 2247 | 263 | 12.2 | 11.4 | 23.9 | 9.1 |
| | 25%~50% | 9492 | 6114 | 3457 | 568 | 21.5 | 19.2 | 37.2 | 20.3 |
| | 50%~75% | 13590 | 8323 | 4773 | 481 | 30.8 | 26.2 | 51.3 | 17.2 |
| | 最高25% | 29476 | 16884 | 10070 | 864 | 66.7 | 52.9 | 107.1 | 29.8 |

注：分别按照县域、县、县级市、自治县 2019 年的地区生产总值、人口总值、地方财政收入、第二产业占比为标准进行划分。其中地方财政收入为各县地方一般公共预算收入和政府性基金收入合计值。下同。

以下）的县域 2019 年政府债务余额为 5294 亿元；而位于第二四分位（即位于 25% ~ 50% 之间）的县域 2019 年政府债务余额为 9387 亿元，较前一部分县域，债务余额绝对值增加 4093 亿元，债务规模扩大 77.3%；位于次高四分位（即位于 50% ~ 75%）的县级政府债务余额为 14047 亿元，较前一部分县域，债务余额绝对值增加 4660 亿元，债务规模扩大 49.6%；位于最高四分位（即位于 75% 以上）的县级政府债务余额为 29184 亿元，债务余额绝对值增加 15137 亿元，债务规模扩大了 107.8%。除自治县外，这一特点对于县和县级市均成立。县域的第二产业增加值占比与县级政府债务规模之间的这种正相关性也存在，但是以第二产业占比进行四分位划分时，不同分位区间的县级政府债务余额差异的绝对数和相对值均表现出逐级递减。

### 5.1.3 县级政府债务变化分析

基于 2016 ~ 2019 年均有债务信息的 1524 个县域（含县、县级市、自治县）的政府债务数据，样本县域数量为 2019 年全部县域数的 83.4%。这 1524 个县域 2019 年政府债务余额为 51439.92 亿元，占到 2019 年全部县级政府债务余额的 88%。自 2016 年以来，样本县级政府债务余额的平均增长率为 13.6%，一般债务余额平均增长率为 7.8%，专项债平均增长率达到 25.2%，专项债务是县级政府债务增长的主要类型。

随着县级政府债务余额的不断扩大，近三年每年的县级政府债务增量绝对值也在逐年增长。如表 5 - 6 所示，在这一时期，县级政府债务增速逐年增加，2016 ~ 2017 年增幅为 9.2%；2017 ~ 2018 年增速提高到 14.5%，增加了 5.3 个百分点；2018 ~ 2019 年，则达到了 17.0%，较上一年进一步增加 2.5 个百分点。

表 5 - 6　　分区域分县域类型政府债务变动情况（2016 ~ 2019 年）　　单位:%

| 县域类型 | 时期 | 全国 | 东部地区 | 中部地区 | 西部地区 | 东北地区 |
|---|---|---|---|---|---|---|
| 县域 | 三年平均 | 13.6 | 13.6 | 16.4 | 10.8 | 17.1 |
| | 2016 ~ 2017 年 | 9.2 | 11.4 | 10.2 | 4.8 | 15.4 |
| | 2017 ~ 2018 年 | 14.5 | 15.2 | 19.6 | 9.2 | 17.7 |
| | 2018 ~ 2019 年 | 17.0 | 14.3 | 19.3 | 18.3 | 18.1 |
| 县 | 三年平均 | 15.2 | 16.3 | 16.8 | 12.0 | 24.9 |
| | 2016 ~ 2017 年 | 9.8 | 12.8 | 10.2 | 5.4 | 25.7 |
| | 2017 ~ 2018 年 | 16.4 | 18.8 | 18.3 | 11.5 | 25.6 |
| | 2018 ~ 2019 年 | 19.6 | 17.4 | 21.8 | 19.2 | 23.4 |

续表

| 县域类型 | 时期 | 全国 | 东部地区 | 中部地区 | 西部地区 | 东北地区 |
|---|---|---|---|---|---|---|
| 县级市 | 三年平均 | 11.2 | 10.9 | 15.3 | 7.9 | 12.3 |
| | 2016～2017 年 | 8.8 | 10.1 | 10.0 | 4.5 | 10.0 |
| | 2017～2018 年 | 11.5 | 11.4 | 22.5 | 2.4 | 12.5 |
| | 2018～2019 年 | 13.2 | 11.3 | 13.5 | 16.8 | 14.4 |
| 自治县 | 三年平均 | 11.3 | 13.5 | 17.5 | 9.6 | 15.5 |
| | 2016～2017 年 | 5.0 | 14.0 | 14.4 | 1.0 | 10.3 |
| | 2017～2018 年 | 16.1 | 21.9 | 25.3 | 12.9 | 19.4 |
| | 2018～2019 年 | 12.8 | 4.6 | 12.7 | 14.9 | 16.7 |

注：地区分布说明见表 5-1，县包括旗、湖北省神农架林区；自治县包括自治旗。本表所列县域数为 2016～2019 年均有债务信息的样本，合计 1524 个，本表数据不包括西藏有政府债务信息的县和重庆市下辖的县。

　　分区域来看，2018 年以来，各区域均出现了政府债务的快速增长。四个区域在 2018 年的债务增幅均较 2017 年有所提高，其中中部地区 2018 年政府债务增速达到 19.6%，较上年提高 9.4 个百分点；东北地区平均增速最快；西部地区平均增速较低，但是债务增速逐年翻倍。自 2016 年以来，东北地区的县级政府债务增速最高，达到 17.1%；西部地区最低，为 10.8%，约为东北地区的 2/3。但西部地区年度增幅从 2017 年的 4.8%，到 2018 年的 9.2%，再到 2019 年的 18.3%，每年增速均接近翻倍。西部地区在 2019 年的高增长是县级政府债务仍较上年大幅增长的主要原因。

　　三类县域中，县的政府债务增长率要高于县级市和自治县。2016～2019 年县的政府债务年均增幅为 15.2%，而县级市和自治县分别为 11.2% 和 11.3%。分地区来看，除中部地区自治县的政府债务年均增幅较县高出 0.7 个百分点以外，其余区域县的政府债务年均增幅均要较其他两类县域高出 3 个百分点以上。中部地区自治县债务的高增速主要集中在 2016～2018 年，且主要是湖南省所辖的 6 个自治县的一般债务增速较高。

　　三类县域的年度债务增幅变动略有差异。县与县级市的政府债务增速逐年递增，但递增速度逐年放缓。除西部地区外，自治县的政府债务增速最高的时期出现在 2018 年，在 2019 年均出现放缓，尤其是东部地区的自治县，2019 年的政府债务增速下降到个位数。而西部地区对于自治县债务的控制主要出现在 2017 年，当年债务仅增长了 1 个百分点。

西部地区在 2017 年的县级政府债务增幅为 5.4%，是全部区域中最低的，也是唯一出现个位数增幅的区域。西部地区各类县域的债务增幅在 3 年置换期内受到了更为严格的约束，这种约束持续到 2018 年。在 2018 年，中部地区县级市的政府债务增幅达到上年 2 倍的情况下，西部地区仍仅较 2017 年增长了 2.4 个百分点。在 2019 年后，西部地区新增债务才出现较大幅度的增加。

整体而言，各省县级政府债务增长与债务余额负相关。前期债务存量较大的省，其债务增长相对较低。如图 5 - 2 所示，各省 2016 年政府债务余额与三年平均增长率之间负相关性达到 0.19。经济欠发达的省份，这种负相关就更为明显。贵州 2016 年的县级政府债务余额略低于江苏。贵州县级政府债务年均增长率仅为 2.2%，是增速最低的省份，仅为江苏增速的 1/6。而宁夏、辽宁两省份，2016 年的县级政府债务余额并不高，债务增速分别为 2.3% 和 3.3%，增长速度分列全部省份中的倒数第 2 位和倒数第 3 位。若剔除贵州，政府债务余额与债务增长率之间的负相关性，在自治县和县两类县域中表现得更为明显。

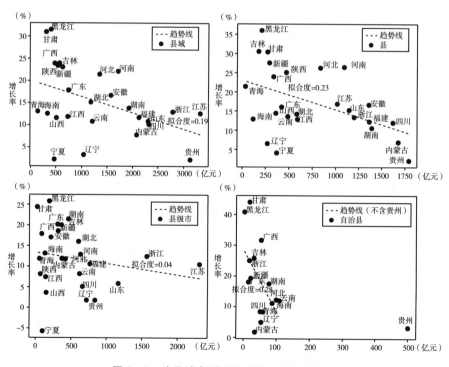

**图 5 - 2　分县域类型政府债务余额与增长率**

注：政府债务余额为 2016 年金额，政府债务增长率为 2016 ~ 2019 年三年平均增长率。

省内各县级政府债务的增长率差异也较大，这种省内县域间的差异与该省县级政府债务增长率之间并没有明显的关联性。以东部地区各省为例，东部省份债务增长率与省内各县域间债务增长率的差异存在一定的正相关性。县级政府债务增长越快的省份，省内各县域间债务增长率差异程度就越大。如图 5 - 3 所示，但是这种相关性在其他区域表现并不明显。

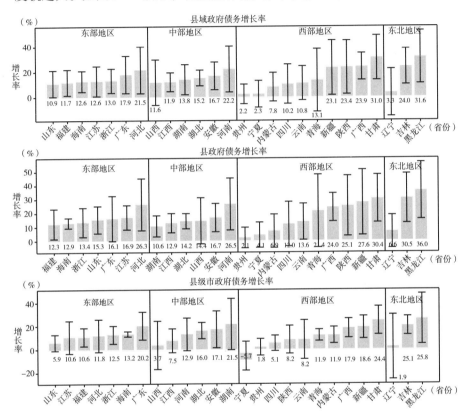

**图 5 - 3　分省份分县域类型政府债务年均增长率（2016～2019 年）**

注：柱状图形为 2016～2019 年各省县域、县、县级市政府债务平均年增长率，茎叶图形为省内县域、县、县级市债务增长率标准差。

而分县域类型来看，各省内县、县级市政府债务增长率的差异各异。湖北、海南 2 省份县域间政府债务的增长率差异相对较小，分别为 6.24% 和 8.26%，但 2 省份的差异来源有所区别；海南的县之间（3.7%），以及县级市之间（2.2%）的债务增长率差异很小，增长率的差异主要体现在县与县级市之间；湖北的县之间（5.5%）、县级市之间（7.0%），以及县与县级市之间的差异较为一致。

2016～2019 年，县级政府债务余额出现下降的县域有 111 个，占到样本县域的 7.3%。从各地区内部来看，县级政府债务余额出现下降的省份主要集中在西部地区。在西部各省份中，贵州、宁夏、内蒙古、四川、云南、青海、陕西 7 个省份共计 68 个县的债务余额较期初下降，其中贵州有 34 个县债务余额下降，这 34 个县在 2016 年的政府债务负债率均值为49.8%，在实施债务限额控制后，2019 年的负债率下降到 37%，低于贵州 40.2% 的县级政府债务平均负债率。西部地区的新疆、陕西、广西、甘肃 4 省份近三年的县级政府债务增速，在西部省份中处于相对较高的水平。政府债务的较快速增长，带来负债率的迅速攀升，这在甘肃和新疆 2 省份表现得尤为明显。东北地区 3 省份中，吉林和黑龙江 2 省份县级政府债务增长速度较快。中部地区有 18 个县域 2019 年的政府债务余额较 2016 年有所减少，其中山西有 11 个县域。而东部地区 13 个出现政府债务余额下降的县域中，有 7 个县域位于河北省。

按不同经济指标来看，政府债务增速在经济偏弱、地方自有财政收入偏低的县域，增长更快，县级政府债务规模存在按经济发展水平和自有财政收入而趋同的态势。无论是按照地区生产总值划分，还是按照地方财政收入指标进行区别，位于最低四分位组的县级政府债务增速最快，其他组别的增幅均有所降低。但是在按照人口规模和第二产业占比划分的情况下，各组间并没有出现明显的阶梯状分布特点。

经济弱县的债务高增速主要是其债务余额较低。增速更快并不意味着其债务绝对值增加的更多。如表 5 - 7 所示，在地区生产总值位列最高四分位组的县域，其债务余额的存量是最低四分位组县域的 6 倍。从新增债务的绝对值上来看，经济强县的新增债务数量多于弱县。如图 5 - 4 所示，与 2016 年相比，产出水平位于最低四分位组的县域，3 年间新增债务为2028 亿元；而位于最高四分位组的县域，新增债务规模则达到了 7576 亿元。

表 5 - 7 　　　　　　按经济指标分各县域类型政府债务
余额变动情况 （2016 ~ 2019 年）　　　　　单位:%

| 经济指标/县域类型 | | 县域 | 县 | 县级市 | 自治县 |
|---|---|---|---|---|---|
| 按人口规模分 | 最低 25 | 14.2 | 13.4 | 13.0 | 7.2 |
| | 25% ~ 50% | 14.4 | 14.8 | 8.6 | 9.5 |
| | 50% ~ 75% | 11.9 | 13.2 | 10.0 | 14.2 |
| | 最高 25% | 14.0 | 17.2 | 11.8 | 10.9 |

续表

| 经济指标/县域类型 | | 县域 | 县 | 县级市 | 自治县 |
|---|---|---|---|---|---|
| 按地区生产总值分 | 最低25% | 19.1 | 19.4 | 14.9 | 19.6 |
| | 25%～50% | 14.1 | 15.7 | 10.2 | 18.2 |
| | 50%～75% | 14.4 | 15.6 | 12.8 | 7.4 |
| | 最高25% | 12.0 | 14.0 | 9.9 | 7.7 |
| 按第二产业占比 | 最低25% | 14.7 | 16.1 | 12.9 | 14.0 |
| | 25%～50% | 15.7 | 16.3 | 12.2 | 11.4 |
| | 50%～75% | 14.7 | 17.8 | 10.3 | 10.6 |
| | 最高25% | 10.1 | 10.9 | 10.0 | 7.0 |
| 按地方财政收入分 | 最低25% | 18.5 | 19.1 | 16.2 | 20.1 |
| | 25%～50% | 17.9 | 19.6 | 11.0 | 13.1 |
| | 50%～75% | 14.2 | 15.2 | 11.3 | 15.8 |
| | 最高25% | 11.2 | 13.0 | 10.1 | 5.9 |

注：分别按照县域、县、县级市、自治县2016年的地区生产总值、人口规模、地方财政收入、第二产业占比为标准进行划分。其中地方财政收入为各县地方一般公共预算收入和政府性基金收入合计值。

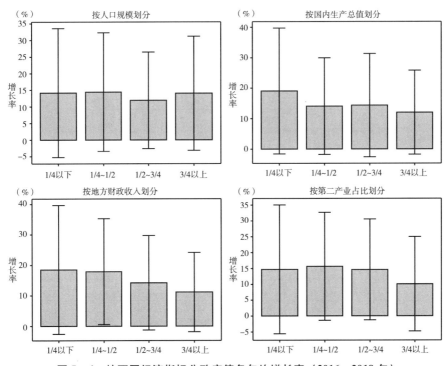

**图5-4　按不同经济指标分政府债务年均增长率（2016～2019年）**

注：柱状图形为2016～2019年按不同经济指标区分的四分位组县级政府债务平均年增长率，茎叶图形为四分位组内县级政府债务增长率标准差。

## 5.2 县级政府债务结构分析

分县级政府债务构成来看，县级政府一般债务余额约为专项债务余额的1.6倍。2019年样本县级政府一般债务余额为35826亿元，专项债务余额为22100亿元（见表5–8）。两类县级政府债务余额相对差异最大的省份是黑龙江，县域一般债务余额为894亿元，是县域专项债务153亿元的5.85倍；其次是内蒙古，其县域一般债务余额为2278亿元，而县域专项债务余额仅为428亿元，前者是后者的5.32倍。两类债务余额最接近的是河南省，县域一般债务和专项债务余额分别为1706亿元和1698亿元。

表5–8　　分省县级政府一般债务与专项债务概况（2019年）

| 省份 | 债务余额（亿元） | | | 债务余额占全省政府债务余额比重（%） | | | 一般债务占政府债务比重（%） | |
|---|---|---|---|---|---|---|---|---|
| | 政府债务 | 一般债务 | 专项债务 | 政府债务 | 一般债务 | 专项债务 | 县域 | 省域 |
| 河北 | 2735 | 1575 | 1165 | 31.2 | 31.5 | 31.1 | 57.6 | 57.2 |
| 山西 | 858 | 584 | 260 | 24.4 | 27.1 | 19.2 | 68.1 | 61.4 |
| 内蒙古 | 2706 | 2278 | 428 | 37.0 | 39.4 | 28.0 | 84.2 | 79.1 |
| 辽宁 | 1161 | 880 | 281 | 13.1 | 13.7 | 11.5 | 75.8 | 72.4 |
| 吉林 | 1185 | 831 | 354 | 27.3 | 28.6 | 24.6 | 70.1 | 66.8 |
| 黑龙江 | 1049 | 894 | 153 | 22.1 | 25.0 | 13.0 | 85.2 | 75.3 |
| 江苏 | 4857 | 2348 | 2509 | 32.6 | 35.5 | 30.4 | 48.3 | 44.5 |
| 浙江 | 4694 | 2934 | 1760 | 38.1 | 47.3 | 28.8 | 62.5 | 50.4 |
| 安徽 | 3025 | 1400 | 1625 | 38.1 | 38.5 | 37.8 | 46.3 | 45.8 |
| 福建 | 3019 | 1577 | 1442 | 42.9 | 51.7 | 36.2 | 52.2 | 43.4 |
| 江西 | 1790 | 910 | 853 | 33.5 | 30.0 | 36.9 | 50.9 | 56.8 |
| 山东 | 3548 | 1871 | 1626 | 27.0 | 27.8 | 25.4 | 52.7 | 51.3 |
| 河南 | 3392 | 1706 | 1698 | 42.9 | 38.2 | 49.4 | 50.3 | 56.5 |
| 湖北 | 2304 | 1506 | 797 | 28.7 | 36.4 | 20.4 | 65.4 | 51.4 |
| 湖南 | 3598 | 2520 | 1076 | 35.4 | 40.7 | 27.1 | 70.0 | 60.9 |
| 广东 | 1276 | 599 | 677 | 10.7 | 10.9 | 10.5 | 47.0 | 46.0 |
| 广西 | 1087 | 843 | 244 | 17.2 | 22.5 | 9.5 | 77.5 | 59.3 |
| 海南 | 589 | 393 | 196 | 26.4 | 28.9 | 22.5 | 66.7 | 60.9 |

续表

| 省份 | 债务余额（亿元） | | | 债务余额占全省政府债务余额比重（%） | | | 一般债务占政府债务比重（%） | |
|---|---|---|---|---|---|---|---|---|
| | 政府债务 | 一般债务 | 专项债务 | 政府债务 | 一般债务 | 专项债务 | 县域 | 省域 |
| 四川 | 4016 | 2522 | 1493 | 38.0 | 42.8 | 31.8 | 62.8 | 55.7 |
| 贵州 | 3625 | 2618 | 1078 | 37.5 | 44.0 | 28.9 | 72.2 | 61.5 |
| 云南 | 2833 | 1823 | 1011 | 35.0 | 34.3 | 36.3 | 64.3 | 65.6 |
| 陕西 | 1230 | 925 | 305 | 18.7 | 25.0 | 10.6 | 75.2 | 56.1 |
| 甘肃 | 871 | 524 | 346 | 28.0 | 27.9 | 28.0 | 60.1 | 60.3 |
| 青海 | 227 | 159 | 68 | 10.8 | 9.4 | 16.2 | 70.0 | 80.1 |
| 宁夏 | 504 | 324 | 179 | 30.3 | 27.3 | 37.9 | 64.4 | 71.5 |
| 新疆 | 1805 | 1282 | 475 | 39.0 | 38.9 | 35.6 | 71.0 | 71.2 |
| 合计/平均 | 57983 | 35826 | 22100 | 29.5 | 31.7 | 26.4 | 64.3 | 60.0 |

资料来源：根据各县（县、县级市、自治县）政府信息公开网站的债务公开资料整理，部分县的政府债务信息通过申请政府信息公开得到，政府债务信息的可得性逐年增加。本表统计了 1789 个县 2019 年的政府债务数据，占到 2019 年全国县（含县级市、自治县）总数的 97.9%。

县级政府对于一般债务的依赖要高于市、省两级政府，但县级政府一般债务与专项债务的绝对额和分布显示出一定的地区性差异。2019 年样本县级政府一般债务余额占政府债务余额的比重为 64.3%，较全部地方政府一般债务 60% 的占比要高出 4.3 个百分点。这意味着，与全省平均水平相比，县级政府债务的偿还对一般公共预算收入的依赖程度更强。在各省中，县域一般债务占比最高的是内蒙古，达到 84.2%；占比最低的是安徽，为 46.3%。

分省份来看，受所在省域政府专项债务余额占比更高的影响，江苏、广东、安徽 3 个省份的县域专项债务余额要高于一般债务余额。这 3 个省份的县域专项债务余额占县级政府债务余额的比重也超过 50%，分别为 51.7%，53.0%，53.7%。福建的省域政府债务余额是以专项债务为主（比重为 56.6%），但其县级政府一般债务余额的比重为 52.2%，高于专项债务。

受到各省债务存量和债务管理政策差异的影响，7 个省份的县级政府专项债务余额占县级政府债务余额的比重高于省域占比。青海、宁夏、河南和江西 4 省份的县域专项债务占全省专项债务的比重较县域一般债务占全省一般债务占比高出 5 个百分点以上。差异最大的是青海，2019 年县级政府一般债务余额占比为 70%，而省域政府一般债务余额占比为 80.1%，相差 10.1 个百分点。专项债的偿还来源是项目自身现金流和政府性基金。从上述 4 省份 2019 年两类债务与两类财政收入的比值来看，专项债务余额与政府性基金收入的比值为 3.9，而一般债务余额与一般公共预算收入的比值为 1.6。这就意味着，要保证两类财政收入对应相同比例的债务余额，用专项债务建设项目的自身现金流至少需要承担 60% 的专项债务偿还责任，这 4 个省份的政府性基金偿债压力很大。而甘肃、新疆、河北、安徽 4 个省份的县域与省域政府一般债务余额占比较为接近，差异在 0.5% 以内。

从县级政府两类债务余额占全省政府债务余额的比重来看，同样可以证实县域对一般债务的偏重度更高。县域一般债务余额占全省一般债务余额的比重达到 31.7%，而县域专项债务余额占全省专项债务余额的比重为 26.4%，较前者要低 5.3 个百分点。

受各省间省、市、县政府债务余额分布的影响，各省的两类县级政府债务占全省同类政府债务的比重也存在较大的差异。福建的县域一般债务余额占到全省一般债务余额的 51.7%，是全部省份中唯一占比超过 50% 的。而青海的县域一般债务余额仅占到全省一般债务余额的 9.4%。

### 5.2.1 县级政府一般债务规模与分布

2019 年样本县级政府一般债务余额为 35789 亿元，县域均值为 20.3 亿元。在样本县域中，2019 年县域一般债务余额最高的县（旗）为内蒙古伊金霍洛旗，债务余额为 252.284 亿元；债务余额最少的为山西省乡宁县，债务余额为 18 万元。一般债务余额最高的县级市为贵州省盘州市，余额为 158.06 亿元；债务余额最少的县级市为黑龙江省漠河市，余额为 0.3535 亿元。一般债务余额最高的自治县（旗）为贵州省玉屏侗族自治县，债务余额为 90.8467 亿元；最少的为青海省河南蒙古族自治县，余额为 1.5875 亿元①。

表 5-9 给出 2019 年分县域类型的县域一般债务情况。分县域类型看，与政府债务余额分布相同，一般债务总额按县、县级市、自治县依次递减，县级市的一般债务余额均值是其他两类县一般债务均值的 2 倍。与县域平均政府债务余额相比，县与自治县的一般债务余额均值更为接近，这部分反映出一般债务更多用于基本公共服务的特征。

---

① 样本县域中有 8 个县域缺少一般债务和专项债务余额明细数据，在本节予以剔除。

表 5 - 9　　　　　分县域类型和区域的县域一般债务情况（2019 年）

| 县域类型 | 区域 | 全国 | 东部地区 | 中部地区 | 西部地区 | 东北地区 |
|---|---|---|---|---|---|---|
| 县级政府一般债务余额（亿元） | 县域 | 35789 | 11298 | 8603 | 13284 | 2605 |
| | 县 | 22130 | 5813 | 6009 | 9179 | 1128 |
| | 县级市 | 12031 | 5526 | 2437 | 3009 | 1360 |
| | 自治县 | 1628 | 259 | 157 | 1096 | 117 |
| 县级政府一般债务余额均值（亿元） | 县域 | 20.3 | 27.0 | 18.1 | 18.2 | 18.2 |
| | 县 | 17.3 | 21.0 | 16.2 | 16.6 | 15.0 |
| | 县级市 | 32.1 | 41.8 | 25.7 | 30.4 | 24.3 |
| | 自治县 | 14.3 | 16.2 | 17.4 | 14.2 | 9.7 |

注：地区分布说明见表 5 - 1，县包括旗、湖北省神农架林区；自治县包括自治旗。本表所列县域数为本书的样本统计数，较全国县（县级市、自治县）总数少 92 个，本表数据包括西藏有政府债务信息的县和重庆市下辖的县。

　　分地区来看，西部地区的一般债务余额是各区域中最高的，而东部地区的县域一般债务均值更大。2019 年西部地区县域一般债务余额为 13284 亿元，占到全部县域一般债务余额的 37.1%，较东部地区高出 1986 亿元，而东部地区的县级政府债务总额要高于西部地区。从县域一般债务均值来看，中部、西部和东北地区的县域一般债务均值大体一致，均在 18.2 亿元。而东部地区的县域一般债务均值较上述三个地区高出 50%。

　　分县域类型来看，县的一般债务余额呈现出西部、中部、东部和东北地区的递减分布。2019 年样本县的一般债务余额为 22130 亿元，占到县域一般债务的 61.8%，县均一般债务余额为 17.3 亿元，低于县域平均水平。西部地区县的一般债务余额超过 9000 亿元，占到西部县域一般债务余额的 69.1%；中部地区县的一般债务余额为 6009 亿元，较东部地区高出 196 亿元，占中部地区县域一般债务余额的比重达到 69.8%；与之相比，东部地区县的一般债务余额约为东部地区县域一般债务余额的一半（51.5%）。从县均一般债务余额来看，东部地区最高，为 21 亿元；中部和西部地区较为接近。

　　县级市一般债务余额占到县域一般债务余额的三成。2019 年县级市一般债务余额为 12031 亿元，占比 33.6%。东部地区县级市的一般债务余额和县级市平均一般债务余额远高于其他区域。东部地区县级市的一般债务余额为 5526 亿元，占到全部县级市一般债务余额的 46%。东部地区县级市的一般债务余额规模是东北地区的 4.1 倍，是西部地区的 1.8 倍。东部县级市一般债务余额均值为 41.8 亿元，与其他地区的差距也在 10 亿元以上。

自治县的一般债务余额主要集中在西部地区。西部地区自治县的一般债务余额为 1096 亿元，集中了全部自治县一般债务余额的 67.3%。但是西部地区自治县多，自治县的一般债务余额均值为 14.2 亿元，与全国自治县的一般债务平均水平相近。中部地区自治县的一般债务余额仅为西部地区的 14.3%，但自治县的一般债务余额均值却较西部地区高出 3.2 亿元，达到 17.4 亿元，是各区域中最高的。

14 个省份的县级政府一般债务余额超过全国平均水平。表 5 - 10 给出了分省县级政府一般债务余额和县域一般债务余额均值的分布情况。陕西省县级政府一般债务的 90.3% 由县举借，江苏 65.3% 的县域一般债务由县级市承担。三类县域中一般债务余额分布最为平均的是青海省，县、县级市和自治县分别举借 34%、32.1% 和 34% 的政府一般债务。

表 5 - 10　　　　　　　分省县级政府一般债务概况（2019 年）　　　　单位：亿元

| 省份 | 县级政府一般债务余额 | | | | 县级政府一般债务余额均值 | | | |
|---|---|---|---|---|---|---|---|---|
| | 县域 | 县 | 县级市 | 自治县 | 县域 | 县 | 县级市 | 自治县 |
| 河北 | 1575 | 1072 | 400 | 103 | 13.0 | 11.4 | 19.1 | 17.2 |
| 山西 | 584 | 459 | 125 | | 6.6 | 6.0 | 11.3 | |
| 内蒙古 | 2278 | 1821 | 426 | 30 | 28.5 | 27.6 | 38.7 | 10.0 |
| 辽宁 | 880 | 268 | 559 | 53 | 21.5 | 15.7 | 35.0 | 6.6 |
| 吉林 | 831 | 328 | 447 | 56 | 21.3 | 20.5 | 22.3 | 18.6 |
| 黑龙江 | 894 | 533 | 354 | 8 | 14.2 | 12.7 | 17.7 | 7.6 |
| 江苏 | 2348 | 815 | 1533 | | 57.3 | 42.9 | 69.7 | |
| 浙江 | 2934 | 1555 | 1345 | 34 | 56.4 | 48.6 | 70.8 | 34.5 |
| 安徽 | 1400 | 1167 | 232 | | 23.3 | 22.9 | 25.8 | |
| 福建 | 1577 | 1069 | 508 | | 28.7 | 24.9 | 42.3 | |
| 江西 | 910 | 688 | 222 | | 12.5 | 11.1 | 20.2 | |
| 山东 | 1871 | 831 | 1040 | | 24.3 | 16.3 | 40.0 | |
| 河南 | 1706 | 1242 | 464 | | 16.2 | 15.0 | 21.1 | |
| 湖北 | 1506 | 757 | 687 | 39 | 23.9 | 20.5 | 28.6 | 19.3 |
| 湖南 | 2520 | 1695 | 706 | 118 | 29.3 | 27.8 | 39.2 | 16.9 |

续表

| 省份 | 县级政府一般债务余额 | | | | 县级政府一般债务余额均值 | | | |
|---|---|---|---|---|---|---|---|---|
| | 县域 | 县 | 县级市 | 自治县 | 县域 | 县 | 县级市 | 自治县 |
| 广东 | 599 | 363 | 220 | 17 | 10.5 | 10.7 | 11.0 | 5.7 |
| 广西 | 843 | 559 | 128 | 156 | 12.0 | 11.4 | 14.2 | 13.0 |
| 海南 | 393 | 108 | 180 | 104 | 26.2 | 27.0 | 36.1 | 17.4 |
| 四川 | 2522 | 1903 | 563 | 56 | 20.3 | 18.7 | 31.3 | 13.9 |
| 贵州 | 2618 | 1589 | 589 | 427 | 37.4 | 31.2 | 65.4 | 42.7 |
| 云南 | 1823 | 926 | 644 | 253 | 16.3 | 14.0 | 37.9 | 8.7 |
| 陕西 | 925 | 835 | 90 | | 12.2 | 11.9 | 15.0 | |
| 甘肃 | 524 | 440 | 40 | 44 | 7.8 | 8.0 | 7.9 | 6.4 |
| 青海 | 159 | 54 | 51 | 54 | 4.4 | 2.1 | 16.9 | 7.8 |
| 宁夏 | 324 | 257 | 67 | | 24.9 | 23.3 | 33.6 | |
| 新疆 | 1282 | 796 | 412 | 75 | 15.6 | 13.7 | 21.7 | 15.0 |
| 合计/平均 | 35826 | 22130 | 12031 | 1628 | 20.3 | 17.3 | 32.1 | 14.3 |

资料来源：同表 5 - 8。

从县域一般债务余额均值来看，各省每个县的一般债务余额均值均要低于县级市的平均一般债务余额。但是县与县级市的平均一般债务余额差异幅度在各省间存在很大差异（见图 5 -5）。如广东、甘肃 2 个省份，其省内县与县级市的平均一般债务余额基本相等，除早期的债务存量因素外，这两个省对县域一般债务的管理具有更强的均等化倾向。而大部分省份则允许经济实力更强的县举借更多的一般债务。青海 2019 年县级市的平均一般债务余额为 16.9 亿元，是县平均一般债务余额的 8 倍，这一差异幅度远高于排第 2 位的云南省，这也反映出青海省对于县和县级市的债务管理存在一定的差异。县级市与县的平均一般债务余额比值大于 2 的省份还包括云南（2.7）、山东（2.5）、辽宁（2.2）、贵州（2.1）。

自治县的一般债务余额普遍低于其他县域类型。受到不同省份自治县的数量和省以下的自治县支持政策的影响，自治县与县之间的一般债务余额均值存在一定的差异。在有自治县的 17 个省份中，4 个省份自治县的平均一般债务余额要高于县，3 个省份两类县域的平均一般债务余额接近（比值在 0.9 ~ 1.1），其余省区自治县的平均一般债务余额是三类县域中最低的。

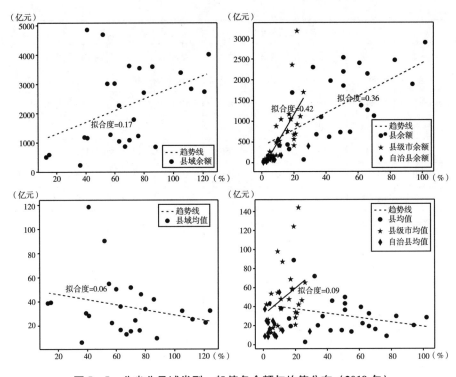

**图 5 - 5   分省分县域类型一般债务余额与均值分布（2019 年）**

注：同表 5 - 10。

和政府债务分布相似，一省所辖县域数量与该省县域一般债务余额之间存在正相关性。但是相关性不高，尤其是县域数量在 50 ~ 80 个的省份，县域一般债务余额差异很大。分县域类型来看，分类县域的数量与此类县域的债务余额之间的正相关性更高。各省县域数量与县域平均一般债务余额之间的弱负相关性与政府债务余额的情况是相似的。

分经济指标来看，人口大县、经济强县和财政收入强县的一般债务余额更多。按人口、地区生产总值、地方财政收入这三个指标的四分位区间进行比较时，最高四分位与次高四分位县域间一般债务余额的绝对差异和相对差异都是最高的，这种差异在县这一类型中最为突出。不同分位数间县级市一般债务余额的差异幅度要低于政府债务余额的差异幅度。

若以第二产业增加值占比来划分，最高四分位组和次高四分位组之间的一般债务余额的差异缩小。最低四分位组和次低四分位组所属县域的一般债务余额差异最大。与地区生产总值指标相结合，这实际上表明经济实力较强的县域会表现出第二产业占比更高，或者第三产业占比更高，或者第二、第三产业占比较为平均等多种特征，从而使得一般债务余额随着经济发展水平大幅增加的特征在产业结构指标划分下不再突出。

自治县的情况略有不同,在三类指标的最高四分位上的自治县一般债务余额仍然是自治县中最高的。但是按照人口规模和地方财政收入划分时,位于第二四分位(25%~50%)的自治县的一般债务余额却要高于次高四分位(50%~75%)的自治县。从表5–11中的数据来看,两组四分位区间内的自治县均来自多个省份,位于第二四分位组的自治县一般债务余额相对更多。该组中2019年一般债最多的贵州省玉屏侗族自治县,一般债务余额为90.8467亿元,比次高组中一般债务余额最多的贵州三都水族自治县要高出31.3506亿元。

表 5–11　　按经济指标分各县域类型一般债务余额分布(2019年)

| 县域类型 | | 一般债务余额(亿元) | | | |
|---|---|---|---|---|---|
| | | 县域 | 县 | 县级市 | 自治县 |
| 按人口规模分 | 最低25% | 5026 | 3304 | 1988 | 248 |
| | 25%~50% | 6991 | 4648 | 2533 | 450 |
| | 50%~75% | 9601 | 5770 | 3210 | 371 |
| | 最高25% | 14153 | 8393 | 4296 | 559 |
| 按地区生产总值分 | 最低25% | 4119 | 2743 | 1565 | 233 |
| | 25%~50% | 6641 | 4197 | 2455 | 448 |
| | 50%~75% | 8939 | 6211 | 2592 | 463 |
| | 最高25% | 16071 | 8964 | 5414 | 484 |
| 按第二产业占比 | 最低25% | 6128 | 3903 | 1936 | 391 |
| | 25%~50% | 7809 | 5470 | 2832 | 403 |
| | 50%~75% | 9878 | 6149 | 3584 | 366 |
| | 最高25% | 11956 | 6593 | 3675 | 468 |
| 按地方财政收入分 | 最低25% | 4349 | 2956 | 1655 | 215 |
| | 25%~50% | 6702 | 4352 | 2187 | 435 |
| | 50%~75% | 8550 | 5393 | 2656 | 346 |
| | 最高25% | 16189 | 9370 | 5445 | 633 |

　　注:分别按照县域、县、县级市、自治县2019年的地区生产总值、人口规模、地方财政收入、第二产业占比为标准进行划分。其中地方财政收入为各县地方一般公共预算收入和政府性基金收入合计值。下同。

## 5.2.2　县级政府一般债务变动分析

自2016年以来样本县级政府一般债务余额的平均增长率为7.8%,增幅约为政府债务增长率的一半。与政府债务增长相似，县域一般债务的增长率逐年递增，但是增幅不高（见表 5 - 12），2018 年的增长率较 2017 年增长率增加 2.1 个百分点，2019 年的增长率较上年增加 1.2 个百分点，年度增长率的增幅也约为政府债务余额增长率增幅的一半。一般债务年度增速最低的时期是 2017 年；最低的区域是中部地区，年度增长率为 3.4%，是 2017 年全国一般债务增速的 55.7%。这一低增长是由该地区的县（3.1%）和县级市（3.4%）在 2017 年的低增速所决定的。

表 5 - 12　　分区域分县域类型一般债务变动情况（2016 ~ 2019 年）　　单位:%

| 县域类型 | 时期 | 全国 | 东部地区 | 中部地区 | 西部地区 | 东北地区 |
|---|---|---|---|---|---|---|
| 县域 | 三年平均 | 7.8 | 6.2 | 7.9 | 7.7 | 15.0 |
| | 2016 ~ 2017 | 6.1 | 5.9 | 3.4 | 5.6 | 18.6 |
| | 2017 ~ 2018 | 8.0 | 7.4 | 10.2 | 5.6 | 15.6 |
| | 2018 ~ 2019 | 9.2 | 5.4 | 10.2 | 11.9 | 10.9 |
| 县 | 三年平均 | 9.2 | 8.3 | 7.7 | 9.1 | 24.4 |
| | 2016 ~ 2017 | 6.5 | 6.7 | 3.1 | 6.0 | 31.2 |
| | 2017 ~ 2018 | 9.8 | 9.9 | 9.9 | 8.0 | 23.2 |
| | 2018 ~ 2019 | 11.3 | 8.3 | 10.3 | 13.3 | 18.7 |
| 县级市 | 三年平均 | 5.3 | 3.9 | 8.0 | 4.3 | 9.0 |
| | 2016 ~ 2017 | 5.8 | 5.2 | 3.4 | 5.8 | 12.1 |
| | 2017 ~ 2018 | 5.0 | 4.5 | 10.6 | - 0.6 | 10.2 |
| | 2018 ~ 2019 | 5.1 | 2.1 | 10.1 | 7.6 | 4.7 |
| 自治县 | 三年平均 | 8.6 | 11.6 | 16.5 | 6.3 | 14.9 |
| | 2016 ~ 2017 | 4.0 | 4.9 | 22.6 | 1.4 | 9.6 |
| | 2017 ~ 2018 | 9.6 | 18.8 | 19.3 | 4.8 | 20.4 |
| | 2018 ~ 2019 | 12.2 | 11.1 | 7.8 | 12.7 | 14.6 |

注：地区分布说明见表 5 - 1，县包括旗、湖北省神农架林区；自治县包括自治旗。本表所列县域数为 2016 ~ 2019 年一般债务余额均大于零的样本，合计 1471 个，样本数量较前文政府债务情况的分析有所缩减，本表数据不包括西藏有政府债务信息的县和重庆市下辖的县。

在全部县域中，新疆岳普湖县一般债务余额的增速最快，年均增速达到107.5%，从 2016 年的 2581 万元，增加到 2019 年 6.4832 亿元。2016 ~ 2019年，每年新增一般债务均在 2 亿元左右。山西省乡宁县的一般债务余额减少速度最快，从 2016 年的 7438 万元，减少到 2019 年的 18 万元，年均降幅在201%。而从债务增量变动来看，新增一般债务最多的是湖南省醴陵县，2016 ~ 2019 年一般债务增加 89.5055 亿元；一般债务余额减少最多的是宁夏回族自治区灵武县，2019 年一般债务余额较 2016 年减少 33.3408 亿元。

分区域来看，东北地区一般债务的年均增长率达到 15%，是四个区域中最高的。其年度增长率变动与全国趋势相反，在这三年间逐年递减。而中部地区和西部地区与全国平均增速大体一致，且 2017 年的一般债务增长率为本区域 3 年内最低点。两地区三年间的一般债务增长模式有所差异，西部地区 2017 年和 2018 年的年度一般债务余额增速接近，在 2019 年一般债务出现快速增长，增速是此前年度的 1 倍；而中部地区一般债务增长率的跃升则出现在 2018 年，2019 年与 2018 年的增幅持平。东部地区一般债务的增长率是四个区域中最低的，增长高点出现在 2018 年，在 2019 年有所回落，为三年内最低。

新增一般债务更多地向县和自治县倾斜，县与自治县的一般债务年均增速接近，县级市的一般债务增长率较县和自治县低 3 个百分点以上。2016 ~ 2019 年县的一般债务年均增长率为 9.2%，较自治县高出 0.6 个百分点，而县级市一般债务年均增长率仅有 5.3%。东北地区县一般债务的年均增长率均要高于其他区域。东北地区县的一般债务年均增长率达到 24.4%，是中部地区的 3 倍以上，并且每年都保持了较高的增长速度。而东部地区县级市一般债务年均增长率为 3.9%，是四个区域中最低的，并且债务增速逐年递减，从 2017 年 5.2%，减少到 2019 年的 2.1%。与政府债务变动情况相同，中部地区自治县债务的高增长主要是湖南省内 6 个自治县在 2016 ~ 2018 年的新增一般债务较高。三类县域中，县级市年度一般债务增幅的变化最小，除 2017 年的一般债务增长率达到 5.8% 以外，其余年份增速维持在 5%。县与自治县的政府债务增速逐年递增，自治县的递增速度更快。

与政府债务增长率类似，各省县域一般债务增长率与债务余额之间存在负相关性（见图 5-6）。前期县域一般债务存量较大的省，其债务增长率相对较低。各省 2016 年一般债务余额与三年平均增长率之间负相关性为 0.18，与政府债务余额与增长率之间的拟合度相同。这种负相关性主要体现在县这一县域类型中，而在县级市和自治县两类县域中，则存在个别例外的省份，主要是期初的一般债务余额较多，影响了整体的负相关性。在自治县中，主要是贵州省，其自治县数量较多，同时一般债务余额也较高。剔除贵州省，其余省份自治县一般债务余额和一般债务年均增长率之间的负相关性明显增强，相关性程度达到 0.32。同样的，在县级市中，江苏、浙江、山东 3 个省份县级市期初一般债务余额较其他省区高出许多，使得两变量之间的相关性较弱。剔除这 3 个省份，其余省区期初一般债务余额与一般债务增长率之间的负相关性增加至 0.26。

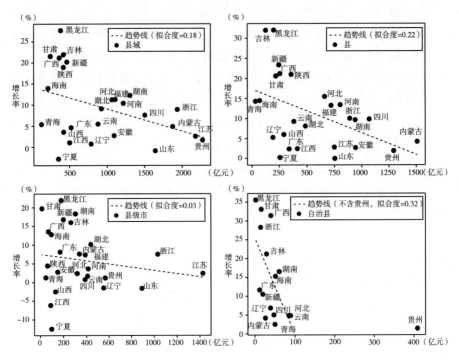

**图 5 - 6 分县域类型一般债务余额与增长率**

注：一般债务余额为 2016 年金额，一般债务增长率为 2016～2019 年三年平均增长率。

宁夏、江西、陕西、辽宁、山东 5 个省份的县级市一般债务余额出现下降。受省内县级市一般债务余额下降的影响，宁夏、山东 2 个省份的县域一般债务余额在这一时期也出现下降。如图 5 - 7 所示，宁夏一般债务年均增长率为 - 2.8%，主要是宁夏县级市的一般债务余额减幅较大，年均降幅达到 12.5%，县域一般债务余额在这一时期略有增长。山东县域一般债务余额年均减少 0.9%，其中县级市年均下降 1.6%，而在 2019 年县的一般债务余额与 2016 年接近。

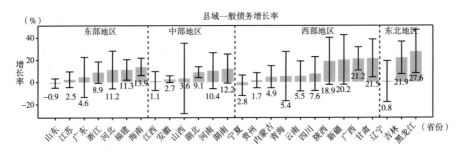

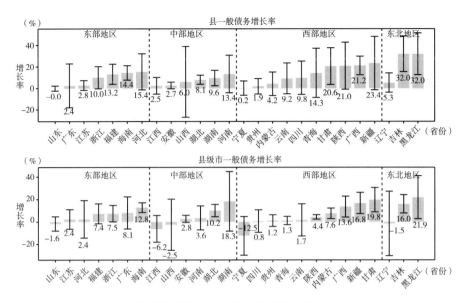

**图 5 - 7　分省份分县域类型一般债务年均增长率（2016 ~ 2019 年）**

注：柱状图形为 2016 ~ 2019 年各省县域、县、县级市一般债务年均增长率，茎叶图形为省内县域、县、县级市一般债务年均增长率标准差。

县域一般债务年均增长率超过 20% 的省份主要分布在西部地区和东北地区（见图 5 - 8）。在三类县域类型中，县的一般债务增速较高。黑龙江、吉林两省县的一般债务增速均达到 32%，新疆、广西、陕西、甘肃 4省份一般债务增速超过 20%。各省县级市一般债务增长率超过 20% 的，只有黑龙江。

各县域一般债务的增长率差异（17.6%）大于政府债务增长率差异①（17.4%）。其中差异最大的是山西，县域间一般债务增长率的差异达到 31.6%，而政府债差异为 18.1%，前者是后者的 1.75 倍。山西各县域一般债务增长率的差异主要来自县。各省中县级市的一般债务差异最大的省份是辽宁，其县级市的一般债务余额年均减少 1.5%，而县级市间一般债务余额的差异幅度达到 28.7%。安徽、山东 2 省县域间一般债务的增长率差异相对较小，分别为 3.1% 和 4.2%。安徽省的县与县级市内的一般债务增长率差异相似，山东省县与县之间的一般债务增长率差异（2.3%）要低于县级市内的差别（6.4%）。省内县级市间一般债务增长率差异最小的是陕西省，仅为 1.99%，这部分反映出陕西省对县级市一般债务增量的额度管理更为平均。

① 本节所采用的样本县域为 4 年间均有一般债务余额的县域，县域数量要少于 5.1.3 节分析所用的样本数量，计算的政府债务增长率差异略高。

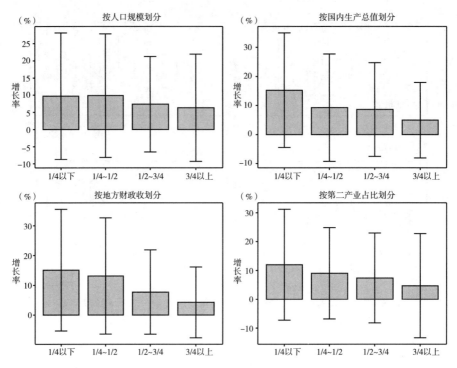

**图5-8 按不同经济指标分一般债务年均增长率（2016～2019年）**

注：柱状图形为2016～2019年按不同经济指标区分的四分位组县域一般债务平均年增长率，茎叶图形为四分位组内县域一般债务增长率标准差。

与政府债务相比，一般债务余额负增长的县域数量更多，负增长的幅度更大。一般债务余额减少的县域共计247个，较政府债务余额减少的县域多140个，降幅为4.2%，较政府债务余额减幅扩大1.4个百分点。这意味着在一般债务余额下降的县域中，出现了债务类型由一般债务向专项债务转换的情况。这247个一般债务余额下降的县域，其专项债务余额年均增长为18.0%，一般债务余额与专项债务余额的比重从2016年的3.02，下降到2019年的1.55。

除吉林外，各省份均出现了样本期内一般债务余额下降的县域。一半的省份一般债务余额下降的县域数在4个以下，山东、贵州2个省份各自有32个和30个县域一般债务余额出现下降。此外，河北、云南、广东3个省份有20个县域2019年的一般债务余额较2016年有所减少。

按不同经济指标来划分，一般债务的高增长同样出现在地区生产水平较低、地方自有财政收入偏少、第二产业增加值较低的县域。位于三类指标中最低四分位组的县域一般债务增速最快。一般债务的增速随着县域经济发达程度的提高、第二产业占比的上升、地方自有财政收入的增加而下降;在三类指标的最高四分位组,县域一般债务的增速仅有5%。而在按照人口规模划分的情况下,各组间也存在一般债务增幅差异,但是差异幅度更小。无论选取何种经济指标来进行划分,各组间一般债务的增幅差异均较大。经济较发达的县域间一般债务的增幅变动略小。如图5-8所示,随着经济发展水平的提高和自有财力的增加,一般债务的增幅差异略有缩窄(见表5-13)。

表 5 - 13 　　　　　按经济指标分各县域类型一般债务
余额变动情况 （2016 ~ 2019 年） 单位:%

| 经济指标/县域类型 | | 县域 | 县 | 县级市 | 自治县 |
|---|---|---|---|---|---|
| 按人口规模分 | 最低 25% | 9.7 | 9.2 | 7.4 | 7.6 |
| | 25% ~ 50% | 9.9 | 10.8 | 5.2 | 6.8 |
| | 50% ~ 75% | 7.4 | 8.6 | 2.7 | 11.1 |
| | 最高 25% | 6.3 | 8.5 | 5.3 | 10.0 |
| 按地区生产总值分 | 最低 25% | 15.3 | 15.5 | 10.7 | 16.6 |
| | 25% ~ 50% | 9.2 | 10.9 | 4.9 | 10.8 |
| | 50% ~ 75% | 8.6 | 9.3 | 5.7 | 4.9 |
| | 最高 25% | 5.0 | 6.7 | 3.9 | 6.7 |
| 按第二产业占比 | 最低 25% | 12.0 | 13.2 | 8.0 | 12.8 |
| | 25% ~ 50% | 9.0 | 9.9 | 5.8 | 9.4 |
| | 50% ~ 75% | 7.4 | 9.7 | 3.7 | 7.1 |
| | 最高 25% | 4.7 | 5.4 | 4.7 | 4.4 |
| 按地方财政收入分 | 最低 25% | 15.1 | 15.4 | 11.8 | 15.7 |
| | 25% ~ 50% | 13.1 | 15.8 | 5.7 | 9.1 |
| | 50% ~ 75% | 7.7 | 8.6 | 4.4 | 11.5 |
| | 最高 25% | 4.3 | 5.4 | 4.0 | 4.8 |

注:分别按照县域、县、县级市、自治县2019年的地区生产总值、人口规模、地方财政收入、第二产业占比为标准进行划分。其中地方财政收入为各县地方一般公共预算收入和政府性基金收入合计值。

### 5.2.3 　县级政府专项债务规模与分布

2019 年样本县级政府专项债务余额为22087亿元,县域均值为12.5亿元。2019年县域专项债务余额最高的县(旗)为福建省平潭县,债务余额为282.6954亿元;债务余额最少的为贵州省丹寨县,债务余额为

85.86 万元。专项债务余额最高的县级市为福建省晋江市，余额为 178.76 亿元；债务余额最少的县级市为四川省马尔康市，余额为 240 万元。专项债务余额最高的自治县（旗）为贵州威宁彝族回族苗族自治县，债务余额为 42.3144 亿元；最少的为广西金秀瑶族自治县，余额为 0.0602 亿元①。

表 5-14 给出 2019 年分县域类型的县域专项债务情况。分县域类型看，专项债务总额同样表现出随着县、县级市、自治县依次递减的特征，但是专项债务作为一种收益债券，更多的位于经济较发达县域。县级市平均专项债务余额是县平均专项债务余额的 2.4 倍，是自治县平均专项债务余额的 4.5 倍。

**表 5-14　　　分县域类型和区域的县域专项债务情况（2019 年）**

| 县域类型 | 区域 | 全国 | 东部地区 | 中部地区 | 西部地区 | 东北地区 |
|---|---|---|---|---|---|---|
| 县级政府专项债务余额（亿元） | 县域 | 22087 | 9374 | 6296 | 5628 | 788 |
| | 县 | 12937 | 4694 | 4525 | 3456 | 263 |
| | 县级市 | 8602 | 4579 | 1727 | 1801 | 495 |
| | 自治县 | 547 | 101 | 45 | 371 | 31 |
| 县级政府专项债务余额均值（亿元） | 县域 | 12.5 | 23.8 | 14.1 | 8.33 | 5.87 |
| | 县 | 10.8 | 16.9 | 12.2 | 6.2 | 3.5 |
| | 县级市 | 24.6 | 36.6 | 18.2 | 18.2 | 8.8 |
| | 自治县 | 5.5 | 6.3 | 5.0 | 4.8 | 2.5 |

注：地区分布说明见表 5-1，县包括旗、湖北省神农架林区；自治县包括自治旗。本表所列县域数为本书的样本统计数，较全国县（县级市、自治县）总数少 92 个，本表数据包括西藏有政府债务信息的县和重庆市下辖的县。

分地区来看，东部地区的专项债务余额是各区域中最高的，并且东部地区的县域专项债务均值远高于其他地区。2019 年东部地区县域专项债务余额为 9374 亿元，占到全部县域专项债务余额的 42.4%，是位于第 2 的中部地区的 1.5 倍，金额上要高出 3078 亿元，并且东部地区县的专项债务余额与县级市的专项债务余额较为接近，分别为 4694 亿元和 4579 亿元。从县域专项债务均值来看，东部地区的县域专项债务均值是中部地区的 1.6 倍，比两地区专项债务余额的差异还要大。

分县域类型来看，东部地区和中部地区县的专项债务余额持平，中部地区的专项债务余额七成集中在县。2019 年县的专项债务余额为 12937 亿元，占到县域专项债务的 58.6%，县均专项债务余额为 10.8 亿元，低于

---

① 样本县域中有 8 个县域缺少一般债务和专项债务余额明细数据，在本节予以剔除。

县域平均水平。东部地区和中部地区县的专项债务余额分别为 4694 亿元
和 4525 亿元，分别占到本区域县域专项债务余额的 50.1% 和 71.9%。中
部地区县域专项债务余额主要由县来承担。西部地区县的专项债务余额较
东、中部地区少了 1300 亿元左右，但也集中了六成的本区域县域专项债
务。从县均专项债务余额来看，区域间差异较政府债务和一般债务要大。
东部地区最高，为 16.9 亿元，是东北地区的 4.8 倍；中部地区也接近于
西部地区的 2 倍。

　　县级市专项债务余额占到县域专项债务余额的四成。东部地区县级市
的专项债务余额占到全部县级市专项债务余额的一半以上，是中、西部地
区的 2 倍以上。2019 年县级市专项债务余额为 8602 亿元，占比 38.9%。
东部地区县级市的专项债务余额和县级市平均专项债务余额都要高于其他
区域。东部地区县级市的专项债务余额为 4579 亿元，占到全部县级市专
项债务余额的 53.2%。东部地区县级市的专项债务余额规模是中、西地区
的 2.6 倍。东部县级市专项债务余额均值为 36.6 亿元，也远高于其他区
域。中部地区和西部地区的县级市专项债务余额差异不大，县级市的数量
也较为接近，两地区县级市的平均专项债务余额均为 18.2 亿元。

　　西部地区的自治县集中，自治县的专项债务余额同样以西部地区为
主。2019 年自治县专项债务余额为 547 亿元，专项债务余额均值为 5.5 亿
元，是县域均值的 44%。西部地区自治县的专项债务余额为 371 亿元，集
中了全部自治县专项债务余额的 67.8%。但是西部地区自治县的专项债务
均值为 4.8 亿元，较全国自治县的平均专项债务余额要低 0.7 亿元。东部
地区自治县的专项债务余额为 101 亿元，自治县的专项债务均值为 6.3 亿
元，是各区域中最高的。2019 年，中部地区和东北地区自治县的专项债
务余额均在 50 亿元以下。

　　18 个省（区）县的专项债务余额超过全国平均水平。与一般债务余
额相比，各类县域举借的专项债务余额的省际差异更大。表 5 - 15 给出了
分省县级政府专项债务余额和县域专项债务均值的分布情况。从绝对额上
看，各省份间县的专项债务余额差异最大在 1300 亿元以上，安徽、河南 2
个省份 2019 年县的专项债务余额超过 1000 亿元，分别为 1366 亿元和 1239
亿元。而青海省县的专项债务余额仅为 20 亿元，仅为安徽省的 1.5%。从占
比上看，各省间县的专项债务余额占比差异可以达到 70% 以上。陕西省县
级政府专项债务的 95.1% 由县举借，辽宁省县的专项债务余额占比仅为
22.1%，2 个省份相差 73 个百分点。此外，县的专项债务余额占比达到
90% 以上的还包括宁夏回族自治区（90.5%）。2019 年，5 个省份县的专

项债务余额占该省县域专项债务余额的比重在80%以上，6个省份的专项债务余额占比在35%以下（见图5-9）。

表5-15　　　　　　分省县级政府专项债务概况（2019年）　　　单位：亿元

| 省份 | 县级政府专项债务余额 | | | | 县级政府专项债务余额均值 | | | |
|---|---|---|---|---|---|---|---|---|
| | 县域 | 县 | 县级市 | 自治县 | 县域 | 县 | 县级市 | 自治县 |
| 河北 | 1165 | 818 | 301 | 46 | 9.6 | 8.7 | 14.3 | 7.7 |
| 山西 | 260 | 209 | 51 | | 3.0 | 2.7 | 4.6 | |
| 内蒙古 | 428 | 322 | 100 | 6 | 5.4 | 4.9 | 9.1 | 2.1 |
| 辽宁 | 281 | 62 | 203 | 16 | 6.9 | 3.7 | 12.7 | 2.0 |
| 吉林 | 354 | 110 | 231 | 13 | 9.1 | 6.9 | 11.6 | 4.3 |
| 黑龙江 | 153 | 91 | 61 | 1 | 2.4 | 2.2 | 3.0 | 1.3 |
| 江苏 | 2509 | 871 | 1638 | | 61.2 | 45.9 | 74.5 | |
| 浙江 | 1759 | 745 | 1012 | 3 | 33.8 | 23.3 | 53.3 | 2.9 |
| 安徽 | 1625 | 1366 | 259 | | 27.1 | 26.8 | 28.8 | |
| 福建 | 1442 | 905 | 537 | | 26.2 | 21.0 | 44.8 | |
| 江西 | 853 | 663 | 190 | | 11.7 | 10.7 | 17.3 | |
| 山东 | 1626 | 970 | 656 | | 21.1 | 19.0 | 25.2 | |
| 河南 | 1698 | 1239 | 459 | | 16.2 | 14.9 | 20.9 | |
| 湖北 | 784 | 343 | 429 | 11 | 12.4 | 9.3 | 17.9 | 5.7 |
| 湖南 | 1076 | 704 | 339 | 34 | 12.5 | 11.5 | 18.8 | 4.8 |
| 广东 | 677 | 320 | 349 | 8 | 11.9 | 9.4 | 17.4 | 2.7 |
| 广西 | 244 | 175 | 49 | 20 | 3.5 | 3.6 | 5.5 | 1.7 |
| 海南 | 196 | 65 | 87 | 44 | 13.1 | 16.2 | 17.4 | 7.3 |
| 四川 | 1493 | 985 | 498 | 10 | 12.0 | 9.7 | 27.6 | 2.5 |
| 贵州 | 1078 | 662 | 293 | 124 | 15.4 | 13.0 | 32.5 | 12.4 |
| 云南 | 1011 | 340 | 524 | 147 | 9.0 | 5.2 | 30.8 | 5.1 |
| 陕西 | 305 | 290 | 15 | | 4.0 | 4.1 | 2.6 | |
| 甘肃 | 346 | 299 | 23 | 24 | 5.2 | 5.4 | 4.6 | 3.4 |
| 青海 | 68 | 20 | 27 | 20 | 1.9 | 0.8 | 9.1 | 2.9 |
| 宁夏 | 179 | 162 | 17 | | 13.8 | 14.8 | 8.5 | |
| 新疆 | 475 | 201 | 255 | 19 | 5.8 | 3.5 | 13.4 | 3.8 |
| 合计/平均 | 22087 | 12937 | 8601 | 547 | 12.5 | 10.8 | 24.6 | 5.5 |

注：人均政府债务余额按照该县户籍人口计算，户籍人口数据主要来自EPS数据库的县市统计数据库，个别数据缺失县域的户籍人口数据根据该县所属地级市的统计年鉴补充。本表不包括西藏和重庆。

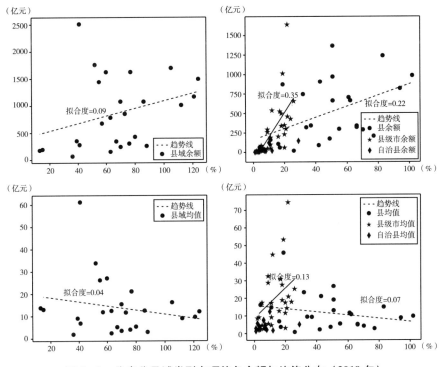

**图 5 – 9　分省分县域类型专项债务余额与均值分布（2019 年）**

注：同表 5 – 15。

8 个省（区）县级市的专项债务余额比重超过 50%。2019 年，江苏、浙江 2 个省份县级市专项债务余额超过 1000 亿元，其中江苏省为 1638 亿元，较浙江高出 626 亿元，是陕西省县级市专项债务余额的 109 倍。辽宁省县级市专项债务余额占该省县域专项债务余额的 72.2%，是各省中最高的；吉林、江苏 2 个省份的比重均为 65.3%；陕西省县级市专项债务余额占比最低，为 4.9%。与一般债务余额分布相似，两类县域中专项债务余额分布最为平均的是广东省，县与县级市的专项债务余额占比分别为 47.3% 和 51.6%。

自治县的专项债务余额整体不高，2019 年余额为 547 亿元，且主要集中在云南、贵州 2 个省份，分别为 147 亿元和 124 亿元。从比重来看，有自治县的省份，自治县的专项债务余额占比都比较低。超过 20% 的省份是青海和海南，其中青海 2019 年县和自治县举借的政府专项债务相等，均为 20 亿元。

从县域专项债务余额均值来看，绝大多数省区县的平均专项债务余额要低于县级市的平均专项债务余额，但是陕西、宁夏 2 个省份县级市的平均专项债务余额更低。甘肃、海南、安徽3个省份，省内县与县级市的平均专项债务余额接近。与一般债务不同，广东对于县级市的专项债务举借政策更为宽松，使得广东县级市的平均专项债务余额是县的1.9倍。而大部分省份则允许经济实力更强的县举借更多的专项债务。青海2019年县级市的平均专项债务余额为9.1亿元，是县平均专项债务余额的11.4倍，这一差异幅度较青海两类县域平均一般债务余额的比值还要高出3倍。

与平均一般债务余额相比，县级市与县的平均专项债务余额差异更大，比值大于2的省份更多，包括青海（11.4）、云南（5.9）、新疆（3.8）、辽宁（3.4）、贵州（2.5）、四川（2.8）、浙江（2.3）、福建（2.1）8个省份。

自治县的专项债务余额普遍低于其他县域类型，各省对于自治县举借专项债务的限制更为严格。在有自治县的17个省份中，仅有青海省自治县的平均专项债务余额要明显高于县，13个省份自治县的平均专项债务余额在县平均专项债务余额的65%以下。

和政府债务分布相似，一省所辖县域数量与该省县域专项债务余额之间存在一定的正相关性。在县域数量在60～80个的省份，县域专项债务余额差异很大。分县域类型来看，分类县域的数量与此类县域的债务余额之间的正相关性有所增强，但弱于政府债务和一般债务的情况。各省县域数量与县域平均专项债务余额之间的负相关性较一般债务也有所增强。

如表5-16所示，分经济指标来看，人口大县、经济强县和财政收入强县的专项债务余额更多。在人口、地区生产总值、地方财政收入这三个指标的四分位区间进行比较时，最高四分位与次高四分位县域间专项债务余额的绝对差异和相对差异都是最高的，而且这种绝对额和相对幅度的增加均要大于一般债务。以按地区生产总值分组为例，次高四分位组与最高四分位组的县域专项债务余额分别为5064亿元和13122亿元，绝对值增加了8058亿元，增幅达到159%；而从次低四分位组到次高四分位组，专项债务余额的增加值和增幅分别为2326亿元和85%。当以地方自有财政收入来衡量时，这一特征更为明显。结合政府债务余额在上述指标分组下的变化，各组县域间专项债务的差异影响了政府债务的差异分布。

表 5 – 16　　按经济指标分各县域类型专项债务余额分布（2019 年）

| 县域类型 | | 专项债务余额（亿元） | | | |
|---|---|---|---|---|---|
| | | 县域 | 县 | 县级市 | 自治县 |
| 按人口规模分 | 最低 25% | 1550 | 933 | 868 | 64 |
| | 25%～50% | 3328 | 2151 | 1480 | 139 |
| | 50%～75% | 5655 | 3466 | 2541 | 149 |
| | 最高 25% | 11539 | 6382 | 3704 | 195 |
| 按地区生产总值分 | 最低 25% | 1148 | 722 | 607 | 62 |
| | 25%～50% | 2738 | 1765 | 1365 | 89 |
| | 50%～75% | 5064 | 3325 | 2284 | 122 |
| | 最高 25% | 13122 | 7121 | 4335 | 274 |
| 按第二产业占比 | 最低 25% | 2378 | 1393 | 932 | 140 |
| | 25%～50% | 4544 | 3190 | 2096 | 147 |
| | 50%～75% | 7170 | 4443 | 2649 | 154 |
| | 最高 25% | 7980 | 3906 | 2916 | 106 |
| 按地方财政收入分 | 最低 25% | 1008 | 635 | 590 | 49 |
| | 25%～50% | 2807 | 1782 | 1274 | 133 |
| | 50%～75% | 4999 | 2904 | 2067 | 135 |
| | 最高 25% | 13273 | 7530 | 4624 | 231 |

注：分别按照县域、县、县级市、自治县 2019 年的地区生产总值、人口规模、地方财政收入、第二产业占比为标准进行划分。其中地方财政收入为各县地方一般公共预算收入和政府性基金收入合计值。下同。

与一般债务分布有所差别的是，当以第二产业增加值占比来划分时，位于次高四分位组的县的专项债务余额是最高的，达到 4443 亿元，要高于最高分位组的 3906 亿元。

自治县的专项债务分布情况与县和县级市相似，但也有所差别。相同点在于，除第二产业占比指标外，根据其他三类经济指标划分时，处于最高四分位上的专项债务余额是自治县中最高的。根据第二产业占比指标来区分，自治县专项债务余额最高的组别同样出现在了次高分位组。自治县与其他两类县域的差异在于，自治县数量较少，且自治县之间的差异也小于县与县级市，根据人口、自有财力、第二产业占比指标划分的第二四分位和次高四分位组内的自治县专项债务余额较为接近。

### 5.2.4　县级政府专项债务变动分析

如表 5 – 17 所示，2016 年以来，样本县级政府债务余额的平均增长率为 25.1%，增幅为政府债务增长率的 1.85 倍。县域专项债务的增长同样呈现出逐年递增，增长率的增加幅度则在各年间递减。2018 年的增长率较 2017 年增加 9.3 个百分点，2019 年的增长率较 2018 年增加 5.1 个百分点，年度增长率的增幅同样为政府债务余额增长率增幅的 2 倍。在样本期内，专项债务年度增速最低的时期是 2017 年，最低的区域是西部地区，年度增长率为 1.5%，仅为 2017 年全国专项债务增速的 8.7%。西部地区的县和自治县在 2017 年的专项债务增速为 2.4%，而县级市的专项债务余额 2017 年较 2016 年还有所减少。

表 5-17    分区域分县域类型专项债务变动情况（2016~2019 年）    单位:%

| 县域类型 | 时期 | 全国 | 东部地区 | 中部地区 | 西部地区 | 东北地区 |
|---|---|---|---|---|---|---|
| 县域 | 三年平均 | 25.1 | 24.6 | 32.0 | 19.2 | 23.1 |
| | 2016~2017 年 | 17.2 | 21.4 | 27.1 | 1.5 | 3.2 |
| | 2017~2018 年 | 26.5 | 27.6 | 30.7 | 19.5 | 25.5 |
| | 2018~2019 年 | 31.6 | 24.9 | 38.0 | 36.5 | 40.7 |
| 县 | 三年平均 | 28.3 | 28.8 | 33.8 | 21.0 | 27.7 |
| | 2016~2017 年 | 19.3 | 23.8 | 29.5 | 2.4 | 4.4 |
| | 2017~2018 年 | 30.9 | 33.8 | 32.9 | 22.9 | 35.0 |
| | 2018~2019 年 | 34.7 | 29.0 | 39.0 | 37.7 | 43.8 |
| 县级市 | 三年平均 | 21.2 | 21.0 | 27.8 | 15.6 | 21.7 |
| | 2016~2017 年 | 15.0 | 19.1 | 22.4 | -0.1 | 2.0 |
| | 2017~2018 年 | 20.5 | 22.2 | 25.3 | 9.2 | 22.4 |
| | 2018~2019 年 | 28.2 | 21.8 | 35.7 | 37.6 | 40.5 |
| 自治县 | 三年平均 | 19.4 | 16.9 | 18.9 | 20.8 | 16.5 |
| | 2016~2017 年 | 12.0 | 34.2 | -5.2 | 2.4 | 13.6 |
| | 2017~2018 年 | 34.5 | 27.0 | 41.9 | 40.4 | 13.7 |
| | 2018~2019 年 | 11.8 | -10.5 | 20.1 | 19.7 | 22.3 |

注：地区分布说明见表 5-1，县包括旗、湖北省神农架林区；自治县包括自治旗。本表所列县域数为 2016~2019 年专项债务余额均大于零的样本，合计 1243 个，样本数量较前文政府债务和一般债务下的分析减少较多，本表数据不包括西藏有政府债务信息的县和重庆市下辖的县。

在全部县域中，广东省佛冈县专项债务余额的增速最快，年均增速达到 247.0%，从 2016 年的 48 万元增加到 2019 年的 7.93 亿元；专项债务年度增量从 2017 年的 1 亿元增加到 2019 年的 3 亿元。贵州省丹寨县的专项债务余额减少速度最快，从 2016 年的 3.3184 亿元减少到 2019 年的 85.86 万元，年均降幅为 198.6%。而从债务增量变动来看，新增一般债务最多的是江苏省溧阳市，2016～2019 年专项债务增加 103.71 亿元，从 2016 年的 14.1 亿元增加到 2019 年的 117.81 亿元。专项债务余额减少最多的是云南省景洪市，2019 年专项债务余额为 35.3 亿元，较 2016 年减少了 17.5004 亿元。在样本期内，专项债务余额出现下降的县域数量为 122 个，小于一般债务余额减少的县域，并且降幅也更小。122 个县域专项债务年均减少 3.2%，专项债务余额减少了 176 亿元。

　　分区域来看，中部地区县域专项债务的年均增长率达到 32%，是四个区域中最高的。与全国专项债务增速变动趋势不同，中部地区的年度增长率变动逐年递增，2018 年的增长率较 2017 年提高 3.6 个百分点，2019 年的增长率较 2018 年又增加了 7.3 个百分点。分年度看，东部和中部地区的专项债务在 2017 年就开始快速增长，而西部、东北地区的县域则到 2018 年才开始高速增长态势，并且增速加速较为明显。东北地区县域专项债务的增长率在 2019 年达到 40.7%，是四个区域中最高的。

　　与全国专项债务的政策变动相一致，各类县域均增加对专项债务的使用。但新增专项债务更多地集中在县和县级市，自治县的专项债务增速略低。县的专项债务增长率较县级市要高出 7.1 个百分点。2016～2019 年县的专项债务年均增长率为 28.3%，是一般债务年均增幅的 3 倍；县级市专项债务年均增长率仅有 21.2%。是同期一般债务增幅的 4 倍。

　　中部地区县、县级市专项债务的年均增长率均要高于其他区域。中部地区县的专项债务年均增长率达到 33.8%，是西部地区的 1.6 倍，且每年以递增的速度增长。东部地区县的专项债务增幅变动呈倒 V 型，2018 年达到 33.8%，较 2017 年增长 10 个百分点，此后回落。而西部地区和东北地区均在 2018 年以后快速增长。各地区县级市专项债务的变动态势与县相仿。

　　西部地区的自治县专项债务年均增速最高，达到 20.8%，主要是地区内的自治县在 2018 年新增专项债务较多。与县、县级市的增幅差异相比，各地区间自治县专项债务的增幅差异不大，最高的中部地区和最低的东北地区差异在 4.3 个百分点；而地区间县专项债务的差异达到 12.8 个百分点。此外，中部地区的自治县和东部地区的自治县专项债务增长率在年度间波动较大，分别在 2017 年和 2019 年出现了负增长。中部地区是由于湖南省城步苗族、新晃侗族、芷江侗族 3 个自治县 2017 年的专项债务余额均较 2016 年有所减少。东部地区则是由于河北、海南省各有 3 个自治县 2019 年的专项债务余额较 2018 年减少。

　　各省县域专项债务余额与增长率之间同样存在负相关性，相关性也与一般债务相似（见图 5－10）。与一般债务有差异的是，这种负相关性在县级市的相关程度更高。即使不别除县域专项债务余额较高的江苏、浙江2个省份，各省县级市专项债务余额与增长率之间的互相关性都达到0.21。而在自治县中，剔除贵州省后，其余省份自治县一般债务余额和一般债务年均增长率之间的负相关性为0.24。无论是从政府债务、一般债务，还是专项债务来进行考察，都可以证实，在这一时期，县级政府债务余额越高的省份，对县级政府债务的增幅控制就更为严格，其政府债务的增速相对而言就越低。由此可以推断，在这一时期，各省间县级政府债务的差异有所缩窄。

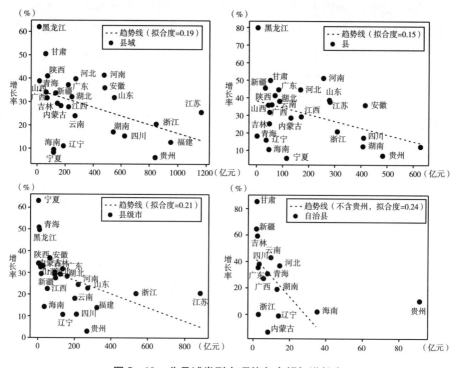

**图5-10　分县域类型专项债务余额与增长率**

注：专项债务余额为2016年金额，专项债务增长率为2016~2019年三年平均增长率。

整体来看，各省县域专项债务均出现增长，在样本期内并未出现专项债务余额下降的省份。贵州、宁夏，海南3个省份的专项债务年均增长率低于10%（见图5-11），但是3个省份对于各类县域专项债务的管理略有差异，贵州省的县、县级市专项债务余额增幅均小于10%；宁夏回族自治区对县专项债务余额的增加管理较为严格，县级市的专项债务余额在此期间增长了63.1%；而海南省的县、县级市的专项债务余额增幅均在10%以上。专项债务的低增长主要是因为对自治县的专项债务举借管理较为严格，样本期内自治县专项债务的年均增幅仅为2.1%。

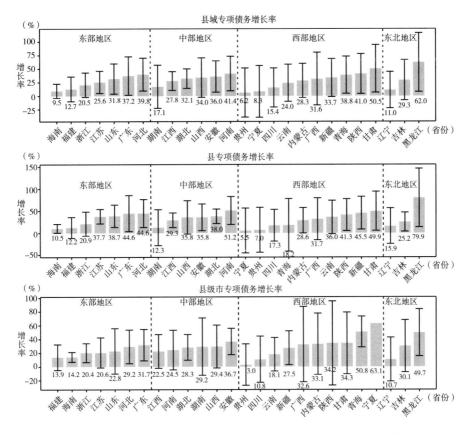

**图 5 - 11    分省份分县域类型专项债务年均增长率（2016～2019 年）**

注：柱状图形为 2016～2019 年各省县域、县、县级市专项债务年均增长率，茎叶图形为省内县域、县、县级市专项债务年均增长率标准差。

各区域均有半数左右的省区县域专项债务年均增速在 30% 以上，黑龙江、甘肃、河南、陕西、河北 5 个省份的专项债务年均增幅更是达到 40% 以上。黑龙江省专项债务年均增长率最高，为 62%，是同期贵州省年均增速的 10 倍。各省间三类县域的专项债务增幅差异更大，黑龙江省内县的专项债务增长最快，年均增速为 79.9%，是宁夏回族自治区内县的专项债务年均增幅的 14.5 倍。而县级市专项债务增长最快的省区为宁夏，年均增速为 63.1%，是贵州省县级市专项债务增幅的 21 倍。

与专项债务的高增长相同，各县域专项债务的增长率差异（36.1%）也达到政府债务增长率差异（17.4%）的 2 倍以上。其中差异最大的是黑龙江省，县域间专项债务增长率的差异达到 54.2%，而政府债务差异为 16.8%，前者是后者的 3.22 倍。该省各县域专项债务增长率的差异主要来自县，县的专项债务年均增长率差异达到 66.3%，是县级市的 1.9 倍。

县之间专项债务增长率差异为 37.4%，略高于县域的增长率差异水平。除黑龙江外，各县之间专项债务年均增长率差异超过 50% 的省份还包括贵州、青海和宁夏 3 个省份。省内各县之间专项债务增幅差异最小的为海南省，差异幅度为 10%，江苏、江西、湖北 3 个省省内各县之间的专项债务增长率差异均在 16%。

县级市间专项债务年均增长率差异为 29.9%，其中省内县级市间差异最大的为陕西省，增幅差异为 61.3%；其次是广西，其增幅差异为 54.8%；其余省份的县级市间专项债务增幅差异均在 50% 以下。省内县级市专项债务增幅差异最小的也在海南省，差异幅度为 7.1%；其次是浙江，差异幅度为 13.8%；而安徽、福建、湖北 3 个省省内县级市专项债务的增幅差异均在 18% 左右。湖北省内县之间、县级市之间的专项债务增幅相对较为均衡。

除山东、湖北、湖南 3 个省份外，其余 23 个省份在样本期内均有专项债务余额下降的县域，贵州省有 33 个县域 2019 年的专项债务余额较 2016 年减少；其次是辽宁省，10 个县域的专项债务余额下降；15 个省份专项债务余额下降的县域数在 5 个以下。

按不同经济指标来划分，不同规模的县域间专项债务的年均增长率差异幅度要小于一般债务。地区生产总值较低，地方自有财政收入偏少的县域，专项债务增长越快，但是不同规模组别间的差异幅度不大。按照地方财政收入来划分，位于最低四分位组和次低四分位组的县级政府债务年均增幅均在 31%。而按照地区生产总值来划分，最低四分位组和最高四分位组县域专项债务增幅之差也不到 8 个百分点，而两类县域的一般债务增速之差达到 10 个百分点以上。若以人口规模来考察，则最高和最低四分位组的县域专项债务增速接近，次低四分位组县域的专项债务增长速度最慢。在按照第二产业占比划分的情况下，次低四分位组县域的专项债务增幅是各组中最快的（见表 5-18 和图 5-12）。

表 5-18    按经济指标分各县域类型专项债务余额变动情况（2016~2019 年）    单位：%

| 经济指标/县域类型 | | 县域 | 县 | 县级市 | 自治县 |
|---|---|---|---|---|---|
| 按人口规模分 | 最低 25% | 27.0 | 25.3 | 26.3 | 24.4 |
| | 25%~50% | 19.9 | 24.9 | 17.2 | 20.6 |
| | 50%~75% | 24.9 | 24.1 | 21.2 | 22.7 |
| | 最高 25% | 26.6 | 32.9 | 21.4 | 10.8 |

续表

| 经济指标/县域类型 | | 县域 | 县 | 县级市 | 自治县 |
|---|---|---|---|---|---|
| 按地区生产总值分 | 最低 25% | 31.2 | 31.1 | 24.7 | 30.7 |
| | 25%～50% | 25.9 | 29.5 | 21.2 | 39.1 |
| | 50%～75% | 26.7 | 29.9 | 24.3 | 19.3 |
| | 最高 25% | 23.6 | 26.8 | 19.2 | 5.7 |
| 按第二产业占比 | 最低 25% | 23.3 | 24.2 | 23.9 | 17.6 |
| | 25%～50% | 31.3 | 31.5 | 22.2 | 10.2 |
| | 50%～75% | 26.5 | 35.4 | 20.2 | 24.7 |
| | 最高 25% | 20.2 | 21.2 | 19.7 | 23.3 |
| 按地方财政收入分 | 最低 25% | 31.9 | 33.8 | 24.8 | 54.4 |
| | 25%～50% | 31.0 | 31.5 | 24.5 | 45.6 |
| | 50%～75% | 27.6 | 32.8 | 21.9 | 18.5 |
| | 最高 25% | 22.1 | 24.9 | 19.5 | 6.3 |

注：同表 5-13。

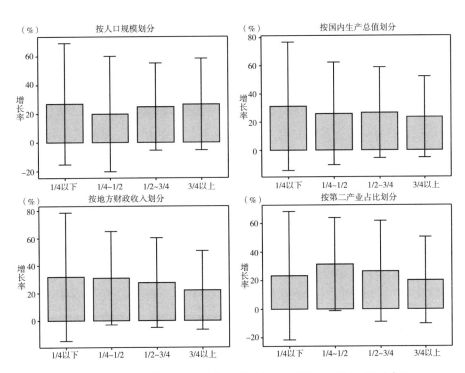

**图 5-12　按不同经济指标分专项债务年均增长率（2016～2019 年）**

　　注：柱状图形为 2016～2019 年按不同经济指标区分的四分位组县域专项债务平均年增长率，茎叶图形为四分位组内县域专项债务增长率标准差。

# 第6章　我国县级政府债务负担分析

测算和比较债务负担是地方政府债务管理的核心内容，债务负担指标是评判地方政府债务偿还能力以及未来举债空间的关键指标（Berne and Schramm，1986）。因为地方政府偿债能力的测算中不可避免地包含了大量的主观成分，对于债务负担指标的评估和选取也就始终存在争议。但是对于合理债务负担的一个可接受的基本概念是债务负担应该取决于债务规模与债务偿还能力之比，即：

$$债务负担 = \frac{债务}{债务偿还能力}$$

而关于该指标的争议主要集中在以下三个问题：分子如何界定，即地方政府债务包括什么？分母如何界定，即是否地方政府的全部收入和财富均可以用于偿还债务？债务负担是存量概念还是流量概念？

一般而言，债务是指完全由政府负担和偿还的债务。在县域层面，包括政府债务、政府隐性债务。鉴于后者的数据透明度较低，本书仅基于县级政府债务作为债务负担衡量的分子。

对于债务负担度量中偿债能力的测算，实际上就是分析县级政府能够对债务进行还本付息的资金来源。我国对地方政府债务负担的主要衡量指标是债务率，即地方政府债务余额占其综合财力的比重，但是对于如何有效衡量这一指标则存在争议。财政收入能力的测算应该包括地方政府的全部财政实力，这使得许多地方政府认为需要将其全部金融资产作为财政能力的合理指标。但是这一指标的不足之处在于，当前财务报告制度尚未在我国县级政府全面推行，对于金融资产的估值尚不确定，对于资产的变现能力也不能准确判断，使得基于资产的债务负担评价暂不可行。

采用财政能力的第二个问题是，是否中央财政会给予地方政府相应的财政支持，这种财政支持是否能够作为地方政府偿债能力的组成部分。因为中央转移支付会降低地方政府的压力，但是这种转移支付所拥有的不确定性也使得其无法作为偿债能力的长期依赖。

此外，财政收入能力的测算是否需要考虑政府的其他资源也是一个争议点。如果两个省级政府具有相同的债务水平、相同的财政收入能力，但是 A 省具有较大的老龄化压力，以及基础设施建设缺口，而 B 省没有上述问题，那么这两个地方是否具有相同的财政收入能力？为避免上述问题的影响，本书同时采用了负债率和人均地方政府债务余额做为债务负担的第二和第三个指标。

需要认识到的是，在基于债务率和负债率指标的债务负担分析中，存在混用流量和存量的问题。在测算债务负担时，分子往往采用债务余额，而分母则主要利用该县综合财力或经济总产出。将存量和流量概念相混淆的不足是，最终所衡量的在某一时点的未来偿债承诺和当期的收入水平，并不能反映未来的收益能力①。

# 6.1　县级政府债务负债率分析

## 6.1.1　县级政府债务负债率基本情况

2019 年，县级政府债务负债率为 15.6%，低于 24.3% 的全国地方政府债务负债率水平②。限额管理减缓了县级政府债务的增速，但是这一时期县域地区生产总值的平均增速仅有 5.52%，使得债务负债率整体上仍然呈现出上升态势。样本期内，县级政府债务负债率年均增长 1.79%。样本中有 54% 的县域债务负债率高于均值。其中，有 8 个县的政府债务负债率超过 100%，分别为河北承德县（101.2%）、贵州独山县（107.9%）、贵州三都县（114.5%）、河南宜阳县（117.0%）、福建平潭县（126.7%）、宁夏永宁县（147.1%）、内蒙古阿拉善右旗（150.7%）、内蒙古阿尔山市（154.3%）。79 个县的政府债务负债率在 50%～100%，574 个县的政府债务负债率位于 20%～50%。负债率最低的县为山西省乡宁县，仅有 0.45%。

---

① 如果将分子也采用年度还本付息金额这一流量概念，那么分母采用特定时点的财政收入，这能够成为度量债务负担的更合适的指标。但是基于数据的可得性，使得分子采用债务余额这一存量指标在当前阶段更为可行，这也是本书进行债务负担、偿债能力和举债空间分析的一个主要不足。

② 地方政府债务中的省本级政府债务并没有单独对应的省本级地区生产总值。因此，一省或全国地方政府债务负债率要高于县、市本级负债率。

表 6 - 1 列示了 2019 年分县域类型的政府债务负债率情况。全国县级政府债务负债率按照县级市、县、自治县依次递增。县级市的政府债务平均负债率较自治县要低 10 个百分点。但是东北地区存在例外，该地区 12 个自治县的政府债务规模偏小，债务余额仅有 147 亿元。中部地区的县级政府债务负债率与东部地区接近，略低了 0.4 个百分点。中部地区县和县级市的负债率，分别较东部同类县域的负债率要低 1.9% 和 0.7%，一方面，东部地区的经济强县更多地升格为县级市或调整为区，从而降低了县的整体经济实力，拉高东部地区县政府债务的负债率；另一方面，虽然中部地区县级市的负债率低于东部地区，但是东部地区县级市的债务余额是中部地区的 2.33 倍，也反映出东部地区县级市的经济实力要强于中部地区。

表 6 - 1　　　　　　分县域类型政府债务负债率（2019 年）　　　　　单位:%

| 县域类型 | | 县域 | 县 | 县级市 | 自治县 |
|---|---|---|---|---|---|
| 全国 | | 15.6 | 17.3 | 13.0 | 23.0 |
| 按区域分 | 东部地区 | 13.5 | 16.2 | 11.4 | 21.5 |
| | 中部地区 | 13.1 | 14.3 | 10.7 | 24.6 |
| | 西部地区 | 21.4 | 21.9 | 19.3 | 25.1 |
| | 东北地区 | 20.2 | 21.4 | 20.3 | 12.6 |
| 按人口规模分 | 最低 25% | 22.2 | 21.0 | 18.6 | 25.7 |
| | 25%～50% | 18.3 | 19.7 | 15.0 | 23.4 |
| | 50%～75% | 16.6 | 17.3 | 13.0 | 21.6 |
| | 最高 25% | 13.4 | 15.5 | 11.0 | 22.7 |
| 按地区生产总值分 | 最低 25% | 26.8 | 27.5 | 22.5 | 29.6 |
| | 25%～50% | 21.6 | 21.6 | 16.9 | 23.8 |
| | 50%～75% | 17.1 | 19.5 | 13.6 | 21.4 |
| | 最高 25% | 12.9 | 13.0 | 11.3 | 14.4 |
| 按第二产业占比分 | 最低 25% | 21.7 | 21.6 | 20.1 | 22.2 |
| | 25%～50% | 19.1 | 20.6 | 15.9 | 23.2 |
| | 50%～75% | 16.8 | 17.0 | 12.7 | 25.1 |
| | 最高 25% | 12.9 | 14.3 | 10.2 | 21.9 |
| 按地方财政收入分 | 最低 25% | 22.2 | 22.7 | 20.1 | 23.0 |
| | 25%～50% | 19.6 | 19.3 | 15.6 | 21.2 |
| | 50%～75% | 15.8 | 16.1 | 14.0 | 19.2 |
| | 最高 25% | 14.0 | 14.2 | 13.8 | 14.8 |

注：按照 2019 年的人口规模、地区生产总值、第二产业增加值占比、地方财政收入为标准进行划分。其中地方财政收入为各县地方一般公共预算收入和政府性基金收入合计值。下同。

资料来源：县级政府债务数据、地方一般公共预算收入和政府性基金收入取自各县 2019 年政府财政决算报告。户籍人口、地区生产总值、第二产业增加值取自 2020 年《中国县域统计年鉴》（县市卷）。

政府债务负债率较高的县域主要出现在西部地区和规模较小的县。西部地区的县域负债率高于其他地区。负债率随着县域生产总值的增加而递减，经济规模位于最低 25% 的县，负债率最高。按人口规模和财政收入规模来划分，同样存在小县负债率更高的现象。小县的高负债率并不是这些县域的产出增幅更缓，而是这些县域的债务增速更快。地区生产总值位于最低四分位的县域，2016～2019 年产出年均增幅达到 11.4%，但是债务增长率却达到了 24.2%，而其余县域的产出年均增速为 5.2%，债务增长率为 17.0%。这类高负债率的小县，政府债务风险更为突出。

### 6.1.2　县级政府债务负债率变化情况

2016～2019 年，全国县级政府债务负债率年均提高 1.1%，从 2016 年的 12.1% 上升到 2019 年的 15.4%。负债率的增加从 2018 年开始，主要是 2015～2017 年的三年债务置换完成和 2018 年开始的专项债增长提速所带来的债务快速增长。县级政府债务负债率增加最快的是内蒙古的阿拉善右旗，从 2016 年的 51.1% 增加到 2019 年的 150.7%，增长了 99.6%。负债率下降最多的是贵州省丹寨县，负债率下降了 48.1%，从 2016 年的 98.3% 减少到 2019 年的 50.2%。

在样本期内，363 个县域 2019 年的政府债务负债率较 2016 年下降，累计减少了 3.5 个百分点。这 363 个县域分布在除辽宁省外的 25 个省区，贵州、安徽、云南、四川 4 个省份负债率下降的县域超过 30 个。贵州省负债率下降的县域最多，有 54 个。这些县域的负债率下降幅度也最大，样本期内负债率减少了 9.8 个百分点。

县域负债率的下降原因有两个，一是此类县域的债务余额减少，债务增速为负；二是债务余额仍然增加，但是地区生产总值的增速快于县级政府债务的增速。在 363 个县域中，91 个县域的政府债务余额减少，使得政府债务负债率减少 5.6 个百分点；其余 272 个县域中，政府债务增速达到全国平均水平（13.6%）的县域有 27 个，这 27 个县域的政府债务年均增幅达到 16.2%，产出年均增速达到 22%，是样本期内全国县域产出年均增速的 5.5 倍。这类县域的经济增长远好于全国平均，使得县域负债率下降。而剩余 245 个县域，政府债务年均增幅为 4.98%，产出年均增长 11.6%，较低的政府债务增速与相对较高的产出增速共同导致这 245 个县域的负债率下降。

分区域来看，县级政府负债率呈现出两低两高态势。东部地区和中部地区负债率低，西部地区和东北地区负债率高（见表 6 - 2）。东部、中部、西部地区 2019 年的县级政府债务负债率均较 2016 年提高 3 个百分点。东部、中部地区的县级政府债务负债率接近，中部地区略高，而西部地区与东部、中部之间的负债率差异始终保持在 8 个百分点。东北地区的负债率增长很快，从 2016 年的 9.7% 增加到 2019 年的 20.4%，年均提高 3.6 个百分点，是全国平均的 3 倍以上。

表 6－2　分区域分县域类型政府债务负债率情况（2016～2019 年）　单位:%

| 县域类型 | 时期 | 全国 | 东部地区 | 中部地区 | 西部地区 | 东北地区 |
|---|---|---|---|---|---|---|
| 县域 | 2016 年 | 12.1 | 10.2 | 10.6 | 18.7 | 9.7 |
| | 2017 年 | 12.3 | 10.5 | 10.5 | 18.6 | 11.7 |
| | 2018 年 | 13.4 | 11.5 | 11.9 | 19.5 | 14.1 |
| | 2019 年 | 15.4 | 13.3 | 13.0 | 21.6 | 20.4 |
| | 年均增长 | 1.1 | 1.0 | 0.8 | 1.0 | 3.6 |
| 县 | 2016 年 | 12.9 | 11.1 | 11.6 | 17.7 | 8.5 |
| | 2017 年 | 13.5 | 11.7 | 11.7 | 18.5 | 11.4 |
| | 2018 年 | 14.9 | 13.3 | 13.0 | 19.6 | 15.0 |
| | 2019 年 | 17.2 | 15.8 | 14.4 | 22.1 | 21.3 |
| | 年均增长 | 1.4 | 1.6 | 0.9 | 1.5 | 4.3 |
| 县级市 | 2016 年 | 10.7 | 9.4 | 8.6 | 19.5 | 10.9 |
| | 2017 年 | 10.6 | 9.5 | 8.4 | 17.4 | 12.4 |
| | 2018 年 | 11.3 | 10.0 | 9.8 | 17.9 | 14.1 |
| | 2019 年 | 12.8 | 11.3 | 10.3 | 19.3 | 20.8 |
| | 年均增长 | 0.7 | 0.6 | 0.6 | -0.1 | 3.3 |
| 自治县 | 2016 年 | 20.1 | 17.6 | 17.6 | 27.2 | 6.5 |
| | 2017 年 | 20.0 | 19.3 | 19.8 | 25.4 | 7.3 |
| | 2018 年 | 22.1 | 22.2 | 23.2 | 26.1 | 9.4 |
| | 2019 年 | 23.2 | 21.4 | 24.7 | 26.5 | 12.5 |
| | 年均增长 | 1.0 | 1.3 | 2.4 | -0.3 | 2.0 |

注：东部地区包括河北、江苏、浙江、福建、山东、广东、海南；中部地区包括山西、安徽、江西、河南、湖北、湖南；西部地区包括内蒙古、广西、四川、贵州、云南、陕西、甘肃、青海、宁夏、新疆；东北地区包括辽宁、吉林、黑龙江，县括旗、湖北省神农架林区；自治县包括自治旗。本表所列县域数为 2016～2019 年均有债务信息的样本，合计 1524 个，本表数据不包括西藏有政府债务信息的县和重庆市下辖的县。

从地区内各省负债率的变动来看，如图 6－1 所示，中部地区、东北地区各省县级政府债务负债率均呈上升态势，东部、西部地区有负债率下降的省份。在此期间，全省县级政府债务负债率提高超过10%的省份包括吉林（19.2%）、黑龙江（12.6%）、甘肃（12%）、内蒙古（11.3%）四个省，而负债率出现下降的省份则包括贵州（−7.6%）、宁夏（−4.3%）、云南（−2.5%）、福建（−0.3%）。

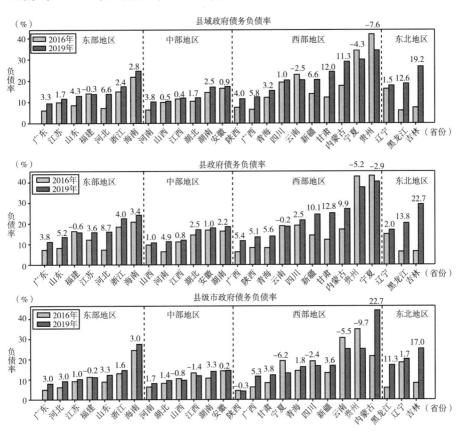

**图 6–1　分省分县域类型政府债务负债率情况（2016 年，2019 年）**

注：各省县域、县、县级市 2016 年与 2019 年政府债务负债率，数字为这一时期负债率的变动值。

资料来源：县级政府债务数据取自各县 2016 年和 2019 年政府财政决算报告。地区生产总值取自 2017 年和 2020 年《中国县域统计年鉴》（县市卷）。

不同县域类型的负债率变动存在差异，县的政府债务负债率提高较快，个别地区特定类型县域的负债率变动较为相似。样本期内，县的负债率每年提高 1.4 个百分点，是县级市负债率年均提高幅度的 2 倍；而自治县负债率的提高幅度为 1%，与县域负债率的平均变动幅度相同。从县的负债率变动来看，中部地区最低，年均提高 0.9 个百分点；东部、西部地区县的负债率年均提高幅度相近，年均提高1.5个百分点；而东北地区则达到了4.3个百分点，是中部地区的5倍。就县级市而言，西部地区县级市的负债率在这一时期减少了0.3个百分点；东、中部地区县级市的负债率年均提高0.6个百分点。西部地区自治县的负债率在这一时期也下降了0.8个百分点，而中部、东北地区自治县负债率年均提高幅度相近。

除内蒙古外，各省县的负债率增幅普遍高于县级市的负债率增幅。吉林县的负债率增加达到22.7%，黑龙江、甘肃、新疆3个省份也超过了10%。内蒙古的县级市负债率增加较快，较2016年提高了22.7个百分点。县级市负债率出现下降的省份也较县域负债率下降的省份增加。除前述4个省份外，还包括江西，山西，陕西，四川。

如图6-2所示，在样本期内，负债率与政府债务年均增长率呈现出较为显著的负相关关系。在2016年县级政府负债率较高的省份，在2016~2019年的政府债务年均增长率就越低。这一负相关性在县、县级市两类县域中均显著存在，而在自治县这种负相关性相对较弱。在高负债率的省

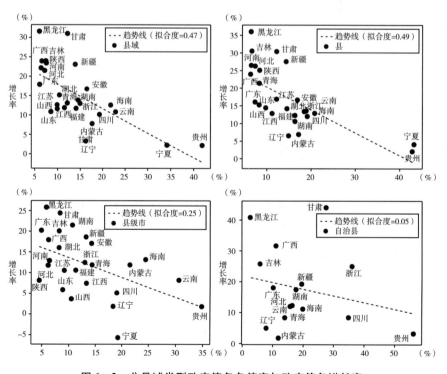

**图6-2 分县域类型政府债务负债率与政府债务增长率**

注：政府债务负债率为2016年水平，政府债务增长率为2016~2019年三年平均增长率。

区，政府债务增长率的下降，一方面是该省份县级政府债务增速较低，如贵州 2016 年政府债务负债率为 41.8%，其样本期的政府债务年均增速为 2.2%。而黑龙江 2016 年的政府债务负债率为 6.1%，年均政府债务增速达到 31.6%；另一方面则是对该省份内的高负债率县级政府债务的更严格管理。2016 年县级政府债务负债率最高的贵州省，在样本期内共有 54 个县域负债率出现下降，其中 33 个县域 2019 年债务余额较 2016 年减少，政府债务增速为负；其余 21 个县域的政府债务增速 3.62%，约为贵州省其他县级政府债务增长速度（12.4%）的 1/4。

在样本期内，各省县级政府债务负债率与债务余额之间，逐渐由 2016 年的略微正相关转变为 2019 年的略微负相关。但这种相关性并不显著，即县级政府债务余额越多的省份，其县级政府负债率并不必然越高。从年度间相关性的正负转换来看，各省对于县级政府债务的管理均在加强。县级政府债务余额越大的省份，其县级政府债务增长会受到更严格的约束，政府债务增长率相对于地区生产总值的增幅更缓，从而减缓此类县域负债率的增加幅度（见图 6-3）。

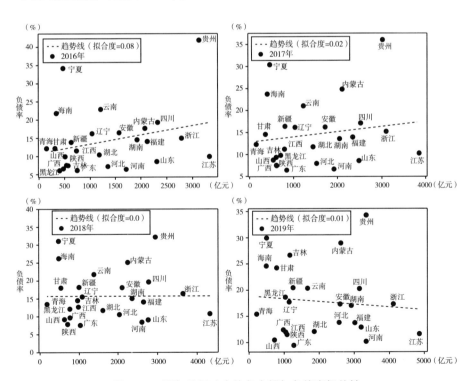

**图 6-3　历年县级政府债务余额与负债率相关性**

以地区生产总值、人口、地区自有财政收入、第二产业占比等多种经济指标划分的县域，负债率及负债率的提高幅度均呈递减分布。按2016年的地区生产总值划分，经济规模位于最低25%的县，不仅负债率最高（见图6-4），而且期间负债率的提高幅度也是最大的（见表6-3）。小县负债率更高的现象不论是按照财政收入规模，还是按照人口规模来划分均能得以证实。而这类县域负债率的上升并不是其产出增幅低，而是这些县域的债务增速快。2016年地区生产总值位于最低四分位组的379个县域，产出年均增幅为11.4%，政府债务增长率为24.2%；而其余县域的产出年均增速为5.2%，债务增长率为17.0%。相较于其他县域，这类县域高负债率更高，其负债率的上升相对更快，债务不可持续的风险相对更大。

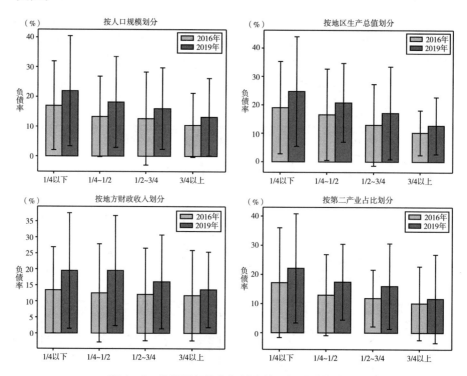

**图6-4　按不同经济指标划分的县级政府负债率**

注：以2016年的各县地区生产总值、一般公共预算收入、户籍人口规模、第二产业增加值占比将县域进行四等分。

表 6－3 按经济指标分各县域类型政府债务负债率

变动情况（2016～2019 年） 单位:%

| 经济指标/县域类型 | | 县域 | 县 | 县级市 | 自治县 |
|---|---|---|---|---|---|
| 按人口规模分 | 最低 25% | 4.9 | 4.4 | 4.6 | －2.1 |
| | 25%～50% | 4.9 | 5.4 | 2.1 | 2.1 |
| | 50%～75% | 3.4 | 4.1 | 1.5 | 5.2 |
| | 最高 25% | 2.8 | 4.1 | 2.0 | 4.9 |
| 按地区生产总值分 | 最低 25% | 5.7 | 6.0 | 4.4 | 5.7 |
| | 25%～50% | 4.2 | 5.3 | 3.5 | 6.6 |
| | 50%～75% | 4.2 | 4.1 | 3.0 | －0.8 |
| | 最高 25% | 2.5 | 3.7 | 1.3 | 3.6 |
| 按第二产业占比 | 最低 25% | 4.9 | 5.2 | 4.2 | 4.7 |
| | 25%～50% | 4.5 | 4.4 | 3.6 | 1.5 |
| | 50%～75% | 4.1 | 5.4 | 2.2 | 2.8 |
| | 最高 25% | 1.6 | 2.5 | 1.0 | 2.4 |
| 按地方财政收入分 | 最低 25% | 6.0 | 6.1 | 7.9 | 5.2 |
| | 25%～50% | 7.0 | 7.5 | 3.1 | 2.3 |
| | 50%～75% | 4.0 | 3.9 | 1.9 | 4.1 |
| | 最高 25% | 1.9 | 3.1 | 1.2 | 2.8 |

注：分别按照县域、县、县级市、自治县 2019 年的地区生产总值、人口规模、地方财政收入、第二产业占比为标准进行划分。其中地方财政收入为各县地方一般公共预算收入和政府性基金收入合计值。

# 6.2 县级政府债务率分析

## 6.2.1 县级政府债务率基本情况

债务率即政府债务余额与政府综合财力的比值，也是衡量政府债务负担程度的一个主要指标。在计算我国省、市地方政府负债率时，经常以包括上级补助收入在内的综合财力作为财政收入的衡量指标。根据《新增地方政府债务限额分配管理暂行办法》的规定，政府综合财力为一般公共预算收入、政府性基金预算收入、上级补助收入之和减去上解支出的金额。因无法完整获取每个县域的上级补助收入和上解支出金额，本书采用一般公共预算支出与政府性基金预算收入之和作为政府综合财力指标①。这一综合财力衡量指标，可能会低估地方政府的债务率风险，可以视为是地方政府债务率的下限。2019 年县级政府债务率均值为61.5%。黑龙江省漠河市的债务率最低（1.6%），因为该市政府债务余额少，只有 3535 万元；债务率最高的为内蒙古四王子旗，达到 688.8%，主要是该旗的综合财力较低，不到 3 亿元。219 个县域的债务率超过 100%，占全部样本县域数量的 12%。

表 6-4 给出了分县域类型的政府债务率情况。与负债率的分布不同，县级市的债务率要高于县。负债率与债务率指标的差异在于所采用的分母不同，两类县域在两种指标下的结果发生反转，这表明在财政收入的分配上，县获得的财政支持要高于其所产生的地区生产总值的贡献。2019 年县与县级市的地区生产总值之比为 1.29，而两类县域综合财力之比则达到了 1.94。

| 表 6-4 | | 分县域类型政府债务率（2019 年） | | | 单位:% |
|---|---|---|---|---|---|
| 县域类型 | | 县域 | 县 | 县级市 | 自治县 |
| 全国 | | 61.5 | 59.1 | 66.9 | 56.5 |
| 按区域分 | 东部地区 | 63.4 | 64.3 | 63.0 | 53.0 |
| | 中部地区 | 55.3 | 53.5 | 59.8 | 66.1 |
| | 西部地区 | 65.1 | 60.9 | 84.0 | 58.3 |
| | 东北地区 | 61.2 | 53.9 | 71.0 | 41.2 |
| 按人口规模分 | 最低 25% | 63.0 | 61.4 | 83.8 | 53.7 |
| | 25%~50% | 62.2 | 60.1 | 70.2 | 60.0 |
| | 50%~75% | 61.8 | 57.1 | 62.5 | 52.0 |
| | 最高 25% | 60.7 | 59.3 | 64.1 | 59.2 |
| 按地区生产总值分 | 最低 25% | 47.5 | 46.6 | 65.4 | 41.9 |
| | 25%~50% | 57.5 | 54.4 | 71.9 | 56.1 |
| | 50%~75% | 60.1 | 58.9 | 67.2 | 60.2 |
| | 最高 25% | 67.4 | 65.1 | 65.3 | 61.7 |
| 按第二产业占比分 | 最低 25% | 51.3 | 46.9 | 62.2 | 49.0 |
| | 25%~50% | 59.3 | 59.1 | 67.8 | 54.8 |
| | 50%~75% | 64.5 | 61.0 | 68.6 | 66.1 |
| | 最高 25% | 66.2 | 65.7 | 66.9 | 58.0 |

① 根据县级政府一般公共预算收支决算表，一般公共预算支出主要通过一般公共预算收入和上级补助收入安排，除结余账户、预算稳定调节资金等期间账户外，一般公共预算支出与两类收入之和的差异主要体现为当期新增一般债务。

续表

| 县域类型 | | 县域 | 县 | 县级市 | 自治县 |
|---|---|---|---|---|---|
| 按地方财政<br>收入分 | 最低 25% | 46.4 | 45.6 | 64.4 | 36.9 |
| | 25%~50% | 59.6 | 58.9 | 74.8 | 60.0 |
| | 50%~75% | 63.5 | 57.4 | 67.5 | 49.3 |
| | 最高 25% | 64.9 | 64.2 | 64.7 | 68.8 |

注：因缺少县级政府综合财力数据，本表所测算的债务率为地方政府债务余额占地方一般公共预算支出和政府性基金收入合计值的比率。

资料来源：地方一般公共预算支出数据取自各县 2019 年政府财政决算报告，其余数据同表 6-1。

　　分区域来看，与负债率的区域分布相同，中部地区的县级政府债务率是四个区域中最低的，其余三个区域债务率均在 60% 以上。与东、中部地区 0.4% 的负债率差异相比，东部地区的债务率要高出中部地区 7.9 个百分点，仅低于西部地区，也表明中部地区县域取得的财政支持相对更大。

　　区域内各县域类型间的债务率差异也较大。西部地区、东北地区中县级市的债务率是各类县域中最高的，西部地区县级市政府债务率超过 80%，东北地区也达到 71%。而中部地区自治县的债务率要高于其余两类县域，东部地区县与县级市的债务率较为接近，而自治县的债务率明显低于前两类县域。这种区域间不同县级政府债务率的差异可能反映了不同地区省以下的财政体制安排差异。这也意味着，对县级政府债务负担和债务风险的更精确的分析，需要考虑各地区财政体制安排差异。

　　按县域的经济实力和财政收入来划分，经济实力越强的县域，自有财力（以地方一般公共预算收入和政府性基金收入之和来衡量）越多的县域，其债务率越高。这一特征在各类县域中均存在，并且按照地区生产总值和地方财政收入划分的最高四分位组县域和最低四分位组县域的债务率差异在 20 个百分点。

　　当按照人口规模来划分时，人口规模越小的县域，政府债务率就越高。与经济、财政指标相比，不同人口规模分组下的债务率差异并不大。人口规模处于最低四分位的县域与人口规模处于最高四分位县域的债务率相差 2.3 个百分点。这实际上反映了实施基本公共服务均等化后，县域人均基本财力大致相当。但是这种人均基本财力的平均化主要体现在县。就县级市而言，人口规模较小的县级市，其债务率负担要比人口规模大的县级市高出 19 个百分点。而不同人口规模的自治县的债务率则表现出波动特征，最低四分位组和次高四分位组自治县的债务率相同，最高四分位组和次低四分位组自治县的债务率趋近。

### 6.2.2　县级政府债务率变化情况

2016～2019年，全国县级政府债务率先降后升。债务率从2016年的61.7%下降到2018年的59.2%，然后回升至2019年的62.1%，年均提高0.1个百分点。与负债率相比，债务率的增加要从2019年才开始，比负债率的上升要晚1年。县级政府债务率增加最快的是内蒙古霍林郭勒市，从2016年的105.4%增加到2019年的430.7%，提高了325.3个百分点。其债务率的上升，一方面是政府债务增速快，从2016年的40.4091亿元增加到2019年的75.8263亿元，年均增长21%；另一方面是综合财力下降较明显，特别是一般公共预算支出，从2016年的38.1亿元下降到2019年的16.2379亿元，减少近一半。债务率下降最多的是云南省安宁市，债务率下降了222.5%，从2016年的391.1%减少到2019年的168.6%。在此期间，安宁市的政府债务余额仍在增长，从2016年的140.6803亿元增加到2019年的168亿元。其债务率的下降主要是2019年的政府基金收入达到49亿元，是2016年5.2亿元的近10倍。

在样本期内，共计505个县域2019年的债务率较2016年下降，从2016年的86.1%下降到2019年的63.1%，减少了23个百分点。这505个县域分布在26个省份，超半数省份债务率下降的县域超过20个，其中贵州、云南、四川、山东、河南5个省份债务率下降的县域超过30个。

与负债率下降的成因相似，县级政府债务率的下降也可以区分为县域的债务余额减少、县域的综合财力增加两种情况。在505个县域中，105个县域的政府债务余额在同期出现负增长，这105个县域的政府债务率减少了36.3个百分点；其余400个县域中，政府债务增速达到全国平均水平（13.6%）的县域有74个，这74个县域的政府债务年均增幅为17%，综合财力年均增速达到23.5%，是样本期内全国县域综合财力年均增速的2倍，降低了这类县域的债务率。而剩余326个县域，政府债务年均增幅为5.8%，综合财力年均增长15.2%，是债务增速的2.6倍，低债务增幅和高财力增长使得这些县域的债务率出现下降。

分区域来看，西部地区县级政府债务率最高，降幅也最大；中部地区的债务率最低；东北地区债务率上升较快；东部地区债务率变动幅度较小。西部地区县级政府债务率从2016年的71.9%下降到2019年的65.9%，年均下降2个百分点；2017年下降幅度最大，达到5个百分点；2019年与2018年相比，基本没有变动。这意味着2019年西部地区的债务增速与综合财力增幅基本同步。西部各省份中，有5个省份债务率出现下降，减幅超过10%的有贵州（-31.7%）、云南（-20.9%）、和四川（-10.2%）3个省份（见图6-5）。

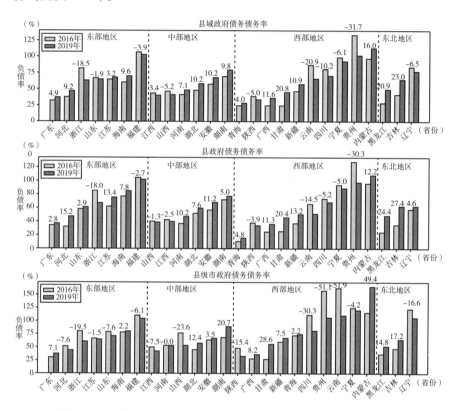

**图6-5 分省分县域类型政府债务债务率情况（2016年与2019年）**

注：各省县域、县、县级市2016年与2019年政府债务债务率，数字为这一时期债务率的变动值。

资料来源：县级政府债务数据、财政收支数据取自各县2016年和2019年政府财政决算报告。

东北地区县级政府的债务率从2016年的50.3%增加到2019年的62.4%，年均上升4个百分点，主要是2018年、2019年两年的债务率上升较多。在东北3省份中，黑龙江和吉林的县级政府债务率上升幅度分别达到了20.9%和23%，辽宁在2016年县级政府债务率远高于黑、吉2个省份，但是这一时期的债务率下行，使得三省的债务率水平趋近。

中部地区县级政府债务率在2018年之前均维持在51%，2019年上升

到57%，而中部地区2018年和2019年的政府债务增长率相近，约为19%
（见表6-5），债务率的上升意味着中部地区在2019年的综合财力增幅较
2018年下降较多。在中部地区各省中，江西、山西2个省份的县级政府债
务率出现下降，而湖北、安徽、湖南3省份县级政府债务率均提高了10%
左右。

表6-5　分区域分县域类型政府债务债务率情况（2016～2019年）　　单位：%

| 县域类型 | 时期 | 全国 | 东部地区 | 中部地区 | 西部地区 | 东北地区 |
|---|---|---|---|---|---|---|
| 县域 | 2016年 | 61.7 | 63.5 | 51.4 | 71.9 | 50.3 |
| | 2017年 | 59.2 | 62.1 | 50.2 | 66.9 | 48.8 |
| | 2018年 | 59.2 | 60.7 | 51.1 | 66.0 | 56.5 |
| | 2019年 | 62.1 | 62.8 | 57.0 | 65.9 | 62.4 |
| | 年均增长 | 0.1 | -0.3 | 1.9 | -2.0 | 4.0 |
| 县 | 2016年 | 57.2 | 59.2 | 50.3 | 65.4 | 35.8 |
| | 2017年 | 54.7 | 57.9 | 48.3 | 60.6 | 38.0 |
| | 2018年 | 55.8 | 58.3 | 48.7 | 61.7 | 48.6 |
| | 2019年 | 59.8 | 63.2 | 55.5 | 61.2 | 55.5 |
| | 年均增长 | 0.9 | 1.4 | 1.7 | -1.4 | 6.6 |
| 县级市 | 2016年 | 71.5 | 69.2 | 54.8 | 103.0 | 67.8 |
| | 2017年 | 69.1 | 67.3 | 55.5 | 97.4 | 62.4 |
| | 2018年 | 65.9 | 63.2 | 57.5 | 85.3 | 67.9 |
| | 2019年 | 67.2 | 62.7 | 61.1 | 87.0 | 72.0 |
| | 年均增长 | -1.4 | -2.2 | 2.1 | -5.4 | 1.4 |
| 自治县 | 2016年 | 50.3 | 43.7 | 45.4 | 57.5 | 28.9 |
| | 2017年 | 49.4 | 47.7 | 52.1 | 54.0 | 28.9 |
| | 2018年 | 54.5 | 62.7 | 56.7 | 56.5 | 32.6 |
| | 2019年 | 55.4 | 52.8 | 61.0 | 58.2 | 41.1 |
| | 年均增长 | 1.7 | 3.0 | 5.2 | 0.2 | 4.0 |

　　注：地区分布说明见表6-2，县包括旗、湖北省神农架林区；自治县包括自治旗。本表所列
县域数为2016～2019年间均有债务信息的样本，合计1524个，本表数据不包括西藏有政府债务
信息的县和重庆市下辖的县。因缺少县级政府综合财力数据，本表所测算的债务率为地方政府债
务余额占地方一般公共预算支出和政府性基金收入合计值的比率。

东部地区债务率降低了约 0.9 个百分点，从 2016 年的 63.5% 下降到 2019 年的 62.8%，在此期间债务率与综合财力的增幅大致同步。东部各省份中，2016 年县级政府债务率相对较高的福建、浙江 2 个省份，债务率出现下降，其中浙江省县级政府债务率下降了 18.5 个百分点，其他省份的债务率则均有所上升。

从县级政府债务率的省际变动和区域变化来看，县级政府债务率在全国范围内的差异在缩窄。全国县级政府债务率的标准差从 2016 年的 45.7%，下降到 2019 年的 39.9%，减少了 5.9 个百分点。这种债务率的收敛在东部地区间更为明显。东部地区各县级政府债务率的标准差从 2016 年的 39.8%，缩窄到 2019 年的 31%，减少了 8.7 个百分点。其余三个地区 2019 年的县级政府债务率差异也较 2016 年缩窄，减少幅度在 4~5 个百分点。

债务率的这种收敛特征与负债率并不相同。县级政府间的负债率差异在全国范围内表现出扩大的态势，2019 年县域间负债率差异为 15.2%，较 2016 年扩大了 0.86 个百分点。东北地区的县域间负债率差异扩大最为明显，从 2016 年的 10.1% 扩大到 2019 年的 15.0%。在四个区域中，只有中部地区县域间的负债率差异有所缩窄，从 2016 年的 10.8% 缩窄到 2019 年的 10%。

分县域类型来看，县级市的政府债务率整体下降。从 2016 年的 71.5% 下降到 2019 年的 67.2%，年均减少 1.4 个百分点。自治县的政府债务率上升较多，年均上升约 1.7 个百分点，从 2016 年的 50.3% 上升到 2019 年的 55.4%。两类县域的政府债务年均增速相仿，均为 11%。债务率的变动反映出县级市的综合财力不仅规模超过自治县，年均增幅也要高于自治县。县的政府债务率介于上述两类县域之间，债务率年均上升 0.9 个百分点，在 2019 年达到 59.8%。

在这一时期，西部地区县级市的债务率下降幅度较大，从 2016 年的 103% 下降到 2019 年的 87%。债务率的下降主要是 2017 年、2018 年这两年对这一区域的县级市政府债务增幅进行控制的结果（见表 5-6）。两年间西部地区县级市政府债务的年度增幅分别为 4.5% 和 2.4%，不到全国县级市政府债务平均增幅的一半。西部地区有 5 个省份的县级市债务率出现下降，云南、贵州 2 个省份县级市政府债务率的降幅都在 51% 以上，四川县级市债务率的降幅为 30.3%，陕西债务率的降幅达到 5.4%。而在其他区域，也有个别省份县级市的债务率降幅达到两位数，分别是山西（-23.6%）、浙江（-19.5%）和辽宁（-16.6%）。

如图 6-6 所示，在样本期内，债务率与政府债务年均增长率呈现出很强的负相关关系，并且这种负相关性在各类县域中都非常显著。2016年县级政府债务率越高的省份，在2016～2019年的政府债务年均增长率就越低。各省在对县级政府债务进行限额管理时，主要的参考指标为综合财力指标，因此债务率指标与债务增长率之间的相关性要强于负债率指标。对财政部门而言，综合财力的信息比县域产出情况更容易掌握，盯住债务率比盯住负债率更为有效。

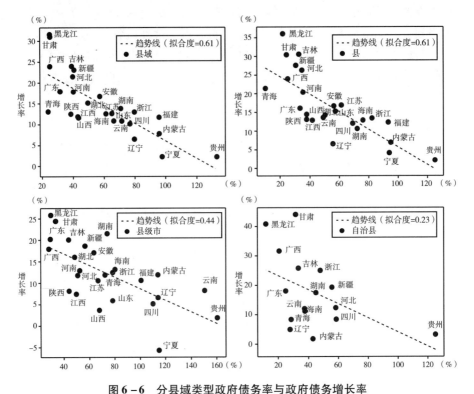

**图6-6　分县域类型政府债务率与政府债务增长率**

注：政府债务债务率为2016年水平，政府债务增长率为2016～2019年三年平均长率。

与负债率不同，样本期内各省县级政府债务率与县级政府债务余额之间的正相关性始终存在，相关性程度逐年递减（见图6-7）。而各省县级政府债务率与负债率之间也表现出很强的正相关性（见图6-8），虽然相关性程度也表现出逐年递减，但是即使在相关度最低的2019年，各省债务率和负债率之间的相关性仍在0.4以上。但是这种变量间显著的两两正相关性，在县级政府负债率和债务余额之间却不再存在。

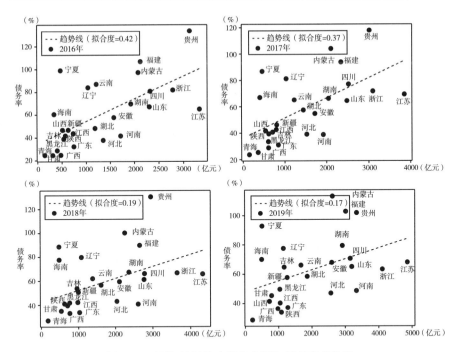

图 6-7 历年县级政府债务余额与债务率相关性

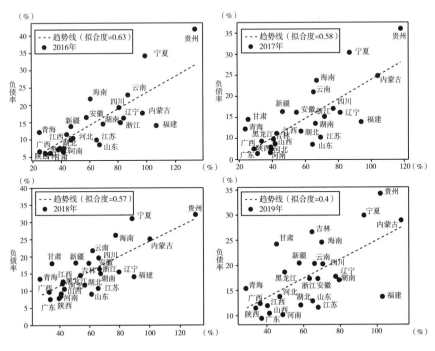

图 6-8 历年县域类型政府债务率与负债率

以地区生产总值、人口规模、地区财政收入、第二产业占比等多种经济指标划分的县级政府债务率呈现递增分布。如图 6-9 所示，经济越发达、第二产业占比越高、地区财政收入越多的县域，其债务率就越高。但是按照上述三指标划分的最高四分位组的债务率在样本期内均有所下降，从而缩窄了各四分位组间债务率的差异。而按人口规模来划分的各组县域中，2016 年债务率最高的县域集中在人口规模位于次高四分位组的县域；而在 2019 年，债务率最高的县域组位于人口规模最小的四分位组，随着人口规模的增加，债务率逐步下降。

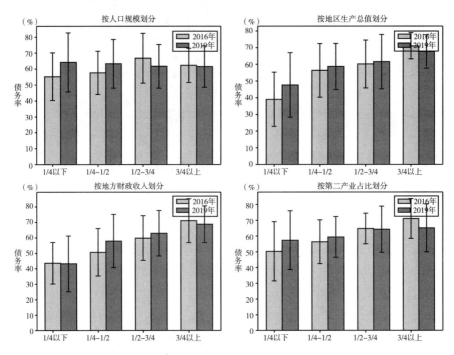

图 6-9　按不同经济指标划分的县级政府债务率

注：以 2016 年的各县地区生产总值、一般公共预算收入、户籍人口规模、第二产业增加值占比将县域进行四等分。

按照经济、财政、工业化指标划分的最高四分位组的县域，在这一时期的债务率整体出现下降，且主要是由县级市债务率的下降所致，因为上述指标下的最高四分位组县域中主要是县级市。以经济指标为例，位于最高四分位组的 376 县域中，有 191 个县域为县级市。

与负债率指标相结合，县级政府债务呈现经济弱县负债率高、经济强县债务率高、人口小县负债率与债务率均高的现象（见表 6-6 和图 6-9）。这就意味着，在判断政府债务风险和举债空间时，应该重点关注人口规模较小的高负债率县域。而对于经济发达程度不一的县域，需要甄别不同政府债务负担指标下的结果差异。

表6-6　　　　按经济指标分各县域类型政府债务债务率

变动情况（2016～2019年）　　　　单位:%

| 经济指标/县域类型 | | 县域 | 县 | 县级市 | 自治县 |
|---|---|---|---|---|---|
| 按人口规模分 | 最低25% | 9.0 | 5.3 | 9.8 | 6.3 |
| | 25%～50% | 5.7 | 7.0 | -8.9 | 3.8 |
| | 50%～75% | -5.1 | -5.0 | -11.6 | 12.1 |
| | 最高25% | -0.8 | 4.0 | -0.7 | 1.1 |
| 按地区生产总值分 | 最低25% | 8.6 | 8.2 | 12.5 | 9.3 |
| | 25%～50% | 2.3 | 5.4 | -5.7 | 14.5 |
| | 50%～75% | 1.4 | 0.8 | -2.8 | 3.6 |
| | 最高25% | -3.4 | 0.7 | -8.2 | 1.4 |
| 按第二产业占比 | 最低25% | 7.0 | 7.7 | 3.5 | 8.1 |
| | 25%～50% | 3.0 | 2.5 | -1.2 | 1.6 |
| | 50%～75% | -0.5 | 3.8 | -7.4 | 6.0 |
| | 最高25% | -5.9 | -3.5 | -10.5 | 4.1 |
| 按地方财政收入分 | 最低25% | -0.4 | -1.4 | 3.1 | 6.5 |
| | 25%～50% | 7.3 | 10.0 | -3.8 | 7.1 |
| | 50%～75% | 3.1 | 3.1 | 3.1 | 10.3 |
| | 最高25% | -2.3 | 1.7 | -9.3 | 3.8 |

注：同表6-3。

# 6.3　县域人均政府债务分析

## 6.3.1　县域人均政府债务基本情况

以户籍人口来计算，2019年县域人均政府债务余额为6629元。县级市最高，达到8275元；自治县次之，为6339元；县人均政府债务余额为5957元。其中新疆阿拉山口市2019年的人均政府债务余额最高，达到

1248491 元，该地户籍人口为 1823 人，而政府债务余额有 22.76 亿元；黑龙江嫩江县人均政府债务余额为 231 元，在样本县域中规模最小，主要是该县债务余额少，户籍人口多。2019 年的政府债务余额为 1.0652 亿元，户籍人口数达到 46.1 万人。

表 6-7 给出了按地区、人口规模、地区生产总值和地方财政收入等标准来划分的人均政府债务情况。分地区来看，与县级政府债务余额相同，2019 年的县域人均政府债务依然表现为东部最高、西部次之，分别为 7770 元和 7382 元。东北地区和中部地区的人均政府债务余额均低于6000 元。虽然东北地区的县级政府债务余额少，但是其县域人均政府债务余额要高于中部地区。分县域类型来看，各地区内县的人均政府债务余额均要低于本地区县级市的人均政府债务余额。但是西部地区的县级市人均政府债务余额超过东部地区，在四个地区中最高，是唯一一个人均债务余额超过 10000 元的地区。

表 6-7　　　　分县域类型人均政府债务余额（2019 年）　　　　单位：元

| 县域类型 | | 县域 | 县 | 县级市 | 自治县 |
|---|---|---|---|---|---|
| 全国 | | 6629 | 5960 | 8275 | 6339 |
| 按区域 | 东部地区 | 7770 | 6857 | 9068 | 7805 |
| | 中部地区 | 5088 | 4813 | 5864 | 6820 |
| | 西部地区 | 7382 | 6631 | 11284 | 6572 |
| | 东北地区 | 5757 | 5214 | 6693 | 3234 |
| 按人口规模 | 最低 25% | 10817 | 10340 | 13757 | 11860 |
| | 25%~50% | 7386 | 7139 | 8794 | 7894 |
| | 50%~75% | 6751 | 6134 | 8733 | 5532 |
| | 最高 25% | 5754 | 4900 | 6829 | 5134 |
| 按地区生产总值 | 最低 25% | 6306 | 6268 | 7634 | 6269 |
| | 25%~50% | 6141 | 5654 | 7260 | 6742 |
| | 50%~75% | 5602 | 5859 | 6590 | 6736 |
| | 最高 25% | 7549 | 6064 | 10352 | 5903 |
| 按第二产业占比 | 最低 25% | 5179 | 4673 | 6608 | 5311 |
| | 25%~50% | 5477 | 5356 | 6606 | 5364 |
| | 50%~75% | 6449 | 5902 | 8609 | 8048 |
| | 最高 25% | 9121 | 7833 | 11205 | 7309 |

| 县域类型 | | 县域 | 县 | 县级市 | 自治县 |
|---|---|---|---|---|---|
| 按地方财政收入 | 最低 25% | 5730 | 5674 | 6763 | 5414 |
| | 25%～50% | 5782 | 5545 | 6256 | 6594 |
| | 50%～75% | 5304 | 4951 | 6547 | 4873 |
| | 最高 25% | 8233 | 6919 | 11656 | 7603 |

注：按照 2019 年的人口规模、地区生产总值、第二产业占比、地方财政收入为标准进行划分。其中地方财政收入为各县地方一般公共预算收入和政府性基金收入合计值。

资料来源：同表 6-1。

人口少的县域承担的人均政府债务余额更重。按 2019 年县域户籍人口规模来划分，人口越少的县域，人均政府债务余额越高。其中户籍人口数在 23.34 万人以下的县域，人均政府债务余额为 10817 元；而户籍人口数在 65.26 万人以上的县域，人均政府债务余额为 5754 元，前者接近后者的 2 倍。从不同县域类型来看，在同一人口规模分位数区间内，人均政府债务从高到低分别为县级市、自治县、县。唯一的例外是，人口规模介于 50%～75% 的分位数区间时，县的人均政府债务余额高于自治县。

按地区生产总值来区分，产出规模与人均政府债务余额之间呈现出倒 U 型分布。产出规模位于最低的 25% 的县域，人均政府债务余额为 5871 元，在四个分位中最低。县域人均政府债务余额最高的县集中在产出水平位于 25%～50%，为 7780 元，然后逐级递减。这主要是在产出水平的 25%～50% 集中了产出水平最低 25% 的县级市，而这类县级市的人均政府债务余额相对较大。按县域类型来分，县、自治县的人均政府债务余额与地区生产总值之间差异不大。在生产总值的各个分位数上，县的人均政府债务余额在 5654～6268 元；自治县的人均政府债务余额在 5903～6742 元；县级市的人均政府债务余额呈现出两端高、中间低的微笑曲线。产出水平最低 25% 和最高 25% 的区间内，人均政府债务余额分别为 7634 元和 10352 元。

按地方财政收入来划分，财政收入位于最高 25% 区间内的县域，人均政府债务余额达到 8233 元；而其余县域的人均政府债务余额大致相等，在 5300～5800 元。分县域类型看，这一特征在三类县域中均存在。但是在人均政府债务余额上存在一定的差异，主要是三类县域自身的财政收入规模存在差别。

表 6-8 给出 2019 年县域人均政府债务的分省分布情况，有 8 个省份的县域人均政府债务余额超过 10000 元，最高的为浙江，达到 15761 元；

其次是内蒙古 15516 元。江苏省的县级政府债务规模最大，但是 2019 年人均债务余额为 11677 元，在全部省份中排在第 4 位。县域人均政府债务余额最低的省份为广东，仅为 2752 元，仅为浙江省的 17.5%。

表 6 – 8 县域人均政府债务余额

| 省份 | 县域人均政府债务余额（元） | | | |
|---|---|---|---|---|
| | 县域 | 县 | 县级市 | 自治县 |
| 河北 | 4881 | 4721 | 5021 | 6964 |
| 山西 | 3762 | 3673 | 4154 | |
| 内蒙古 | 15516 | 14635 | 25095 | 5214 |
| 辽宁 | 5589 | 4383 | 7596 | 2154 |
| 吉林 | 7039 | 7104 | 7084 | 6282 |
| 黑龙江 | 4910 | 4798 | 5119 | 3808 |
| 江苏 | 11677 | 8432 | 14681 | |
| 浙江 | 15761 | 16219 | 15273 | 21926 |
| 安徽 | 6330 | 6125 | 7649 | |
| 福建 | 11411 | 10998 | 12282 | |
| 江西 | 5080 | 4822 | 6186 | |
| 山东 | 5857 | 4853 | 7566 | |
| 河南 | 3854 | 3583 | 4831 | |
| 湖北 | 5481 | 5322 | 5558 | 8431 |
| 湖南 | 6176 | 5800 | 7207 | 6417 |
| 广东 | 2752 | 3115 | 2375 | 4726 |
| 广西 | 2828 | 2689 | 2709 | 3816 |
| 海南 | 10084 | 9926 | 11495 | 8389 |
| 四川 | 6994 | 6379 | 9325 | 8853 |
| 贵州 | 10333 | 9286 | 15091 | 9793 |
| 云南 | 7123 | 5021 | 15709 | 5602 |
| 陕西 | 5344 | 5424 | 4616 | |
| 甘肃 | 4608 | 4409 | 7371 | 5408 |
| 青海 | 5776 | 4565 | 24008 | 3777 |
| 宁夏 | 13620 | 13231 | 15947 | |
| 新疆 | 10210 | 8763 | 12351 | 18048 |
| 合计/平均 | 6629 | 6857 | 9858 | 7624 |

注：人均政府债务余额为该省县级政府债务余额除以该省县域户籍人口，空缺的部分表示该省无自治县（旗）。

分县域类型来看，各省县级市的人均政府债务余额普遍高于县。两类县域的人均债务余额差异最大的是青海，县的人均政府债务为 4565 元；而县级市的人均政府债务达到 24008 元。青海 2019 年的县政府债务余额和县级市政府债务余额大致相等，但是样本中县级市的户籍人口数为 584 万人，不到县的户籍人口数的 24.7%，使得县级市的人均政府债务较县的人均政府债务高出近 20000 元。

浙江、陕西、广东和吉林 4 个省份的县人均政府债务余额高于县级市，浙江的县人均政府债务余额为 16219 元，超过该省县级市的人均政府债务余额。浙江 2019 年县级市的政府债务余额较县的政府债务余额高 37 亿元，而县级市的户籍人口为 1543 万人，较县的户籍人口多 125 万人。

### 6.3.2　县域人均政府债务变化情况

2016～2019 年，全国县域人均政府债务余额持续增加。从 2016 年的 4472 元增加到 2019 年的 6666 元，年均增长 13.3%，较政府债务余额的增长率略低 0.3 个百分点。人均政府债务余额的增幅与政府债务增长率变动相似，增加额逐年上升。样本期内各县户籍人口数增加并不多，人均债务余额的变动主要是由该县政府债务余额变化所导致的。县域人均政府债务余额增加最多的是新疆的阿拉山口市，从 2016 年的 45.45 万元增加到 2019 年的 124.85 万元，增加了 79.40 万元，主要是该市债务余额增加了 3 倍，而户籍人口变化不大。人均债务余额减少最多的是宁夏回族自治区永宁县，从 2016 年的 74614 元减少到 2019 年的 59985 元，减少 14629 元，债务余额的下降得益于该县政府债务规模的缩减。县域人均政府债务增幅最大的是青海省久治县，人均债务余额从 2016 年的 100 元增加到 2019 年的 2772 元，年均增长 199%。该县在 2016 年债务余额约 30 万元，样本期内债务规模扩大了近 260 倍。县域人均政府债务余额降幅最大的是山西省古交市，人均债务余额从 2016 年的 1503 元减少到 2019 年的 322 元，年均减少 51.4%，主要是该地政府债务的化解力度较大。

在样本期内，共计 124 个县域 2019 年的人均政府债务余额较 2016 年减少。从 2016 年的 9705 元下降到 2019 年的 8517 元，减少了 1188 元。与全国平均水平相比，人均债务余额下降的县域主要是人均债务余额较高的县域。在县域类型上，以县为主，2/3 的县域为县。这 124 个县域分布在 20 个省份，多数省份人均债务余额下降的县域数为个位数；贵州、陕西、内蒙古、云南 4 个省份债务余额下降的县域超过 10 个，其中贵州最多，

39 个县域的人均债务余额减少。

县域人均债务余额的减少，主要是对该县政府债务余额的控制趋紧。在 124 个县域中，有 104 个县域的政府债务余额出现减少。另有 20 个县域的政府债务余额增速低于户籍人口的增速，这并不是县域的户籍人口数快速增长，而是这 20 个县域的政府债务余额增速很低，三年平均增幅为 0.95%。

分区域来看，东北地区县域人均政府债务余额增长最快，东部地区人均政府债务余额增量最大。表 6-9 列示了不同区域县域人均政府债务变动情况。在样本期，东北地区县域人均政府债务余额年均增长 17.9%，是各区域中最快的，金额从 2016 年的 3401 元增加到 2019 年的 5814 元。受到省内县域人口负增长的影响，东北 3 个省份中的黑龙江与吉林人均债务增速分别达到 32.1% 和 25%（见图 6-10），均高于各省政府债务余额的增长率，拉高了东北地区的人均债务增速，也缩小了东北三省间县域人均政府债务的差异。吉林省县域人均政府债务余额超过了辽宁省，在东北地区排在首位。

表 6-9　　　分区域分县域类型人均政府债务情况（2016～2019 年）　　单位：元

| 县域类型 | 时期 | 全国 | 东部地区 | 中部地区 | 西部地区 | 东北地区 |
|---|---|---|---|---|---|---|
| 县域 | 2016 年 | 4472 | 5109 | 3185 | 5491 | 3401 |
|  | 2017 年 | 4880 | 5718 | 3486 | 5715 | 4046 |
|  | 2018 年 | 5649 | 6637 | 4255 | 6279 | 4861 |
|  | 2019 年 | 6666 | 7652 | 5128 | 7493 | 5814 |
|  | 年均增长（%） | 13.3 | 13.5 | 15.9 | 10.4 | 17.9 |
| 县 | 2016 年 | 3799 | 4094 | 2979 | 4697 | 2431 |
|  | 2017 年 | 4177 | 4646 | 3276 | 4931 | 3221 |
|  | 2018 年 | 4933 | 5591 | 3940 | 5579 | 4186 |
|  | 2019 年 | 5981 | 6661 | 4892 | 6720 | 5226 |
|  | 年均增长（%） | 15.1 | 16.2 | 16.5 | 11.9 | 25.5 |
| 县级市 | 2016 年 | 6047 | 6600 | 3815 | 9505 | 4569 |
|  | 2017 年 | 6541 | 7285 | 4106 | 9755 | 5120 |
|  | 2018 年 | 7350 | 8142 | 5190 | 9939 | 5843 |
|  | 2019 年 | 8324 | 9099 | 5807 | 11669 | 6791 |
|  | 年均增长（%） | 10.7 | 10.7 | 14.0 | 6.8 | 13.2 |

续表

| 县域类型 | 时期 | 全国 | 东部地区 | 中部地区 | 西部地区 | 东北地区 |
|---|---|---|---|---|---|---|
| 自治县 | 2016 年 | 4481 | 5294 | 3620 | 5052 | 1979 |
| | 2017 年 | 4693 | 6089 | 4221 | 5030 | 2256 |
| | 2018 年 | 5374 | 7539 | 5390 | 5497 | 2756 |
| | 2019 年 | 6099 | 7863 | 6124 | 6360 | 3276 |
| | 年均增长（%） | 10.3 | 13.2 | 17.5 | 7.7 | 16.8 |

注：地区分布说明见表 6 - 2，县包括旗、湖北省神农架林区；自治县包括自治旗。本表所列县域数为 2016～2019 年均有债务信息的样本，合计 1524 个，本表数据不包括西藏有政府债务信息的县和重庆市下辖的县。

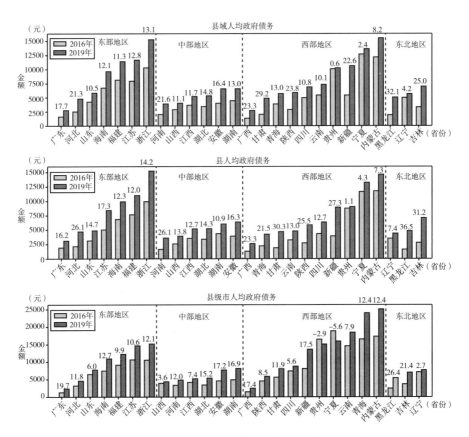

**图 6 - 10　分省分县域类型人均政府债务变化情况（2016 年与 2019 年）**

注：各省县域、县、县级市 2016 年与 2019 年人均政府债务余额，数字为这一时期人均政府债务的变动率（%）。

资料来源：县级政府债务数据取自各县 2016 年与 2019 年政府财政决算报告。户籍人口数据取自 2017 年和 2020 年《中国县域统计年鉴》（县市卷）。

东部地区的年均债务增速为 13.5%，与全国平均增速相近。但是人均债务余额的增加量为 2543 元，人均债务余额增量是四个区域中最多的。在东部各省中，浙江省县域人均政府债务是区域内最高的，年均增速为 13.1%，在东部地区排第 2 位，较河北省的 21.3% 低了 8.2 个百分点。但是浙江省的县域户籍人口在这一时期略有下降，使得人均债务增速较政府债务增幅高出了 0.1 个百分点。在此期间，东部地区县域户籍人口出现下降的省份还有江苏省。

中部地区的人均债务余额在样本期内始终是各区域中最低的。从省际比较来看，中部地区各省的县域人均债务余额也均在排序靠后的位次，而且中部各省间的差异较东、西部地区的省际差异小。与东部、东北地区不同，中部县域的户籍人口在样本期内均在增长，各省县域人均债务余额增速均要低于政府债务余额。

西部地区县域人均政府债务增速低于全国平均水平，样本期内年均增长 10.4%。在西部各省份中，县域人均政府债务余额最高的是内蒙古，增速最快的是甘肃。

分县域类型来看，县的人均政府债务余额最低，但是增速最快。虽然全国层面上，县级市的人均政府债务余额和增速均要高于自治县，而分区域来看，自治县的人均政府债务增速均要高于本区域内的县级市。

从全国范围来看，各类县域的人均政府债务余额排序依次为县级市、自治县和县，但是在各区域间有所差别。东部地区各类县域的人均政府债务余额排序与全国层面一致。西部地区的县级市人均政府债务余额是最高的，并且在 2019 年突破万元，人均政府债务余额为 11669 万元，年均增长 6.8%；县的人均政府债务余额增加快，导致西部地区县的人均债务余额在 2019 年超过自治县。中部地区的自治县人均债务余额增速最快，县级市人均债务余额在 4 个区域中是最低的，在样本期内县级市和自治县的人均债务规模排序出现反转。而东北地区的县域人均政府债务余额则始终保持县级市、县、自治县的顺序，县域人均政府债务的高增长将该区域县与县级市之间人均政府债务余额的差距从 2016 年的 2137 元缩小到 2019 年的 1565 元。

与县域负债率差异扩大和债务率差异缩小不同，地区间县域人均政府债务差异在拉大，而东、中、东北地区内县域人均债务余额差异在缩小。全国县域人均债务余额的标准差从 2016 年的 13906 元扩大到 2019 年的 33311 元，其与人均债务余额的比值从 2016 年的 3.1 元增加到 2019 年的 5.1 元。但地区内的差异在缩小，如东部地区县域间人均政府债务余额差异与县域人均政府债务余额的比值，从 2016 年的 1.2 下降到 2019 年的 1.0；中部地区从 1.0 下降到 0.7；东北地区从 1.0 下降到 0.9。而西部地区内部县域人均政府债务余额的差异在这一时期是扩大的，从 2016 年的 3.9 扩大到了 2019 年的 7.2。地区间县域人均政府债务差异的增加实际上反映了西部地区与东部、中部、东北地区间的差异在扩大。剔除西部地区，其他区域的县域人均政府债务差异（标准差与当年均值的比重）从 2016 年的 1.2 下降到了 2019 年的 0.9。

与政府债务余额及其增长率之间的负相关性相比，人均政府债务余额与政府债务增长率之间的负相关更强，受异常值的影响更小。如图 6 - 11 所示，县域人均政府债务余额越多，政府债务增长率越低，两者的相关性达到 0.48。这种负相关性在县、县级市两类县域中也同样显著。在自治县层面上，相关性程度有所减弱。

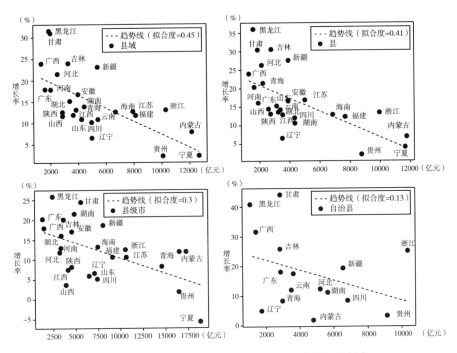

**图 6 - 11　分县域类型人均政府债务与政府债务增长率**

注：人均政府债务为 2016 年水平，政府债务增长率为 2016 ~ 2019 年三年平均增长率。

与政府债务余额相比，样本期内各省县域人均政府债务余额与债务率、负债率指标之间均存在显著的正相关性（见图 6 - 12 和图 6 - 13），并且相关性程度逐年递减的幅度也较政府债务余额的情况下要小得多。结合债务率、负债率之间的正相关，三个指标之间的两两正相关性在样本期内是存在的。可以推断，县域人均政府债务余额越高的省份，县级政府债务的负债率也越高，其债务率也越大。值得注意的是，各省的县域人均政府债务与政府债务余额之间同样存在正相关性，虽然相关性程度较其与债务率、负债率的相关程度有所减少（见图6-14）。

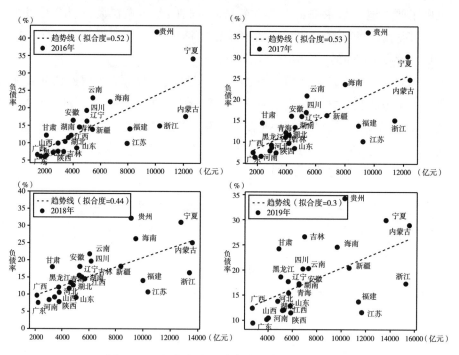

图6-12 历年各省县域人均政府债务与负债率

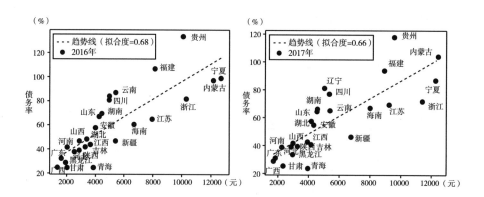

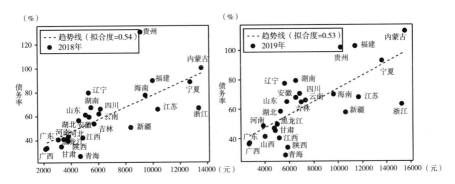

图 6 – 13 历年各省县域人均政府债务与债务率

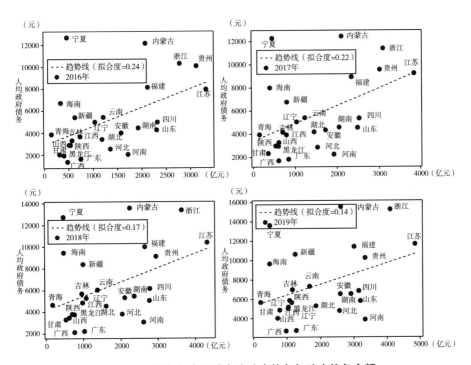

图 6 – 14 历年各省县域人均政府债务与政府债务余额

　　以人口规模来划分，县域人均政府债务呈现递减分布。人口规模越小的县域，人均政府债务越多，人均债务的增速相对较快。人口规模位于最低四分位组的县域，其人均政府债务余额的增速为14%，与最高四分位组的县域相近。人口规模小的县域，不仅债务率高，而且人均债务余额也大。

　　按照经济产出水平、财政收入、第二产业占比来划分的县域中，人均债务余额最高的县域则集中在各类指标的最高四分位组，位于该组的县域人均债务增速也低于其他县域，存在组间差异缩小的趋势。以地区自有财政收入指标为例，除了最高四分位组的县域，其余县域的人均政府债务余额大致相同，在样本期内的增幅差异也不大。位于最低四分位组和次低四分位组的县域，其 2016～2019 年的人均政府债务增速在 18% 左右（见表 6 - 10 和图 6 - 15）。

表 6 - 10　　　按经济指标分各县域类型人均政府债务

变动情况（2016～2019 年）　　　单位:%

| 经济指标/县域类型 | | 县域 | 县 | 县级市 | 自治县 |
|---|---|---|---|---|---|
| 按人口规模分 | 最低 25% | 14.0 | 13.3 | 13.4 | 6.9 |
| | 25%～50% | 14.4 | 14.9 | 8.7 | 9.6 |
| | 50%～75% | 12.1 | 13.2 | 9.7 | 14.0 |
| | 最高 25% | 13.9 | 17.1 | 11.7 | 10.8 |
| 按地区生产总值分 | 最低 25% | 18.7 | 19.0 | 14.9 | 19.1 |
| | 25%～50% | 14.1 | 15.7 | 10.6 | 18.1 |
| | 50%～75% | 14.4 | 15.7 | 12.5 | 7.4 |
| | 最高 25% | 11.9 | 13.9 | 9.7 | 7.6 |
| 按第二产业占比 | 最低 25% | 14.6 | 15.8 | 12.8 | 13.8 |
| | 25%～50% | 15.7 | 16.3 | 12.4 | 11.3 |
| | 50%～75% | 14.6 | 17.8 | 10.2 | 10.7 |
| | 最高 25% | 10.0 | 10.9 | 9.8 | 6.7 |
| 按地方财政收入分 | 最低 25% | 18.2 | 18.8 | 16.4 | 16.3 |
| | 25%～50% | 17.8 | 19.5 | 10.8 | 12.0 |
| | 50%～75% | 14.1 | 15.3 | 10.8 | 14.8 |
| | 最高 25% | 10.7 | 12.8 | 9.1 | 5.6 |

注：同表 6 - 3。

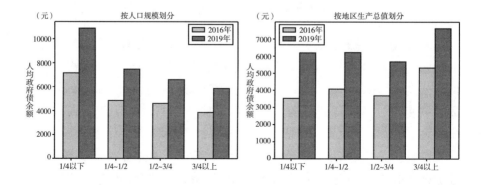

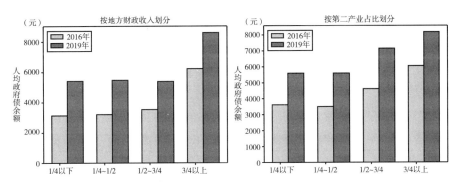

图 6 – 15　按不同经济指标划分的县域人均政府债务

注：以 2016 年的各县地区生产总值、一般公共预算收入、户籍人口规模、第二产业增加值占比将县域进行四等分。

## 6.4　县级政府债务余额占限额比重分析

### 6.4.1　县级政府债务余额占限额比重基本情况

从 2019 年的政府债务余额与限额的占比来看，县级政府债务余额超过县级政府债务限额的九成。2019 年，全国县级政府债务余额占到政府债务限额的 91.6%①。县级政府债务余额与限额比值最小的是山西省古交市，为 18.7%，该县级市在 2019 年没有专项债务；比值最大的是陕西省岐山县，为 244.1%，主要是该县的一般债务余额是限额的 3.7 倍。47 个县的政府债务余额与限额的比值超过 100%，13 个县的政府债务余额与限额的比值低于 50%。

如表 6 – 11 所示，县域专项债务余额占限额的比值高于一般债务，县域一般债务余额占到政府一般债务限额的 90.7%，县域专项债务余额占政府专项债务限额的比值在 92.9%。县域一般债务余额与限额比值最低的是山西省乡宁县，只有 0.25%，该县在 2019 年初一般债务余额尚有 5101 万元，但全年还本 5083 万元，年末一般债务余额为 18 万元。一般债务余额与限额比值最高的是贵州省镇远县，达到 725.3%，其一般债务余额为 21.866 亿元，限额为 3.0147 亿元。镇远县不仅一般债务余额远超限额，专项债务余额更是限额的 22.6 倍。而县域专项债务余额与限额比值最低

① 2019 年的样本县域中，16 个县域的政府债务限额数据，18 个县域的一般债务限额数据和 16 个县域的专项债务限额数据不可得。与前述指标相比，样本量略有减少。

的是贵州省丹寨县，比值为 0.27%，该县 2019 年专项债务余额仅有 85.86 万元。镇远县和丹寨县均为黔东南苗族侗族自治州内下辖的县，县级政府债务的使用即使在同一地级市内也会存在非常大的差异。专项债务余额占限额的比值最高的县为江西省乐平市，这一比值达到 2456%，该县 2019 年专项债务余额为 19.0306 亿元，限额仅有 0.7747 亿元。

表 6-11　　　　分县域类型债务余额占限额比重（2019 年）　　　　单位:%

| 债务类型 | 县域类型 | | 县域 | 县 | 县级市 | 自治县 |
|---|---|---|---|---|---|---|
| 政府债务 | 全国 | | 91.6 | 91.7 | 91.5 | 91.3 |
| | 按区域 | 东部地区 | 92.1 | 91.7 | 92.5 | 89.9 |
| | | 中部地区 | 90.7 | 91.1 | 89.5 | 99.1 |
| | | 西部地区 | 91.6 | 91.9 | 90.6 | 91.6 |
| | | 东北地区 | 93.0 | 93.8 | 93.4 | 81.8 |
| | 按人口规模 | 最低 25% | 90.5 | 90.3 | 91.8 | 91.4 |
| | | 25% ~50% | 91.4 | 91.7 | 90.7 | 90.0 |
| | | 50% ~75% | 90.3 | 90.7 | 90.0 | 84.5 |
| | | 最高 25% | 92.8 | 92.7 | 92.9 | 91.5 |
| | 按地区生产总值 | 最低 25% | 91.0 | 91.2 | 90.9 | 88.8 |
| | | 25% ~50% | 90.8 | 90.7 | 92.9 | 92.6 |
| | | 50% ~75% | 91.5 | 91.4 | 87.5 | 92.5 |
| | | 最高 25% | 92.0 | 92.3 | 93.2 | 90.5 |
| | 按第二产业占比 | 最低 25% | 92.9 | 94.0 | 90.6 | 86.6 |
| | | 25% ~50% | 90.6 | 90.4 | 91.6 | 98.0 |
| | | 50% ~75% | 91.5 | 91.7 | 92.2 | 91.0 |
| | | 最高 25% | 91.8 | 91.7 | 91.2 | 89.9 |
| | 按地方财政收入 | 最低 25% | 91.4 | 92.4 | 92.2 | 87.6 |
| | | 25% ~50% | 90.7 | 89.7 | 91.0 | 92.5 |
| | | 50% ~75% | 91.9 | 91.5 | 88.6 | 88.4 |
| | | 最高 25% | 91.8 | 92.4 | 93.0 | 93.0 |
| 一般债务 | 全国 | | 90.7 | 90.5 | 91.0 | 92.1 |
| | 按区域 | 东部地区 | 90.5 | 89.4 | 91.9 | 89.4 |
| | | 中部地区 | 88.8 | 88.4 | 89.2 | 99.1 |
| | | 西部地区 | 91.8 | 92.1 | 90.3 | 92.8 |
| | | 东北地区 | 92.6 | 93.6 | 92.6 | 84.4 |

续表

| 债务类型 | 县域类型 | | 县域 | 县 | 县级市 | 自治县 |
|---|---|---|---|---|---|---|
| 一般债务 | 按人口规模 | 最低25% | 90.1 | 89.7 | 92.6 | 91.1 |
| | | 25%~50% | 91.3 | 91.2 | 89.8 | 86.6 |
| | | 50%~75% | 89.6 | 89.8 | 88.8 | 90.8 |
| | | 最高25% | 91.4 | 90.8 | 92.7 | 97.3 |
| | 按地区生产总值 | 最低25% | 90.3 | 90.5 | 90.9 | 88.4 |
| | | 25%~50% | 90.2 | 89.6 | 92.7 | 92.5 |
| | | 50%~75% | 90.8 | 90.5 | 86.6 | 91.7 |
| | | 最高25% | 91.0 | 90.8 | 92.6 | 94.1 |
| | 按第二产业占比 | 最低25% | 92.6 | 93.1 | 90.6 | 91.2 |
| | | 25%~50% | 89.5 | 89.1 | 90.1 | 99.5 |
| | | 50%~75% | 90.1 | 90.3 | 92.4 | 90.3 |
| | | 最高25% | 91.1 | 90.2 | 90.5 | 88.9 |
| | 按地方财政收入 | 最低25% | 90.9 | 91.0 | 91.7 | 87.9 |
| | | 25%~50% | 89.9 | 89.1 | 89.4 | 91.2 |
| | | 50%~75% | 90.4 | 90.2 | 88.9 | 88.2 |
| | | 最高25% | 91.2 | 92.1 | 92.5 | 96.3 |
| 专项债务 | 全国 | | 92.9 | 93.5 | 92.5 | 88.7 |
| | 按区域 | 东部地区 | 93.9 | 94.1 | 93.7 | 90.7 |
| | | 中部地区 | 93.2 | 94.5 | 89.7 | 99.0 |
| | | 西部地区 | 91.0 | 91.2 | 91.2 | 88.6 |
| | | 东北地区 | 93.9 | 94.2 | 95.5 | 73.1 |
| | 按人口规模 | 最低25% | 91.3 | 90.8 | 90.0 | 84.6 |
| | | 25%~50% | 90.9 | 91.6 | 92.6 | 79.3 |
| | | 50%~75% | 91.1 | 91.5 | 91.5 | 93.0 |
| | | 最高25% | 94.7 | 95.6 | 93.6 | 93.5 |
| | 按地区生产总值 | 最低25% | 92.3 | 91.9 | 91.7 | 90.6 |
| | | 25%~50% | 90.6 | 92.0 | 93.4 | 93.4 |
| | | 50%~75% | 92.8 | 92.3 | 88.5 | 95.5 |
| | | 最高25% | 93.5 | 94.5 | 94.5 | 84.6 |
| | 按第二产业占比 | 最低25% | 92.2 | 93.8 | 90.8 | 75.6 |
| | | 25%~50% | 91.8 | 91.8 | 93.6 | 94.2 |
| | | 50%~75% | 93.5 | 93.5 | 92.0 | 92.6 |
| | | 最高25% | 93.2 | 94.6 | 92.6 | 93.8 |

续表

| 债务类型 | 县域类型 | | 县域 | 县 | 县级市 | 自治县 |
|---|---|---|---|---|---|---|
| 专项债务 | 按地方财政收入 | 最低 25% | 89.6 | 92.4 | 95.6 | 86.7 |
| | | 25% ~ 50% | 92.5 | 91.4 | 94.1 | 96.9 |
| | | 50% ~ 75% | 94.2 | 93.1 | 88.2 | 88.9 |
| | | 最高 25% | 92.8 | 94.2 | 93.9 | 85.1 |

注：按照 2019 年的人口规模、地区生产总值、第二产业增加值占比、地方财政收入为标准进行划分。其中地方财政收入为各县地方一般公共预算收入和政府性基金收入合计值。

资料来源：同表 6 - 1。

与一般债务相比，专项债务余额与限额的比例在县域间差异化程度更大，43 个县的一般债务余额与限额的比值超过 100%，26 个县的一般债务余额与限额的比值低于 50%。56 个县的专项债务余额与限额的比值超过 100%，49 个县的专项债务余额与限额的比值低于 50%。对于债务余额超限额的县域，各地均采取了不同程度的债务总额控制，或者限制其专项债的规模，或者约束其一般债的数量。在全部样本县域中，只有 6 个县（旗）的一般债务和专项债务余额与限额的比值超过 100%，分别为内蒙古乌拉特前旗、乌拉特后旗，黑龙江肇源县，山东蓬莱市，湖南长沙县，四川邻水县。

分县域类型来看，县与县级市的债务余额占限额的比重相同，分别为 92.34% 和 92.36%。自治县债务余额占限额的比重略低 0.8 个百分点左右，为 91.5%。

分省域分析，广西、内蒙古、黑龙江、贵州、浙江、湖南 6 个省份的县级政府债务余额都达到限额的 95% 以上；浙江、湖南 2 个省份分别为 99.8% 和 99.9%，接近于满限额发债。各省份中，江西省政府债务余额占限额的比重最低，为 82%；然后是青海和河北，均为 83.1%。

如表 6 - 12 所示，与省域政府债务余额占限额的比例相比，2019 年县级政府债务余额占债务限额的比重较省域均值 90.5% 高出了 1 个百分点。从比例上看，以县级政府债务余额与债务限额之差确认的县域举债空间，整体要较省、市本级窄。但这主要是由于东部地区的县级政府债务余额更接近限额所致。中、西部地区中的青海、陕西、云南、宁夏、甘肃、湖南、湖北、河北、山西、江西、黑龙江、内蒙古 12 个省份的省域举债空间更窄，特别是湖南省，2019 年全省政府债务余额超过限额 3.2 个百分点。

表6-12　县级政府2019年债务余额占政府债务限额比重

单位：%

| 省份 | 政府债务余额占政府债务限额比重 | | | | | 一般债务余额占政府债务限额比重 | | | | | 专项债务余额占政府债务限额比重 | | | | |
|---|---|---|---|---|---|---|---|---|---|---|---|---|---|---|---|
| | 县域 | 县 | 县级市 | 自治县 | 全省 | 县域 | 县 | 县级市 | 自治县 | 全省 | 县域 | 县 | 县级市 | 自治县 | 全省 |
| 河北 | 83.1 | 84.6 | 79.2 | 84.0 | 85.5 | 78.7 | 80.2 | 74.6 | 80.1 | 83.7 | 90.2 | 91.0 | 87.6 | 94.3 | 88.7 |
| 山西 | 91.6 | 93.0 | 86.7 | | 91.6 | 90.7 | 89.4 | 83.4 | | 91.9 | 97.1 | 97.5 | 95.8 | | 93.3 |
| 内蒙古 | 96.6 | 96.5 | 98.9 | 77.2 | 96.9 | 96.9 | 97.0 | 98.6 | 75.8 | 94.2 | 94.9 | 93.7 | 99.9 | 84.5 | 93.6 |
| 辽宁 | 92.9 | 90.8 | 94.8 | 82.7 | 91.0 | 92.0 | 90.3 | 93.5 | 85.5 | 92.3 | 95.5 | 92.5 | 98.7 | 74.8 | 85.6 |
| 吉林 | 89.3 | 90.3 | 89.8 | 79.6 | 90.1 | 88.7 | 89.9 | 88.7 | 82.5 | 91.1 | 90.6 | 90.9 | 92.1 | 69.2 | 88.6 |
| 黑龙江 | 97.8 | 98.2 | 97.3 | 93.0 | 95.5 | 97.3 | 97.9 | 96.4 | 92.0 | 95.8 | 99.4 | 99.7 | 99.0 | 99.4 | 97.3 |
| 江苏 | 91.2 | 93.0 | 90.3 | | 90.0 | 90.2 | 90.1 | 90.3 | | 87.0 | 92.2 | 96.0 | 90.3 | | 92.6 |
| 浙江 | 99.8 | 99.9 | 99.8 | 100.0 | 93.5 | 99.6 | 99.9 | 99.3 | 100.0 | 95.2 | 100.2 | 99.9 | 100.4 | 99.7 | 91.8 |
| 安徽 | 89.1 | 88.6 | 91.9 | | 89.0 | 84.4 | 83.3 | 90.6 | | 86.8 | 93.6 | 93.7 | 93.1 | | 91.0 |
| 福建 | 91.3 | 89.0 | 95.9 | | 90.2 | 91.4 | 89.1 | 96.6 | | 90.1 | 92.3 | 88.7 | 99.0 | | 90.3 |
| 江西 | 85.2 | 86.0 | 82.8 | | 82.6 | 80.0 | 81.5 | 75.6 | | 85.3 | 88.7 | 87.5 | 93.3 | | 85.2 |
| 山东 | 93.3 | 93.8 | 92.8 | | 91.0 | 92.1 | 91.5 | 92.6 | | 93.3 | 94.6 | 95.6 | 93.1 | | 90.2 |
| 河南 | 86.7 | 89.8 | 79.4 | | 81.2 | 83.5 | 84.1 | 81.7 | | 77.4 | 90.9 | 97.3 | 77.1 | | 87.0 |
| 湖北 | 93.9 | 95.1 | 92.6 | 96.9 | 95.5 | 93.3 | 94.5 | 91.7 | 97.1 | 93.8 | 95.1 | 96.4 | 94.0 | 96.0 | 97.5 |
| 湖南 | 99.9 | 100.2 | 99.4 | 99.9 | 103.2 | 99.3 | 99.5 | 98.9 | 99.7 | 99.6 | 101.2 | 101.8 | 100.0 | 100.0 | 99.2 |
| 广东 | 86.5 | 84.6 | 88.9 | 86.8 | 83.8 | 80.2 | 77.6 | 84.6 | 82.4 | 77.2 | 93.0 | 94.3 | 91.8 | 97.7 | 91.2 |
| 广西 | 95.8 | 96.4 | 93.3 | 96.1 | 92.1 | 95.8 | 96.5 | 92.4 | 96.2 | 92.7 | 95.8 | 96.0 | 95.6 | 94.8 | 91.5 |
| 海南 | 93.4 | 93.6 | 92.6 | 94.7 | 91.5 | 94.2 | 90.9 | 93.1 | 98.7 | 93.3 | 91.7 | 98.4 | 91.7 | 85.7 | 89.7 |

续表

| 省份 | 政府债务余额占政府债务限额比重 | | | | | 一般债务余额占政府债务限额比重 | | | | | 专项债务余额占政府债务限额比重 | | | | |
|---|---|---|---|---|---|---|---|---|---|---|---|---|---|---|---|
| | 县域 | 县 | 县级市 | 自治县 | 全省 | 县域 | 县 | 县级市 | 自治县 | 全省 | 县域 | 县 | 县级市 | 自治县 | 全省 |
| 四川 | 96.2 | 95.6 | 98.4 | 89.2 | 98.6 | 99.9 | 99.6 | 102.0 | 88.0 | 91.9 | 94.9 | 94.8 | 94.9 | 96.5 | 88.0 |
| 贵州 | 98.7 | 97.8 | 98.3 | 102.8 | 88.7 | 98.7 | 97.5 | 98.0 | 104.6 | 95.7 | 97.3 | 96.6 | 99.0 | 96.8 | 93.6 |
| 云南 | 84.2 | 82.7 | 87.3 | 80.2 | 90.5 | 81.6 | 80.8 | 83.0 | 81.0 | 85.5 | 89.5 | 89.1 | 93.3 | 78.9 | 89.1 |
| 陕西 | 85.6 | 85.2 | 89.8 | | 92.5 | 88.9 | 88.8 | 89.5 | | 89.1 | 78.3 | 77.8 | 91.1 | | 93.8 |
| 甘肃 | 90.0 | 90.6 | 81.4 | 92.1 | 91.8 | 91.1 | 91.0 | 89.5 | 94.1 | 95.3 | 88.0 | 89.6 | 70.4 | 88.7 | 86.1 |
| 青海 | 83.1 | 84.1 | 81.9 | 83.4 | 88.9 | 81.7 | 82.8 | 79.9 | 82.5 | 92.2 | 86.5 | 87.8 | 86.0 | 85.9 | 91.1 |
| 宁夏 | 84.4 | 83.1 | 91.0 | | 88.2 | 81.4 | 79.6 | 89.0 | | 88.2 | 90.2 | 89.3 | 99.9 | | 90.6 |
| 新疆 | 93.0 | 90.8 | 97.1 | 87.8 | 90.5 | 93.0 | 90.1 | 100.1 | 88.4 | 90.8 | 93.2 | 93.2 | 93.8 | 85.5 | 75.8 |

注：因个别县的政府债务限额未能获取，2019年县级政府债务余额占政府债务限额的比重为1770个县的统计结果。2019年全省政府债务余额和政府债务限额数据取自中国地方政府债券信息公开平台。空缺的部分表示该省份无自治县（旗）。

　　分县域类型来看，湖南省县的政府债务余额合计值超过了县级政府债务限额合计值，余额限额比为 100.2%。贵州与浙江 2 个省份的自治县的整体债务余额达到或超过限额水平，分别为限额的 102.8% 和 100%。而各省县级市的整体债务余额均未超过债务限额。

　　就一般债务余额占限额的比重来看，县域同样要高于省域。县域一般债务余额占限额的比重为 90.7%，较省域均值（89.1%）高出 1.6 个百分点。14 个省份的县域一般债务余额限额比，低于该省整体水平，其中最低的是青海省，县域一般债务余额限额比较省域要低 10.5 个百分点。12 个省区县域一般债务余额限额比要高于省域，最高的是四川，县域一般债务余额限额比达到 99.6%，比省域要高出 8 个百分点。以余额限额比来衡量，河北省县域一般债务的举债空间最为充裕，其余额限额比只有 78.7%。河北全省一般债务余额占限额的比重也不高，只有 83.7%。

　　各省县域专项债务余额限额比较省域要高出 5 个百分点，县域专项债务余额占限额的比重为 92.6%，而省域均值为 87.5%。只有 5 个省的县域专项债务余额限额比低于该省整体水平。陕西省县域专项债务的举债空间最大，其专项债务余额限额比为 78.3%，较该省整体水平低了 15.5 个百分点，同时也是各省中最低的。而湖南、浙江 2 个省份县域基本上是满限额举债，专项债务余额占限额的比重达到 100%。

　　县域经济体中，有 47 个县域其政府债务余额达到或超过限额，超限额的县域 2019 年政府债务余额为 1805 亿元，债务余额占到 2019 年县级政府债务余额的 3.1%。这 47 个县级政府债务余额平均超过限额大约 6.2 个百分点，从分布来看，主要分布在湖南（12 个）、内蒙古（7 个）、山西（6 个）3 个省份。有 35 个县 2019 年的政府债务余额超出政府债务限额的幅度在 10 个百分点以内，有 9 个县 2019 年的政府债务余额较政府债务限额高出 110% 以上，但是低于 150%。

　　还有 111 个县域（不包括西藏）的债务余额虽然没有超过限额，但债务余额占限额的比重在 99.9% ~ 100%，实际上可以认为这些县域均已达到满限额举债的状态。这类县域主要位于在浙江（35 个县域）、湖南（31 个县域）、内蒙古（13 个县域）3 个省份，其余省份的此类县域数量在 1 ~ 7 个。这 111 个县域 2019 年的政府债务余额为 5791 亿元，占到当年全部县级政府债务余额的 9.9%。

　　县级政府债务余额超限额的出现与该县的债务规模并不存在必然联系。在 47 个超限额的县域中，政府债务余额最低的县仅有 7898 万元，最高的县则要达到 279.6 亿元。

### 6.4.2 县级政府债务余额占限额比重变化情况

2016~2019 年，全国县级政府债务限额的增加幅度要略大于政府债务余额的增幅，政府债务余额占限额的比重在这一时期略有下降。从 2016 年的 91.9% 小幅减少到 2019 年的 91.5%，累计减少 0.3 个百分点。

县级政府债务余额限额比增加最多的是江西省乐平市，从 2016 年的 87.5% 增加到 2019 年的 183%，变动幅度达到 95.8%。主要是 2019 年该市的政府债务限额下降较多，从 2016 年的 24.7293 亿元减少到 2019 年的 18.1183 亿元；而样本期内政府债务仍然在增加，从 2016 年的 21.6 亿元增加到 2019 年的 33.2 亿元。政府债务余额限额比降幅最大的是河北省鸡泽县，降幅达到 152%。该县在 2016 年的政府债务余额达到 7.7566 亿元，是限额的 2.45 倍。在样本期内，鸡泽县的政府债务限额不断增加，从 2016 年的 3.1631 亿元增加到 2019 年的 16.12 亿元，扩大了 5.7 倍；而同期政府债务余额仅提高了 2 倍，2019 年为 15.03 亿元。

在样本期内，有 600 个县域 2019 年的政府债务余额限额比要低于 2016 年，占到全部县域的 49%。这 600 个县域的政府债务余额限额比从 2016 年的 96% 减少到 2019 年的 88.7%，下降了 7.3 个百分点。政府债务余额限额比下降的县域以县为主，有 436 个县，占到全部县域的 72.7%。2019 年政府债务余额为 12612 亿元，占到全部政府债务余额的 30%。这 600 个县域分布在 26 个省份，四川、内蒙古各有 51 个县域，占到全部县域数量的 1/6。

县级政府债务余额限额比的下降，并不是这些县域的债务余额下降。在样本期内，只有 60 个县域的政府债务余额在同期出现下降。比重下降更多是这类县域的限额增长更快的结果，这 600 个县域的政府债务限额在样本期内增加了 1.43 倍，余额仅提高了 1.32 倍；而政府债务余额限额比上升的县域，同期债务余额提高了 1.69 倍。

在样本期内，中、西部地区的县级政府债务余额限额比较期初有所下降，东部地区略有增加，东北地区增长最多。表 6-13 列示了不同区域县级政府债务余额限额比变动情况。西部地区的债务余额限额比从 2016 年的 94.2% 下降到 2019 年的 92.2%，减少了 2.1 个百分点。主要是西部地区中的宁夏、内蒙古、四川、云南 4 个省份这一比值出现下降，且降幅较大。如图 6-16 所示，宁夏 2019 年债务余额限额比较 2016 年减少 12 个百分点，其余 3 个省份降幅也在 2~3 个百分点。西部地区其余省份的债务余额限额比上升有限，除青海和陕西 2 个省份上升了 2 个百分点以上外，甘肃、新疆、广西、贵州 4 个省份这一比值的上升幅度均在 1 个百分点以内。

表 6 – 13　　　　　分区域分县域类型政府债务余额
限额比情况（2016 ~ 2019 年）　　　　单位:%

| 县域类型 | 时期 | 全国 | 东部地区 | 中部地区 | 西部地区 | 东北地区 |
|---|---|---|---|---|---|---|
| 县域 | 2016 年 | 91.9 | 90.9 | 91.2 | 94.2 | 90.2 |
| | 2017 年 | 91.1 | 91.9 | 88.7 | 92.0 | 90.0 |
| | 2018 年 | 92.6 | 92.3 | 92.2 | 93.5 | 92.4 |
| | 2019 年 | 91.5 | 91.6 | 90.0 | 92.2 | 93.2 |
| | 累计变动 | −0.3 | 0.7 | −1.2 | −2.1 | 3.0 |
| 县 | 2016 年 | 92.0 | 90.3 | 92.1 | 94.7 | 86.5 |
| | 2017 年 | 90.5 | 90.0 | 89.8 | 92.1 | 87.3 |
| | 2018 年 | 91.4 | 91.2 | 90.2 | 92.9 | 92.4 |
| | 2019 年 | 91.4 | 90.9 | 90.5 | 92.3 | 93.8 |
| | 累计变动 | −0.7 | 0.7 | −1.6 | −2.3 | 7.4 |
| 县级市 | 2016 年 | 91.7 | 91.6 | 89.0 | 93.5 | 93.0 |
| | 2017 年 | 92.2 | 93.8 | 86.1 | 92.8 | 92.9 |
| | 2018 年 | 94.0 | 93.4 | 97.2 | 92.9 | 94.2 |
| | 2019 年 | 91.6 | 92.3 | 88.4 | 91.8 | 93.9 |
| | 累计变动 | 0.0 | 0.7 | −0.6 | −1.7 | 0.9 |
| 自治县 | 2016 年 | 92.0 | 89.4 | 92.2 | 93.5 | 87.0 |
| | 2017 年 | 88.5 | 88.8 | 94.5 | 88.7 | 82.6 |
| | 2018 年 | 97.6 | 93.8 | 99.9 | 103.1 | 78.1 |
| | 2019 年 | 90.9 | 89.4 | 99.9 | 92.1 | 82.2 |
| | 累计变动 | −1.1 | −0.1 | 7.7 | −1.3 | −4.8 |

注：地区分布说明见表 5 – 1，县包括旗、湖北省神农架林区；自治县包括自治旗。本表所列县域数为 2016 ~ 2019 年均有债务余额和债务限额信息的样本，合计 1216 个，本表数据不包括西藏有政府债务信息的县和重庆市下辖的县。

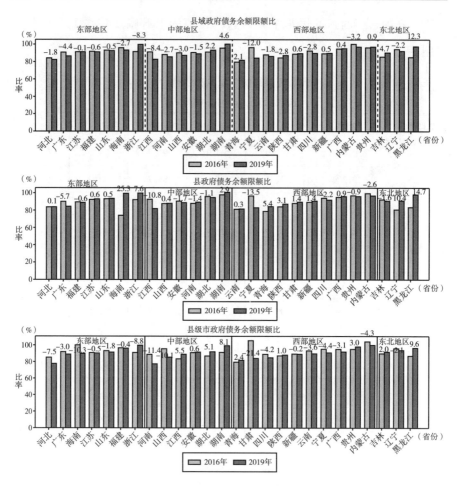

**图 6-16　分省分县域类型政府债务余额限额比变化情况（2016 年与 2019 年）**

注：各省县域、县、县级市 2016 年与 2019 年政府债务余额限额比，数字为这一时期余额占限额比重的变动值。

资料来源：县级政府债务数据取自各县 2016 年与 2019 年政府财政决算报告。

东北地区在这一时期上升了 3 个百分点，成为以限额来衡量举债空间最窄的区域。同样是由黑龙江和吉林 2 个省份的政府债务高速增长带来的，黑龙江省的债务余额限额比增幅是全部省区中最大的，在样本期内增加了 12.3 个百分点。

在经历 4 年的债务变动后，中部地区的政府债务余额限额比是四个区域中最低的。除了湖北、湖南 2 个省份外，江西、山西、河南和安徽 4 个省份债务余额占限额的比重均出现减少，其中江西省更是下降了 8.4 个百分点，在全部省区中仅次于宁夏，从而拉低了中部地区债务余额限额比。

东部地区接近于全国平均水平。政府债务余额限额比从 2016 年的
90.9% 上升到 2019 年的 91.6%。该区域中债务余额限额比下降的省份多
于上升的省份,但是下降省份的降幅有限。而浙江省在这一时期上升了
8.3 个百分点,直接拉升了这一区域的债务余额限额比。

分县域类型来看,自治县的债务余额限额比下降最多,比重也最低,
从 2016 年的 92.0% 下降到 2019 年的 90.9%,下降了 1.1 个百分点。2016
年,县的债务余额限额比与自治县持平,在此期间下降了 0.7 个百分点。
同期县级市的余额限额比先升后降,2016 年和 2019 年的债务余额限额比
基本一致。

但是各类县域在各区域间又略有差别。东部、中部地区中县的债务余
额限额比基本持平;中部地区县级市的债务余额限额比较其他区域要低
3~5 个百分点;而中部地区自治县的债务余额限额比则已经接近 100%。

给定当前的债务限额管理政策,县的政府债务余额限额比整体在省际
出现收敛的态势。由图 6-16 可知,初始县的债务余额限额比较高的省
份,在样本期内这一比值均有所下降,因此省际的县级政府债务余额限额
比更为接近。从县级政府债务增长率来看,县级政府债务余额限额比值越
高的省份,在样本期内政府债务的增长率越低,但是这种负相关性主要是
通过对各省的县的控制来实现的,即对债务余额限额比较高的县,以设定
严格的债务限额的方式来约束其债务增量。对于省内的县级市和自治县而
言,这种关系并不存在(见图 6-17)。结合县级市政府债务增长率与债
务率之间的负相关性,这意味着在对县级市的政府债务限额管理方面,相
对于县而言,对县级市的政府债务限额管理更宽松,更可能通过提高其债
务限额来支持其债务的增加。而从自治县的省际债务余额限额比和债务增
长率之间的关系来看,各省对于自治县的债务限额管理政策与对县的债务
限额管理政策存在差异,对自治县的限额管理要弱于县。

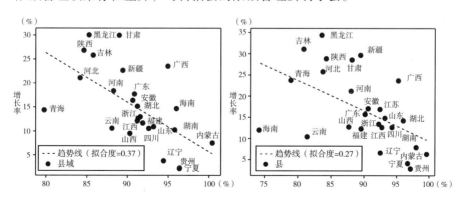

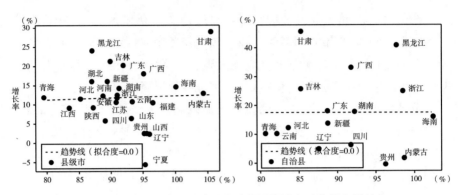

**图6-17 分县域类型政府债务余额限额比与政府债务增长率**

注：政府债务余额限额比为2016年水平，政府债务增长率为2016～2019年三年平均增长率。

政府债务余额限额比与政府债务余额，以及前述三项政府债务负担指标之间均存在较为明显的正相关关系。从图6-18至图6-21可以发现，县级政府债务余额越高的省份，其债务余额限额比越高。这种正相关虽然较弱，但是在样本期内基本没有变化，始终为0.1左右。从债务负担指标看，县域负债率越高、债务率越高、人均政府债务余额越高的省份，县域的政府债务余额限额比就越高，债务余额限额比与债务率之间的正相关性程度越高。这与现行的债务管理政策是一致的，以债务率作为确定地方政府债务限额的主要因素。

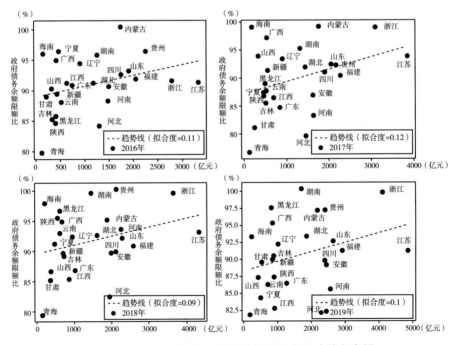

**图6-18 历年县级政府债务余额限额比与政府债务余额**

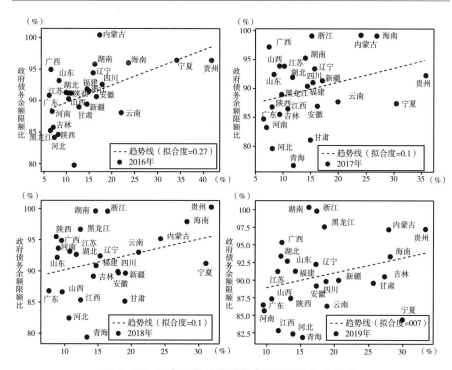

图 6-19　历年县级政府债务余额限额比与负债率

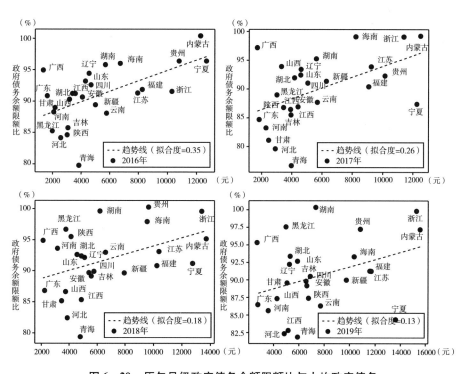

图 6-20　历年县级政府债务余额限额比与人均政府债务

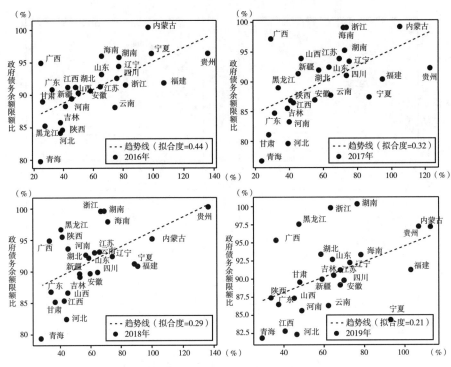

图 6 − 21　历年县级政府债务余额限额比与债务率

与前述债务负担指标相比，按照人口、经济规模、产业结构和地方财政收入来划分的县域，其债务余额限额比的变动缺乏规律性，在各指标间差异较大。如表 6 − 14 所示，以人口规模来划分，县级政府债务余额限额比降幅最大的是人口规模较小的县域。在样本期内，其债务余额限额比减少了 3.5 个百分点。一方面，位于最低四分位的县域以自治县为主，而人口规模在中位数以下的自治县在这一期间债务余额限额比下降很多，拉低了这一区间内县级政府债务的这一比值；另一方面，位于最低四分位的县和县级市，在这一时期的该比值均出现下降，两者共同带来了这一区间内债务余额限额比的减少。

表 6 − 14　　　　　　　按经济指标分各县域类型政府债务余额

限额比变动情况（2016 ～ 2019 年）　　　　　单位:%

| 经济指标 | | 县域 | 县 | 县级市 | 自治县 |
|---|---|---|---|---|---|
| 按人口规模分 | 最低 25% | − 3.5 | − 2.9 | − 2.2 | − 3.7 |
| | 25% ~ 50% | 0.7 | 1.4 | − 0.7 | − 7.2 |
| | 50% ~ 75% | − 0.1 | − 0.9 | − 1.5 | 1.3 |
| | 最高 25% | − 0.4 | − 0.4 | 2.0 | 2.1 |

续表

| 经济指标 | | 县域 | 县 | 县级市 | 自治县 |
|---|---|---|---|---|---|
| 按地区生产总值分 | 最低 25% | 0.2 | 1.0 | 1.1 | -3.8 |
| | 25% ~ 50% | -1.5 | -1.3 | -2.4 | 0.3 |
| | 50% ~ 75% | -1.9 | -2.5 | -1.9 | -1.1 |
| | 最高 25% | 0.4 | 0.4 | 1.4 | -0.9 |
| 按第二产业占比 | 最低 25% | 0.1 | 0.2 | -0.6 | -0.3 |
| | 25% ~ 50% | 0.8 | 1.1 | -0.4 | 3.5 |
| | 50% ~ 75% | -0.3 | -1.6 | -0.3 | -3.5 |
| | 最高 25% | -2.0 | -1.8 | -1.7 | -5.0 |
| 按地方财政收入分 | 最低 25% | 0.2 | 1.0 | 1.2 | 0.2 |
| | 25% ~ 50% | -0.2 | 0.0 | -1.4 | -5.2 |
| | 50% ~ 75% | -1.3 | -0.3 | -2.2 | 0.1 |
| | 最高 25% | -0.2 | -1.3 | 1.2 | 0.1 |

注：同表 6 - 3。

如图 6 - 22 所示，从地区生产总值来看，债务余额限额比减少最多的县域集中在次低四分位组和次高四分位组两个区间。同样是位于这两个区间的县、县级市和自治县均出现了债务余额限额比值的减少。

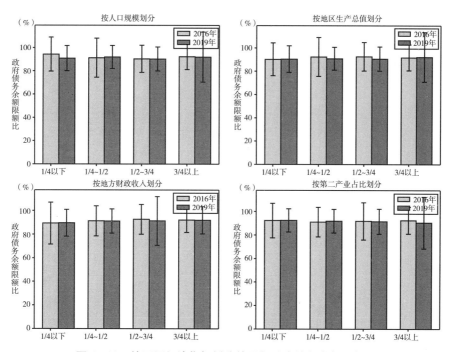

图 6 - 22　按不同经济指标划分的县级政府债务余额限额比

注：以 2016 年的各县地区生产总值、一般公共预算收入、户籍人口规模、第二产业增加值占比将县域进行四等分。

从产业结构来看，第二产业占比最高的那部分县域，债务余额限额比下降最多，且占比位于最高四分位组的各类县域均出现了债务余额限额比的下降。在三类县域中，按第二产业占比划分，在中位数以上的三类县域，其债务余额限额比均出现下降；自治县下降最多。与人口规模指标相结合，可以推断，人口规模小的自治县，其第二产业占比相对较大，债务余额限额比下降较多。

按自有财政收入来划分，除了位于最低四分位组的县域外，其他县域的债务余额限额比均出现减少，下降最多的是位于次高四分位组的县域，2019 年较 2016 年下降了 1.3 个百分点。位于这一区间的县域主要是财政收入较高的县和位于次高和次低四分位组的县级市，位于上述区间的这两类县域在这一时期政府债务余额限额比下降较多。

整体来看，作为一个与现行的债务限额管理政策密切相关的债务负担衡量指标，债务余额限额比的下降基本反映了样本期内我国对于县级政府债务管理的成效。以政策的执行结果作为债务负担的衡量指标，其必然体现了政策的实施效果。即便如此，以该指标来判断仍然可以证实存在债务负担较重的县域。对于县级政府偿债能力和举债空间的测算，应该综合利用这四个债务负担指标展开分析。

# 第7章 县级政府偿债能力
与举债空间测算

## 7.1 基于财政可持续性的偿债能力分析

### 7.1.1 模型设定与描述性统计

根据式（7-1），本章基于县域面板数据，构建非线性财政反应函数，以获得财政反应函数的估计值：

$$b_{it} = c_i + \alpha_1 d_{it-1} + \alpha_2 d_{it-1}^2 + \alpha_3 d_{it-1}^3 + \sum_{j=1}^{n} \beta_j X_{ijt} + u_{it} \qquad (7-1)$$

式（7-1）中的被解释变量为财政盈余率，即财政收支缺口占地区生产总值的比重。本书采用地方一般公共预算收入减去地方一般公共预算支出的差额作为财政收支缺口的衡量指标。给定我国现行的政府间财政安排，县域经济体中用于地方一般公共预算支出的资金更多地依赖于上级政府的转移支付和税收返还，地方一般公共预算收入始终低于一般公共预算支出。在县域经济体的综合财力指标无法很好获取的情况下，这一指标仍可以视为是对县域经济体财政自给率的一个较好的衡量指标。

$c_i$、$X_{ijt}$、$u_{it}$ 分别为县域固定效应、相关控制变量以及误差项。为控制负债率的持续性可能产生的低估偏误，本书设定误差项服从一阶自相关过程，即 $u_{it} = \rho u_{it-1} + e_{it}$，$|\rho| < 1$，$e_{it} \sim IID(0, \sigma_e^2)$。控制变量包括除债务以外影响财政收支的相关经济变量。基于县域经济指标的可得性，本书选择的控制变量包括县域地区生产总值缺口、县域一般公共预算支出缺口、县域地区生产总值的趋势增长率以及地区工业化水平（第二产业增加值占地

区生产总值的比重）。地区生产总值缺口用于控制地区经济波动的影响，其估计系数应为正。一般公共预算支出缺口反映了政府财政支出暂时性波动的影响，其与财政盈余负相关。地区生产总值缺口和一般公共预算支出缺口采用 HP 滤波测算。给定年度数据频率，平滑参数设定为 6.25。地区生产总值的趋势增长率用于反映财政收入的增长趋势，其应该与财政盈余正相关。工业化水平会影响县域财政收入，估计系数也应该为正。除政府债务数据外，地区生产总值、第二产业增加值、地方一般公共预算收入和地方一般公共预算支出均根据 EPS 数据中的各省县市数据整理得到。对于个别县域的数据缺失，则通过查找该县的政府信息公开网站和所在市的统计年鉴进行补充。

表 7 - 1 列示本书所用变量在样本期内的描述性统计结果。2016 ~ 2019 年县域平均负债率为 16.3%，财政盈余占 GDP 比重为 24.7%，县域地区生产总值的趋势增长率为 5.8%，第二产业占比平均为 38.8%。

表 7 - 1 　　　　　变量说明及描述性统计结果　　　　　单位:%

| 变量名称 | 均值 | 标准差 | 最小值 | 最大值 |
| --- | --- | --- | --- | --- |
| 负债率 | 16.3 | 11.5 | 1.6 | 68.7 |
| 财政收入占 GDP 比重 | 6.2 | 2.9 | 1.6 | 18.4 |
| 财政盈余占 GDP 比重 | -24.7 | 23.7 | -159.9 | -0.5 |
| 地区生产总值缺口 | -0.4 | 7.6 | -165.5 | 62.0 |
| 财政支出缺口 | -0.6 | 12.6 | -615.1 | 236.9 |
| 地区生产总值趋势增长率 | 5.8 | 10.2 | -92.1 | 135.4 |
| 第二产业占比 | 38.8 | 14.8 | 1.3 | 86.2 |

资料来源：县级政府债务数据取自历年各县财政决算报告，财政收支、地区生产总值、第二产业增加值数据取自 EPS 县市统计数据库。

### 7.1.2　实证结果及分析

表 7 -2 给出基准回归估计结果，除了负债率这一核心解释变量外，第（1）列只控制了地区固定效应，第（2）列控制了地区生产总值缺口和一般公共预算支出缺口，第（3）列控制了全部控制变量，第（4）列剔除了样本期内债务余额减少的县，第（5）列剔除了样本期内负债率下降的县。

表 7 - 2　　　　　　　　　　县级政府财政反应函数基准回归

| 变量 | (1) | (2) | (3) | (4) | (5) |
|---|---|---|---|---|---|
| 上期负债率 | -0.482 *** <br> (-3.516) | -0.587 *** <br> (-4.908) | -0.615 *** <br> (-4.843) | -0.669 *** <br> (-4.952) | -0.447 *** <br> (-3.029) |
| 上期负债率的平方 | 1.573 *** <br> (5.609) | 1.443 *** <br> (5.912) | 1.477 *** <br> (5.870) | 1.593 *** <br> (5.923) | 1.074 *** <br> (3.653) |
| 上期负债率的三次方 | -0.778 *** <br> (-5.816) | -0.671 *** <br> (-5.760) | -0.682 *** <br> (-5.748) | -0.729 *** <br> (-5.773) | -0.470 *** <br> (-3.094) |
| 地区生产总值缺口 | | 0.345 *** <br> (17.154) | 0.347 *** <br> (16.694) | 0.356 *** <br> (16.168) | 0.295 *** <br> (12.088) |
| 一般公共预算支出缺口 | | -0.210 *** <br> (-14.815) | -0.211 *** <br> (-14.815) | -0.208 *** <br> (-14.053) | -0.150 *** <br> (-9.920) |
| 趋势产出增长率 | | | -0.0763 <br> (-0.744) | -0.0497 <br> (-0.461) | 0.108 <br> (0.829) |
| 工业化率 | | | -0.00579 <br> (-0.173) | -0.0123 <br> (-0.345) | 0.0176 <br> (0.478) |
| 常数项 | -25.15 *** <br> (-14.601) | -23.00 *** <br> (-15.255) | -22.05 *** <br> (-8.560) | -21.84 *** <br> (-7.955) | -27.01 *** <br> (-9.404) |
| 样本观察值 | 3048 | 3048 | 3047 | 2825 | 2311 |
| 县域个数 | 1524 | 1524 | 1524 | 1413 | 1156 |
| 拟合度 | 0.171 | 0.272 | 0.272 | 0.273 | 0.212 |

　　注：方程采用具有 AR (1) 误差结构的固定效应模型估计，被解释变量为财政盈余占地区生产总值的比重，括号内为 t 值，*** 、** 和 * 分别表示在 1%、5% 和 10% 水平下显著。

　　从回归结果看，负债率、负债率的平方，以及负债率的三次方的估计系数均在统计上显著，系数符号分别为负、正、负，说明财政盈余与负债率之间的非线性关系是存在的。从控制变量的系数估计结果来看，符号均符合预期，各个变量均具有非常强的统计显著性。对基准回归按照县域类型、区域位置、经济规模、财政收入、人口数量等多个维度进行分样本考察的回归结果（见表 7 - 3 ~ 表 7 - 5），均显示核心解释变量的估计系数具有与基准回归相同的符号，并且具有很强的统计显著性，也证实了估计结果的稳健性。

表 7-3　　　　　　　　分县域类型和地区的县级政府财政反应函数回归

| 变量 | (1) | (2) | (3) | (4) | (5) | (6) | (7) |
|---|---|---|---|---|---|---|---|
| | 县 | 县级市 | 自治县 | 东部地区 | 中部地区 | 西部地区 | 东北地区 |
| 上期负债率 | -0.684 *** | -0.282 ** | -1.194 *** | -0.494 *** | -0.269 ** | -0.587 ** | -0.497 |
| | (-4.080) | (-2.007) | (-3.146) | (-7.759) | (-2.151) | (-2.218) | (-1.054) |
| 上期负债率的平方 | 1.622 *** | -0.0676 | 2.997 *** | 0.895 *** | 1.329 *** | 1.652 *** | -0.563 |
| | (4.869) | (-0.202) | (4.054) | (7.377) | (5.093) | (3.189) | (-0.338) |
| 上期负债率的三次方 | -0.747 *** | 0.0366 | -1.598 *** | -0.477 *** | -0.673 *** | -0.779 *** | 0.712 |
| | (-4.699) | (0.267) | (-4.227) | (-7.191) | (-5.765) | (-3.081) | (0.393) |
| 地区生产总值缺口 | 0.372 *** | 0.228 *** | 0.616 *** | 0.140 *** | 0.206 *** | 0.414 *** | 0.439 *** |
| | (13.058) | (14.851) | (8.700) | (10.246) | (9.407) | (7.740) | (16.909) |
| 一般公共预算支出缺口 | -0.207 *** | -0.169 *** | -0.599 *** | -0.252 *** | -0.143 *** | -0.215 *** | -0.405 *** |
| | (-12.527) | (-7.353) | (-7.307) | (-16.079) | (-10.470) | (-9.035) | (-6.389) |
| 趋势产出增长率 | -0.219 | 0.217 *** | -0.374 | -0.145 | 0.194 ** | -0.145 | -0.366 ** |
| | (-1.517) | (3.145) | (-0.969) | (-1.447) | (2.295) | (-0.546) | (-2.091) |
| 工业化率 | -0.0166 | 0.0278 | 0.152 | 0.0658 *** | 0.0681 ** | -0.0447 | 0.0749 |
| | (-0.381) | (0.963) | (1.455) | (3.516) | (2.328) | (-0.626) | (1.182) |
| 常数项 | -23.30 *** | -10.93 *** | -33.36 *** | -11.59 *** | -22.06 *** | -36.50 *** | -25.02 *** |
| | (-6.731) | (-4.893) | (-4.076) | (-8.833) | (-9.393) | (-6.331) | (-5.090) |
| 样本观察值 | 2201 | 668 | 178 | 806 | 778 | 1185 | 278 |
| 县域个数 | 1101 | 334 | 89 | 403 | 389 | 593 | 139 |
| 拟合度 | 0.260 | 0.541 | 0.655 | 0.598 | 0.459 | 0.240 | 0.734 |

注：方程采用具有 AR（1）误差结构的固定效应模型估计，被解释变量为财政盈余占地区生产总值的比重，括号内为 t 值，***、** 和 * 分别表示在 1%、5% 和 10% 水平下显著。

表 7-4　　　　　　　　按人口和地区生产总值分组回归结果

| 被解释变量：新增人均政府债务 | 按户籍人口分组 | | | | 按地区生产总值分组 | | | |
|---|---|---|---|---|---|---|---|---|
| | (1) | (2) | (3) | (4) | (5) | (6) | (7) | (8) |
| | 最低四分位 | 次低四分位 | 次高四分位 | 最高四分位 | 最低四分位 | 次低四分位 | 次高四分位 | 最高四分位 |
| 上期负债率 | -0.472 | -0.926 *** | -0.297 *** | -0.613 *** | -0.176 ** | -0.278 *** | 0.0932 ** | -0.199 *** |
| | (0.344) | (0.252) | (0.112) | (0.104) | (0.0788) | (0.0716) | (0.0464) | (0.0553) |
| 上期负债率的平方 | 1.359 ** | 1.881 *** | 0.652 *** | 1.912 *** | -5.416 | -3.671 | -138.5 *** | -16.13 |
| | (0.648) | (0.657) | (0.205) | (0.405) | (17.51) | (17.22) | (19.38) | (20.25) |
| 上期负债率的三次方 | -0.608 ** | -0.834 * | -0.327 *** | -1.071 ** | -21.13 *** | -13.91 *** | -6.451 * | -13.45 *** |
| | (0.297) | (0.492) | (0.0926) | (0.443) | (5.097) | (4.416) | (3.613) | (3.637) |
| 地区生产总值缺口 | 0.474 *** | 0.354 *** | 0.173 *** | 0.187 *** | -0.0142 | 0.0115 | -0.0487 *** | -0.0246 *** |
| | (0.0617) | (0.0365) | (0.0217) | (0.00989) | (0.0188) | (0.0123) | (0.00926) | (0.00740) |

续表

| 被解释变量：新增人均政府债务 | 按户籍人口分组 | | | | 按地区生产总值分组 | | | |
|---|---|---|---|---|---|---|---|---|
| | (1) | (2) | (3) | (4) | (5) | (6) | (7) | (8) |
| | 最低四分位 | 次低四分位 | 次高四分位 | 最高四分位 | 最低四分位 | 次低四分位 | 次高四分位 | 最高四分位 |
| 一般公共预算支出缺口 | -0.451*** (0.0422) | -0.205*** (0.0247) | -0.0582*** (0.00821) | -0.214*** (0.0178) | -4.914 (8.107) | 1.505 (7.039) | 0.350 (5.373) | -3.739 (5.389) |
| 趋势产出增长率 | -0.185 (0.280) | -0.00813 (0.222) | 0.373*** (0.130) | 0.263*** (0.0454) | -4.403 (12.24) | -15.07 (14.13) | 27.80 (22.97) | 14.68 (43.06) |
| 工业化率 | -0.0382 (0.0975) | 0.0955** (0.0477) | 0.0797** (0.0338) | 0.00114 (0.0170) | 14.33*** (5.407) | 3.048 (2.429) | 3.756 (4.483) | 1.338 (2.762) |
| 常数项 | -43.62*** (7.554) | -22.34*** (4.445) | -21.09*** (2.261) | -11.25*** (1.233) | -109.3 (1380) | 2069* (1197) | 351.9 (2402) | 2734 (4106) |
| 样本数量 | 786 | 751 | 748 | 762 | 762 | 762 | 762 | 761 |
| 县域数量 | 393 | 376 | 374 | 381 | 381 | 381 | 381 | 381 |
| 拟合度 | 0.369 | 0.378 | 0.396 | 0.667 | 0.353 | 0.751 | 0.662 | 0.674 |

注：以 2016 年的各县域地区生产总值、户籍人口规模将县域进行四等分。其余说明同表 7-2。

表 7-5　　　　　　　　按财政收入和产业结构分组回归结果

| 被解释变量：新增人均政府债务 | 按地方财政收入分组 | | | | 按非农产业占比分组 | | | |
|---|---|---|---|---|---|---|---|---|
| | (1) | (2) | (3) | (4) | (5) | (6) | (7) | (8) |
| | 最低四分位 | 次低四分位 | 次高四分位 | 最高四分位 | 最低四分位 | 次低四分位 | 次高四分位 | 最高四分位 |
| 上期负债率 | -0.786** (0.342) | -0.233 (0.164) | -0.201* (0.106) | -0.261*** (0.0656) | -1.873*** (0.377) | 0.0395 (0.185) | -0.707*** (0.140) | -0.733*** (0.153) |
| 上期负债率的平方 | 1.729*** (0.643) | 0.355 (0.298) | 0.363 (0.295) | 0.632*** (0.159) | 4.445*** (0.842) | 0.0972 (0.347) | 1.205*** (0.321) | 1.284*** (0.349) |
| 上期负债率的三次方 | -0.713** (0.298) | -0.159 (0.131) | -0.189 (0.172) | -0.395*** (0.0714) | -2.378*** (0.499) | -0.0720 (0.157) | -0.498*** (0.132) | -0.594*** (0.217) |
| 地区生产总值缺口 | 0.642*** (0.0715) | 0.247*** (0.0263) | 0.205*** (0.0122) | 0.120*** (0.00852) | 0.557*** (0.0720) | 0.399*** (0.0332) | 0.204*** (0.0188) | 0.207*** (0.0149) |
| 一般公共预算支出缺口 | -0.696*** (0.0630) | -0.110*** (0.00827) | -0.231*** (0.0171) | -0.181*** (0.0127) | -0.740*** (0.0650) | -0.0603*** (0.0149) | -0.157*** (0.0137) | -0.258*** (0.0110) |
| 趋势产出增长率 | -0.472 (0.422) | 0.607*** (0.146) | 0.351*** (0.0501) | -0.0766 (0.0598) | -1.530*** (0.409) | -0.187 (0.208) | 0.329*** (0.114) | 0.167** (0.0707) |
| 工业化率 | 0.0249 (0.0971) | 0.0446 (0.0396) | 0.0573*** (0.0207) | 0.0506*** (0.0149) | -0.0310 (0.1000) | 0.0687 (0.0524) | -0.00713 (0.0311) | -0.0630** (0.0283) |

续表

| 被解释变量: | 按地方财政收入分组 | | | | 按非农产业占比分组 | | | |
|---|---|---|---|---|---|---|---|---|
| 新增人均<br>政府债务 | (1) | (2) | (3) | (4) | (5) | (6) | (7) | (8) |
| | 最低四分位 | 次低四分位 | 次高四分位 | 最高四分位 | 最低四分位 | 次低四分位 | 次高四分位 | 最高四分位 |
| 常数项 | −48.64 *** | −27.14 *** | −19.46 *** | −8.222 *** | −18.55 ** | −31.56 *** | −13.62 *** | −4.217 * |
| | (7.244) | (3.215) | (1.473) | (1.079) | (8.224) | (3.686) | (2.202) | (2.357) |
| 样本数量 | 762 | 762 | 762 | 761 | 762 | 762 | 762 | 761 |
| 县域数量 | 381 | 381 | 381 | 381 | 381 | 381 | 381 | 381 |
| 拟合度 | 0.423 | 0.499 | 0.638 | 0.594 | 0.450 | 0.342 | 0.465 | 0.669 |

注：以2016年的各县域地方财政收入、非农产业占比将县域进行四等分。其余说明同表7−2。

选取表7−2第（3）列的估计系数来构建财政反应函数。给定样本期内控制变量的均值，可以得到我国县级经济体的整体债务反应函数，从而推算出债务可持续性下的县级政府债务负债率水平。图7−1显示，在负债率低于26.7%时，县域经济的财政收支缺口随着政府债务的上升而扩大。这意味着，在这一负债率水平以下，地方政府不会考虑调整财政收支来应对债务问题。随着负债率的逐步上升，地方政府的财政收支缺口会随着债务规模的增加而缩窄，即政府会通过增加收入或者降低支出的方式来应对债务规模的上升。但是这种财政调整的边际效应随着负债率的增加而逐步减弱，当负债率达到138.7%时，财政收支缺口会再一次转为扩张，债务转为不可持续状态。

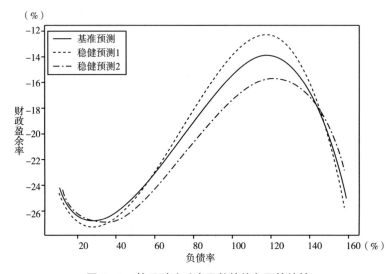

**图7−1 基于财政反应函数的债务可持续性**

注：基准预测以表7−2第（3）列的回归系数估计值测算，稳健预测1和稳健预测2分别以表7−2的第（4）列和第（5）列的回归系数估计值测算，分别剔除了债务余额减少的县和负债率下降的县。

从图 7 - 1 也可以看出，剔除了在样本期内债务余额下降的县域或者负债率下降的县域后，县域财政收支缺口开始出现正向反应的负债率水平与基准预测相比变化不大，分别为 27.1% 和 26.8%。但是财政收支缺口出现再次扩张的负债率门限值则存在较大差异，在剔除债务余额下降的县域后，这一负债率门限值回落到 123%。而仅考察负债率上升的县域，这一负债率门限值可以达到 157%。虽然在不同情况下财政收支缺口的反应程度有所差异，但是本书的估计结果要低于国别研究文献中的门限值（170% ~ 190%）（Ghosh et al.，2013）。这意味着对于县域经济体而言，以自有财力来衡量的债务可持续的门限值相对更低。给定本书的负债率门限值，根据 2019 年各县的负债率水平，已有福建平潭县、宁夏永宁县、内蒙古阿尔山市进入不可持续的状态。而给定当前高负债率县域的债务增速和经济增长速度，可以推断 5 年内，有更多的县域会超过 123% 的门限值水平，部分县级政府债务可持续性的压力会快速增大。

表 7 - 6 给出了根据上述标准，以目前的负债率增长幅度举债，5 年内负债率将超过 123% 的门限值的有 24 个县域。除河北 3 县外，其余 21 个县域均位于西部地区和东北地区，这些县域的财政收支缺口可能在 5 年后进一步扩大，从而影响以负债率衡量的政府债务负担[①]。

表 7 - 6　　　　　　　　　　5 年内负债率超过门限值的县域

| 省份 | 县 | 政府债务余额<br>（2019 年）<br>（亿元） | 负债率<br>（2019 年）<br>（%） | 负债率年均增加<br>（2016 ~ 2019 年）<br>（%） | 预计负债率<br>（2024 年）<br>（%） |
|---|---|---|---|---|---|
| 内蒙古 | 镶黄旗 | 14.6 | 66.3 | 14.3 | 137.6 |
| 河北 | 阜平县 | 42.9 | 95.4 | 22.7 | 208.7 |
| 河北 | 尚义县 | 22.8 | 51.9 | 13.7 | 120.5 |
| 河北 | 承德县 | 129.0 | 101.2 | 28.5 | 243.9 |
| 山西 | 永和县 | 8.4 | 79.5 | 23.5 | 197.2 |
| 内蒙古 | 固阳县 | 35.9 | 62.8 | 11.7 | 121.3 |
| 吉林 | 汪清县 | 27.8 | 53.3 | 14.2 | 124.5 |
| 吉林 | 安图县 | 31.1 | 80.1 | 20.8 | 183.9 |
| 黑龙江 | 勃利县 | 33.3 | 61.9 | 18.7 | 155.4 |
| 四川 | 稻城县 | 7.5 | 57.3 | 14.7 | 130.7 |
| 四川 | 布拖县 | 20.2 | 60.7 | 14.1 | 131.1 |

[①] 与表 7 - 8 不同，本表仅使用了负债率这一单一指标，这些县域的其他债务负担指标可能并没有超过门限值。

| 省份 | 县 | 政府债务余额<br>（2019 年）<br>（亿元） | 负债率<br>（2019 年）<br>（%） | 负债率年均增加<br>（2016～2019 年）<br>（%） | 预计负债率<br>（2024 年）<br>（%） |
|---|---|---|---|---|---|
| 四川 | 昭觉县 | 26.9 | 68.7 | 13.3 | 135.5 |
| 四川 | 美姑县 | 26.3 | 73.3 | 19.6 | 171.4 |
| 甘肃 | 渭源县 | 19.4 | 52.6 | 14.4 | 124.8 |
| 甘肃 | 宕昌县 | 15.6 | 52.8 | 14.3 | 124.4 |
| 甘肃 | 康乐县 | 16.2 | 77.6 | 17.1 | 163.2 |
| 宁夏 | 永宁县 | 148.5 | 147.2 | 1.5 | 154.6 |
| 新疆 | 洛浦县 | 22.9 | 57.9 | 12.8 | 122.1 |
| 新疆 | 策勒县 | 14.0 | 55.2 | 15.5 | 132.7 |
| 新疆 | 吉木乃县 | 12.8 | 65.7 | 12.8 | 129.5 |
| 内蒙古 | 阿尔山市 | 29.9 | 154.3 | 13.3 | 220.6 |
| 吉林 | 和龙市 | 19.4 | 59.6 | 12.6 | 122.5 |
| 黑龙江 | 绥芬河市 | 32.2 | 58.9 | 15.7 | 137.2 |
| 甘肃 | 阿克塞哈萨克族自治县 | 5.8 | 57.1 | 13.4 | 124.3 |

## 7.2　县级政府举债空间的定性评估

本节按照如下步骤对县域地方政府举债空间进行评估①。第一步是确认县域地方政府债务的规模。以每年年末的地方政府债务（含债券）作为债务规模的指标。

第二步是测算县域人均政府债务余额、县级政府负债率、县级政府债务率和县级政府债务余额限额比四个相对债务负担指标，及其在 2016～2019 年的变化情况②。

第三步是根据债务负担指标来确定县级政府债务负担较高的县域。利用上述步骤测算的绝对指标和相对指标，可以计算县级政府债务规模与其债务负担能力的比例。人均债务余额、负债率、债务率比值越高，债务余额限额比越接近1，说明债务负担越重，未来的举债空间就越有限。将上述相对负担指标的平均值作为第一类划分标准，考察每个县域这四项指标

---

① 更具体的说明，见3.2节的分析。
② 详见第5～6章的分析。

高于全国平均值的项数。如果四项指标均在平均值以上的，可以认定为举债空间相对更小的县域。

表 7 – 7 列示按照四项指标划分的县域分布情况。在全部县域中，2019 年有 241 个县域这四项指标均超过全国平均水平，较 2016 年的 219 个县域增加了 22 个县域，占到样本县域的 18.8%。这 241 个县域，分布在 21 个省份。位于内蒙古的县域数量最多，有 37 个；其次是贵州有 23 个县域；还有 7 个省满足这一标准的县域数在 10 个以上。分县域类型来看，四项指标均超过全国平均水平的县有 168 个，占到样本县总数的 18.1%；县级市 60 个，占到全部样本县级市的 20.6%；2016 年的自治县 13 个，占到样本自治县总数的 20%。

表 7 – 7　　　　2016 年和 2019 年县级政府债务负担程度分布情况　　　　单位：个

| 年份 | 县域类型 | 四项指标均高于全国平均 | 三项指标高于全国平均 | 二项指标均高于全国平均 | 一项指标均高于全国平均 | 四项指标均低于全国平均 |
|---|---|---|---|---|---|---|
| 2016 | 县域 | 219 | 196 | 184 | 335 | 348 |
| | 县 | 150 | 124 | 133 | 271 | 248 |
| | 县级市 | 59 | 62 | 39 | 50 | 81 |
| | 自治县 | 10 | 10 | 12 | 14 | 19 |
| 2019 | 县域 | 241 | 223 | 271 | 310 | 237 |
| | 县 | 168 | 157 | 196 | 229 | 176 |
| | 县级市 | 60 | 57 | 62 | 64 | 48 |
| | 自治县 | 13 | 9 | 13 | 17 | 13 |

注：本节分析中选择 2016 年、2019 年均有政府债务余额、限额数据的县域，样本数为 1282 个。四项指标分别为负债率、债务率、人均债务余额、债务余额占限额比重。给定样本县域，这四项指标在 2016 年的全国平均水平分别为 11.8%、60.9%、4493 元和 91.9%；2019 年的全国平均水平分别为 15.0%、61.4%、6638 元和 91.4%。本表分别根据 2016 年和 2019 年的平均值进行划分。

资料来源：同表 6 – 5。

与 2016 年相比，两项以上指标超过全国平均的县域均有所增加。三项指标均高于全国平均的县域从 2016 年的 196 个增加到 2019 年的 223 个；两项指标高于全国平均的县域从 184 个增加到 2019 年的 271 个。

在这 241 个县域中，有 130 个在 2016 年也属于四项指标均高于全国平均的县域。从四项债务指标来看，可以将这 241 个县域分为两组，第一组为在样本期初不满足上述条件，但是在样本期间满足四项指标均超过标准的县域，共计 111 个；第二组为在期初和期末四项指标均高于全国平均水平的县域，共计 130 个。表 7 – 8 列示这 130 个县域的债务余额、增长率和债务负担指标情况。

表 7 - 8　　　　　　　　高债务负担县域情况（2019 年）

| 省份 | 区县 | 县域类型 | 政府债务余额（亿元） | 增长率（%） | 负债率（%） | 债务率（%） | 人均政府债务（元） | 余额限额比（%） |
|------|------|---------|------------------|-----------|-----------|-----------|----------------|--------------|
| 福建 | 平潭县 | 县 | 358.51 | 2.1 | 126.7 | 208.7 | 79369 | 93.9 |
| 湖南 | 长沙县 | 县 | 279.61 | 2.1 | 16.4 | 80.6 | 34166 | 104.9 |
| 内蒙古 | 伊金霍洛旗 | 县 | 278.70 | 5.9 | 38.1 | 312.0 | 155873 | 98.4 |
| 浙江 | 安吉县 | 县 | 178.06 | 0.0 | 37.9 | 108.3 | 37711 | 99.9 |
| 贵州 | 独山县 | 县 | 135.68 | 17.2 | 107.9 | 236.9 | 37923 | 98.3 |
| 江苏 | 射阳县 | 县 | 132.53 | 20.5 | 23.5 | 93.5 | 14023 | 98.9 |
| 浙江 | 嘉善县 | 县 | 123.65 | 14.2 | 19.7 | 72.0 | 30510 | 99.2 |
| 江苏 | 建湖县 | 县 | 111.96 | 12.9 | 19.8 | 81.2 | 14402 | 99.1 |
| 江苏 | 阜宁县 | 县 | 111.15 | 17.5 | 20.0 | 92.2 | 9959 | 98.4 |
| 浙江 | 淳安县 | 县 | 109.27 | 8.7 | 42.9 | 131.9 | 23822 | 100.0 |
| 贵州 | 黔西县 | 县 | 109.01 | -0.2 | 51.7 | 153.8 | 10747 | 99.8 |
| 四川 | 金堂县 | 县 | 101.59 | 16.5 | 23.1 | 84.5 | 11243 | 95.2 |
| 安徽 | 金寨县 | 县 | 99.72 | 24.0 | 53.1 | 101.7 | 14570 | 97.1 |
| 四川 | 南部县 | 县 | 90.69 | 1.8 | 22.6 | 118.6 | 7338 | 95.1 |
| 内蒙古 | 阿拉善左旗 | 县 | 87.29 | 2.4 | 36.6 | 584.7 | 59773 | 96.1 |
| 江苏 | 灌南县 | 县 | 85.22 | 12.5 | 22.3 | 80.0 | 10413 | 93.6 |
| 福建 | 漳浦县 | 县 | 82.69 | 16.3 | 15.9 | 133.1 | 8757 | 96.1 |
| 湖南 | 汝城县 | 县 | 81.52 | 2.4 | 93.2 | 188.1 | 19270 | 100.0 |
| 贵州 | 瓮安县 | 县 | 79.36 | -2.7 | 54.2 | 161.5 | 15967 | 94.3 |
| 四川 | 通江县 | 县 | 77.72 | 6.3 | 58.0 | 129.7 | 10747 | 97.8 |
| 山东 | 临朐县 | 县 | 70.83 | 9.1 | 23.0 | 90.0 | 7631 | 99.1 |
| 贵州 | 水城县 | 县 | 69.90 | 7.1 | 22.5 | 104.5 | 7127 | 97.4 |
| 湖南 | 桂阳县 | 县 | 69.72 | 0.1 | 19.1 | 105.1 | 7645 | 99.2 |
| 安徽 | 芜湖县 | 县 | 67.19 | 7.6 | 21.3 | 103.0 | 19267 | 99.5 |
| 内蒙古 | 乌审旗 | 县 | 66.66 | 9.8 | 21.6 | 133.7 | 56992 | 95.9 |
| 贵州 | 桐梓县 | 县 | 65.94 | -1.8 | 44.3 | 100.4 | 8820 | 97.6 |
| 安徽 | 凤阳县 | 县 | 63.96 | 16.5 | 16.1 | 84.8 | 8067 | 97.9 |
| 浙江 | 三门县 | 县 | 62.17 | 8.4 | 23.4 | 87.7 | 13902 | 99.9 |
| 贵州 | 德江县 | 县 | 61.00 | 3.7 | 44.4 | 112.2 | 11145 | 99.2 |
| 四川 | 西充县 | 县 | 60.82 | 11.1 | 35.7 | 109.0 | 10125 | 98.0 |
| 贵州 | 金沙县 | 县 | 58.07 | -1.1 | 25.7 | 63.7 | 8197 | 96.5 |
| 贵州 | 安龙县 | 县 | 57.85 | 0.1 | 41.8 | 86.5 | 11711 | 99.9 |

续表

| 省份 | 区县 | 县域类型 | 政府债务余额（亿元） | 增长率（%） | 负债率（%） | 债务率（%） | 人均政府债务（元） | 余额限额比（%） |
|---|---|---|---|---|---|---|---|---|
| 山东 | 汶上县 | 县 | 56.50 | 10.3 | 26.1 | 82.7 | 6850 | 97.5 |
| 湖南 | 永兴县 | 县 | 53.38 | 3.5 | 16.8 | 110.2 | 7589 | 99.7 |
| 山东 | 金乡县 | 县 | 53.07 | 9.6 | 25.4 | 94.9 | 7772 | 98.2 |
| 四川 | 开江县 | 县 | 52.66 | 5.1 | 37.1 | 142.5 | 9090 | 96.8 |
| 浙江 | 遂昌县 | 县 | 51.69 | 23.3 | 41.5 | 73.1 | 22460 | 100.0 |
| 安徽 | 郎溪县 | 县 | 50.84 | 6.1 | 28.2 | 94.7 | 14618 | 96.3 |
| 贵州 | 石阡县 | 县 | 50.80 | -0.5 | 46.8 | 133.1 | 12202 | 99.0 |
| 贵州 | 思南县 | 县 | 50.71 | -0.8 | 31.1 | 85.0 | 7334 | 98.0 |
| 辽宁 | 盘山县 | 县 | 50.70 | 5.0 | 26.6 | 101.2 | 18492 | 100.0 |
| 湖南 | 安仁县 | 县 | 50.70 | 2.7 | 46.8 | 149.6 | 10908 | 100.0 |
| 贵州 | 贞丰县 | 县 | 50.60 | 3.2 | 35.4 | 103.7 | 11716 | 99.1 |
| 浙江 | 岱山县 | 县 | 47.57 | 13.8 | 19.2 | 69.4 | 26962 | 100.0 |
| 河北 | 磁县 | 县 | 46.29 | 8.2 | 57.9 | 131.7 | 9662 | 91.8 |
| 湖南 | 宜章县 | 县 | 45.70 | 5.7 | 21.2 | 73.0 | 7020 | 99.9 |
| 安徽 | 南陵县 | 县 | 44.06 | 8.8 | 16.2 | 85.5 | 8011 | 93.5 |
| 新疆 | 鄯善县 | 县 | 42.96 | 22.0 | 26.2 | 122.3 | 19402 | 96.3 |
| 辽宁 | 法库县 | 县 | 42.40 | 17.3 | 23.0 | 125.6 | 9715 | 93.0 |
| 安徽 | 霍山县 | 县 | 42.18 | 8.1 | 26.2 | 89.5 | 11636 | 97.2 |
| 四川 | 盐亭县 | 县 | 41.41 | 10.9 | 25.7 | 78.7 | 7709 | 94.4 |
| 湖南 | 嘉禾县 | 县 | 39.14 | -2.6 | 27.7 | 121.7 | 8957 | 100.0 |
| 贵州 | 江口县 | 县 | 39.12 | -0.5 | 58.3 | 129.9 | 15432 | 99.8 |
| 福建 | 古田县 | 县 | 37.94 | 19.0 | 19.3 | 95.9 | 8873 | 96.2 |
| 安徽 | 歙县 | 县 | 37.06 | 10.3 | 19.2 | 85.3 | 7840 | 97.2 |
| 贵州 | 荔波县 | 县 | 36.28 | 0.9 | 51.7 | 84.9 | 19655 | 100.0 |
| 内蒙古 | 固阳县 | 县 | 35.88 | 2.5 | 62.8 | 151.9 | 18095 | 99.7 |
| 贵州 | 修文县 | 县 | 35.63 | -3.0 | 20.3 | 86.4 | 10756 | 93.7 |
| 贵州 | 镇远县 | 县 | 31.63 | -4.2 | 54.0 | 170.8 | 11434 | 97.7 |
| 湖南 | 新田县 | 县 | 31.63 | 13.2 | 33.9 | 97.7 | 7042 | 100.2 |
| 内蒙古 | 奈曼旗 | 县 | 30.95 | 4.2 | 25.0 | 67.1 | 6942 | 100.0 |
| 内蒙古 | 兴和县 | 县 | 30.93 | -14.4 | 54.7 | 111.2 | 9747 | 96.4 |
| 湖北 | 竹溪县 | 县 | 29.76 | 11.2 | 35.2 | 67.0 | 8329 | 94.5 |

续表

| 省份 | 区县 | 县域类型 | 政府债务余额（亿元） | 增长率（%） | 负债率（%） | 债务率（%） | 人均政府债务（元） | 余额限额比（%） |
|------|------|----------|------------------|----------|----------|----------|----------------|----------------|
| 内蒙古 | 达尔罕茂明安联合旗 | 县 | 29.60 | 2.7 | 32.2 | 234.5 | 26782 | 99.8 |
| 福建 | 华安县 | 县 | 29.15 | 17.9 | 16.6 | 167.2 | 17407 | 98.3 |
| 湖南 | 临武县 | 县 | 29.13 | 9.5 | 20.5 | 85.1 | 7587 | 99.1 |
| 内蒙古 | 阿荣旗 | 县 | 28.34 | 10.2 | 29.5 | 64.1 | 8898 | 98.6 |
| 福建 | 寿宁县 | 县 | 28.05 | 20.0 | 27.9 | 119.6 | 10579 | 97.0 |
| 贵州 | 平塘县 | 县 | 26.93 | 9.5 | 31.3 | 83.9 | 7991 | 93.7 |
| 内蒙古 | 巴林左旗 | 县 | 26.87 | 10.6 | 22.5 | 64.4 | 7911 | 98.8 |
| 山西 | 平定县 | 县 | 26.13 | 15.9 | 23.5 | 96.3 | 8188 | 96.9 |
| 新疆 | 富蕴县 | 县 | 25.95 | 14.3 | 39.6 | 88.8 | 26983 | 98.1 |
| 内蒙古 | 五原县 | 县 | 25.73 | 9.8 | 24.5 | 73.4 | 9183 | 100.0 |
| 陕西 | 镇安县 | 县 | 25.40 | 9.5 | 24.0 | 66.2 | 8466 | 99.4 |
| 内蒙古 | 多伦县 | 县 | 25.05 | 6.9 | 53.1 | 133.8 | 22411 | 91.8 |
| 安徽 | 青阳县 | 县 | 24.60 | 9.3 | 16.4 | 79.3 | 8912 | 99.0 |
| 内蒙古 | 乌拉特后旗 | 县 | 23.92 | 2.4 | 33.3 | 118.3 | 40884 | 100.0 |
| 内蒙古 | 正蓝旗 | 县 | 22.88 | 1.1 | 39.6 | 174.0 | 27097 | 91.5 |
| 安徽 | 休宁县 | 县 | 21.87 | 15.2 | 19.9 | 74.4 | 8133 | 98.6 |
| 内蒙古 | 乌拉特中旗 | 县 | 20.79 | 0.9 | 21.1 | 76.2 | 14526 | 100.6 |
| 内蒙古 | 凉城县 | 县 | 20.29 | 2.5 | 42.0 | 70.9 | 8724 | 100.2 |
| 内蒙古 | 察哈尔右翼后旗 | 县 | 20.26 | 6.0 | 30.9 | 89.7 | 9898 | 99.6 |
| 四川 | 青神县 | 县 | 19.80 | 8.4 | 22.7 | 98.8 | 10262 | 92.6 |
| 内蒙古 | 磴口县 | 县 | 19.80 | 9.6 | 36.1 | 127.1 | 17505 | 100.0 |
| 湖南 | 桂东县 | 县 | 18.58 | 11.8 | 42.8 | 77.8 | 9959 | 99.6 |
| 内蒙古 | 库伦旗 | 县 | 18.51 | 6.4 | 34.5 | 82.6 | 10436 | 100.0 |
| 福建 | 柘荣县 | 县 | 18.45 | 19.3 | 25.8 | 103.0 | 16766 | 96.1 |
| 安徽 | 绩溪县 | 县 | 18.11 | 12.7 | 20.6 | 81.7 | 10395 | 99.6 |
| 湖南 | 双牌县 | 县 | 17.40 | 14.4 | 24.6 | 67.0 | 9586 | 98.6 |
| 内蒙古 | 镶黄旗 | 县 | 14.65 | 4.7 | 66.3 | 165.6 | 46724 | 91.5 |
| 内蒙古 | 武川县 | 县 | 14.49 | -9.0 | 28.6 | 87.2 | 8550 | 93.0 |
| 山西 | 左云县 | 县 | 12.31 | 14.1 | 18.3 | 68.0 | 9003 | 98.3 |

续表

| 省份 | 区县 | 县域类型 | 政府债务余额（亿元） | 增长率（%） | 负债率（%） | 债务率（%） | 人均政府债务（元） | 余额限额比（%） |
|---|---|---|---|---|---|---|---|---|
| 内蒙古 | 新巴尔虎左旗 | 县 | 9.65 | 6.7 | 39.4 | 73.2 | 23082 | 94.4 |
| 浙江 | 诸暨市 | 县级市 | 231.19 | 9.8 | 17.6 | 120.4 | 21321 | 100.0 |
| 江苏 | 泰兴市 | 县级市 | 220.30 | 9.9 | 20.3 | 110.5 | 18844 | 95.9 |
| 贵州 | 盘州市 | 县级市 | 209.40 | -0.9 | 39.1 | 132.5 | 16038 | 98.6 |
| 江苏 | 启东市 | 县级市 | 196.04 | 1.7 | 16.9 | 106.5 | 17765 | 92.0 |
| 江苏 | 海安市 | 县级市 | 190.29 | 5.2 | 16.8 | 83.2 | 20648 | 93.3 |
| 云南 | 安宁市 | 县级市 | 168.00 | 5.9 | 29.2 | 168.6 | 59426 | 93.8 |
| 浙江 | 桐乡市 | 县级市 | 152.36 | 8.1 | 15.7 | 71.8 | 21621 | 100.0 |
| 山东 | 诸城市 | 县级市 | 146.94 | 2.9 | 23.1 | 87.5 | 13126 | 99.5 |
| 山东 | 寿光市 | 县级市 | 131.54 | 7.6 | 17.1 | 129.9 | 11858 | 99.3 |
| 辽宁 | 盖州市 | 县级市 | 122.84 | -0.6 | 77.7 | 232.5 | 17977 | 96.0 |
| 内蒙古 | 锡林浩特市 | 县级市 | 122.60 | 10.2 | 57.5 | 385.1 | 62513 | 103.4 |
| 浙江 | 东阳市 | 县级市 | 110.47 | 13.0 | 17.3 | 80.5 | 12987 | 99.9 |
| 辽宁 | 大石桥市 | 县级市 | 104.84 | 5.1 | 38.1 | 224.4 | 15296 | 98.3 |
| 贵州 | 兴仁市 | 县级市 | 92.76 | 15.9 | 50.9 | 85.3 | 16174 | 99.3 |
| 内蒙古 | 乌兰浩特市 | 县级市 | 90.40 | 16.8 | 51.2 | 226.5 | 28140 | 99.8 |
| 贵州 | 都匀市 | 县级市 | 78.42 | 1.6 | 36.7 | 145.1 | 15416 | 99.6 |
| 内蒙古 | 霍林郭勒市 | 县级市 | 75.83 | 21.0 | 52.8 | 430.7 | 91123 | 100.0 |
| 浙江 | 江山市 | 县级市 | 72.29 | 18.9 | 23.8 | 78.9 | 11745 | 100.0 |
| 福建 | 永安市 | 县级市 | 69.06 | 2.4 | 16.0 | 162.1 | 20958 | 93.0 |
| 贵州 | 清镇市 | 县级市 | 67.62 | -6.2 | 25.7 | 72.2 | 12367 | 96.9 |
| 内蒙古 | 满洲里市 | 县级市 | 66.36 | 5.2 | 44.6 | 144.9 | 38412 | 96.8 |
| 辽宁 | 开原市 | 县级市 | 63.24 | 10.7 | 61.7 | 184.8 | 11361 | 99.0 |
| 安徽 | 桐城市 | 县级市 | 57.09 | 11.5 | 15.0 | 83.5 | 7593 | 96.8 |
| 海南 | 东方市 | 县级市 | 55.56 | 14.2 | 28.3 | 83.2 | 12062 | 96.9 |
| 四川 | 隆昌市 | 县级市 | 55.47 | 7.2 | 19.0 | 106.1 | 7262 | 95.8 |
| 云南 | 瑞丽市 | 县级市 | 42.41 | 5.4 | 28.3 | 118.5 | 29795 | 91.8 |
| 新疆 | 博乐市 | 县级市 | 42.23 | 31.7 | 25.7 | 87.0 | 16331 | 96.7 |
| 黑龙江 | 穆棱市 | 县级市 | 36.15 | 10.5 | 30.3 | 102.4 | 13516 | 96.9 |
| 黑龙江 | 绥芬河市 | 县级市 | 32.16 | 22.8 | 58.9 | 131.4 | 46517 | 96.7 |
| 内蒙古 | 阿尔山市 | 县级市 | 29.89 | 13.4 | 154.3 | 168.7 | 67402 | 99.3 |

| 省份 | 区县 | 县域类型 | 政府债务余额（亿元） | 增长率（%） | 负债率（%） | 债务率（%） | 人均政府债务（元） | 余额限额比（%） |
|---|---|---|---|---|---|---|---|---|
| 江西 | 庐山市 | 县级市 | 27.91 | 1.4 | 20.1 | 77.4 | 10012 | 102.6 |
| 湖南 | 韶山市 | 县级市 | 19.70 | 17.9 | 21.3 | 136.6 | 16384 | 100.0 |
| 贵州 | 玉屏侗族自治县 | 自治县 | 91.89 | -2.1 | 98.0 | 167.0 | 53368 | 100.0 |
| 贵州 | 沿河土家族自治县 | 自治县 | 56.35 | 1.2 | 45.6 | 107.5 | 8081 | 99.8 |
| 贵州 | 务川仡佬族苗族自治县 | 自治县 | 51.30 | 1.7 | 66.3 | 85.9 | 10682 | 99.5 |
| 贵州 | 紫云苗族布依族自治县 | 自治县 | 34.05 | 4.9 | 46.3 | 130.0 | 8292 | 98.0 |
| 海南 | 昌江黎族自治县 | 自治县 | 31.11 | 10.3 | 24.6 | 92.2 | 12096 | 97.9 |

注：政府债务余额、负债率、债务率、人均政府债务余额、债务余额限额比均为2019年，增长率为2016~2019年政府债务余额的年均增长率。

第四步是根据债务分布变动来分析样本期内不同类型县域对政府债务的控制情况。通过比较样本期内县级政府债务占全部县级政府债务比重变化的情况，来确定同期债务积累较快的县域。2019年与2016年的县级政府债务占比大于1，表示在这一时期县域的相对举债力度在增加，这也意味着这些县域未来的举债空间会有所削弱。在样本期内，765个县域2019年的政府债务份额较2016年增加。

将四项相对指标下识别出来的县域与和使用绝对指标区分的县域相结合，可以对县级政府债务的举债空间进行定性评判。有31个县域自2016年开始各项债务负担指标均高于全国平均水平，并且2019年的债务余额占县级政府债务的份额还较2016年有所增加。与其他县域相比，这31个县域即属于债务负担重、债务增长快、举债空间窄的县域（见表7-9）。而99个县域虽然在2016年和2019年的四项相对指标均超过全国平均，但是2019年政府债务余额占县级政府债务的份额较2016年下降，说明这些县域的政府债务的增速低于全国平均水平，政府债务负担的缓解尚需一段时间。

| 表 7 - 9 | 基准分析法判定的举债空间较窄的县域 |
|---|---|
| 判定标准 | 县域名称 |
| 2016 年和 2019 年四项指标均高于全国平均、2019 年债务份额高于 2016 年 | 山西左云县，山西平定县，辽宁法库县，江苏阜宁县，江苏射阳县，浙江嘉善县，浙江岱山县，浙江遂昌县，安徽休宁县，安徽凤阳县，安徽金寨县，福建古田县，福建寿宁县，福建柘荣县，福建华安县，福建漳浦县，湖南双牌县，湖南新田县，四川金堂县，贵州独山县，新疆鄯善县，新疆富蕴县，内蒙古霍林郭勒市，内蒙古乌兰浩特市，内蒙古阿尔山市，黑龙江绥芬河市，浙江江山市，湖南韶山市，海南东方市，贵州兴仁市，新疆博乐市（31 个县域） |
| 2019 年四项指标均高于全国平均、2016 年无一项指标高于全国平均、2019 年债务份额高于 2016 年 | 内蒙古土默特左旗，河北尚义县，河北怀来县，吉林通榆县，黑龙江宝清县，黑龙江勃利县，江苏丰县，江苏睢宁县，福建光泽县，黑龙江海林市，吉林伊通满族自治县（11 个县域） |
| 2019 年四项指标均高于全国平均、2016 年仅有一项指标高于全国平均、2019 年债务份额高于 2016 年 | 内蒙古乌拉特前旗，河北涉县，河北隆化县，河北安平县，吉林通化县，吉林汪清县，黑龙江宾县，福建长汀县，山东高青县，湖北秭归县，甘肃民勤县，甘肃徽县，甘肃合水县，辽宁新民市，吉林洮南市，吉林敦化市，黑龙江东宁市，湖南江华瑶族自治县（18 个县域） |

对于 2016 年初不符合标准、在 2019 年四项债务指标均高于全国平均的 111 个县域而言，有 84 个县域在 2019 年的政府债务份额超过 2016 年。正是这 84 个县域的政府债务以高于全国平均水平的速度增长，才使得其四项指标在样本期内均超过了全国平均水平。在这类县域中，有 11 个县域在 2016 年的各项债务负担指标均低于全国平均；有 18 个县域在 2016 年仅有一项债务指标高于全国平均。这 29 个县域的政府债务增长明显过快，属于应该重点关注、同时控制举债空间的县域（见表 7 - 9）。

## 7.3　债务限额法下的县级政府举债空间测算

采用债务限额法计算县级政府的举债空间时，本书需要设定县级政府年度债务还本付息额占本年度综合财力比重的上限，作为测算不同县域举债空间的指标。参数设定和测算过程如下：

模型参数设定：首先需要界定年度债务还本付息额占综合财力之比的上限值以确定地方政府债务还本付息能力；按照县域所属省份 2019 年地

方政府债券的平均期限和债券平均利率，作为债务基准期限债券利率，测算未来 5 年的债务发行空间，以及每年的债务规模上限；同时基于 2016～2019 年的综合财力增速来外推未来 5 年地方政府综合财力。

模型测算步骤：根据未来 5 年地方政府综合财力和债务还本付息能力，确定每年可以还本付息的最大金额；结合本年度债务还本付息金额计算本年度地方政府剩余还本付息空间，确定地方政府净偿债能力；根据净偿债能力测算地方政府举债空间；根据债券发行期限和利率测算未来 5 年可以发行的债务规模；通过利率变动、综合财力变动来进行举债空间的敏感性分析。

按照县级政府债务余额、地区产出水平、人口规模、地区财政收入等指标，选择最接近上述指标 2019 年全国县域平均水平的福建霞浦县作为示例①。该县 2019 年的政府债务余额为 32.9756 亿元，县域生产总值为 254.6 亿元，户籍人口 55 万人，地区财政收入 26.9 亿元。根据该县 2019 年和 2020 年的财政决算报告，霞浦县在 2020～2025 年到期债务本金分别为 21434 万元、29563 万元、32398 万元、73155 万元、53347 万元和 23762 万元；2026 年及以后年度到期本金为 92193 万元。2020 年债务利息支出为 12570 万元，其中一般债务利息支出为 8479 万元，占 2020 年一般公共预算支出的 2.07%；专项债务付息支出为 4091 万元，占 2020 年政府性基金预算支出的 2.15%。该县在 2020 年的综合财力为 638961 万元。债务应还本付息额为 34004 万元，占综合财力的比重为 5.32%。2020 年，霞浦县发行了 10715 万元的再融资转贷债券，以借新还旧的方式对部分到期的债务本金进行延展。由此推断，霞浦县依靠自有财力还本付息的金额占综合财力的比重为 3.6%。这表明对于一个处于全国县域平均水平的县而言，其综合财力中能用于债务还本付息的比重也在 5% 以下。

基于霞浦县的情况，设定在未来 10 年内（2020～2029 年），适度提高地方政府还本付息能力，即将年度债务还本付息金额占地方政府综合财力的比重设定为 6%。其中固定用于偿还已发生债务本金的比率定为 4%，同时将各年度需要再融资的债务本金以 3 年期、5 年期和 7 年期三类期限发行债券，留出 2% 的空间用于发行 10 年期的新债。债务利率设定为 4%，略高于 2020 年 10 年期国债利率，以体现地方政府债券的风险溢价水平。

---

① 2019 年全国县级政府债务余额均值为 34.73 亿元，县域产出水平均值为 232.23 亿元，县域人口规模均值为 52.3 万人，地区财政收入均值为 28.21 亿元。

由表 7 - 10 可知，假定霞浦县未来 10 年的综合财力以 2016 ~ 2019 年年均 11.66% 的速度增长。通过将综合财力的 4% 用于固定偿还当年到期的本金，随着综合财力的稳步上升，其每年能够还本的金额是递增的，从 2020 年的 37557 万元逐渐增加到 2029 年的 101337 万元。然后将各年度通过再融资偿还的债务以 3 年期、5 年期和 7 年期的债券形式进行置换，延长债券期限。在 2029 年，其新增举债空间可以达到 273977 万元。

以 2021 年为例，霞浦县需要偿还 33483 万元的债务本息，然后将剩余的 5526 万元进行展期。在 2024 年、2026 年和 2028 年各偿还其中的 1/3，在 2021 年剩余的还本付息能力为 13979 万元。以发行年利率为 4% 的 10 年期地方政府一般债券为例，其 2021 年可以发行的债务规模为 113379 万元。根据这一推算，2021 年底满额举债下霞浦县政府债务余额将达到 491680 万元，债务率为 70.35%。相比 2019 年的债务率 58.82%，上升约 11.5 个百分点。

采用该方法测算的地方政府举债空间，实际上对地方政府的可新增债务规模严格约束在综合财力的 2 个百分点以内，以确保新增债务规模与地方政府的综合财力增速相匹配，从而逐渐消化存量债务。该方法能够有效地控制地方政府的债务率水平，降低地方政府性债务的风险。由表 7 - 10 可知，这一债务率能够持续控制在 100% 以内的水平处。当然这一方法作为一个静态的测算，存在两个不足之处。第一，受数据约束，无法准确包含存量债务资金每年需要承担的年度利息支出。如果将上述利息支出包括在内，将增加债务率水平，但是并不会减弱地方政府每年新增债务规模。第二，新增债务规模受到未来财政收入变动的影响较大。如果霞浦县综合财力增幅减少 1%，将导致未来新增债务规模减小约 23000 万元，而债务率水平则会比基准设定提高 5 个百分点，达到 102.1%。本节的测算对未来综合财力的预测主要依赖于 2016 ~ 2019 年各类财政收入的平均增速，其稳健性较弱。

表 7 - 11 给出不同条件下，地方政府的举债空间和债务率水平。如果未来霞浦县的综合财力增速上升 1%，2020 年的新增举债空间会扩大 26000 万元，债务率的上升速度会相应下降。而债券利率上浮 25 个基点，会导致新增举债空间减少 6000 万元；如果债券利率下浮 25 个基点，对于举债空间的影响不大，但是会导致债务率下降 20 个百分点以上，从基准设定下的 97.7% 下降到 73.8%。在低利率环境下，政府债务的可持续性和政府债务的举债空间均会出现较大幅度的增加（见表 7 - 12）。

表7-10　县级政府债务举债空间测算：以霞浦县为例（2020～2029年）

| 财政年度 | (1) 综合财力（万元） | (2) 年度还本付息能力（万元）基准利率4.0% | (3) 年度应还本付息总额（万元）新增债务举债期限10年 | (4) 年度实际还本付息额（万元） | (5) 年度展期金额（展期3年、5年、7年）（万元） | (6) 还本付息能力剩余空间（万元） | (7) 可新增债务规模（10年期）（万元）综合财力增速11.66% | (8) 负有偿还责任债务余额（万元） | (9) 债务率（%） |
|---|---|---|---|---|---|---|---|---|---|
| 2019 | 560582 | 33635 |  |  |  |  |  | 329756 | 58.8 |
| 2020 | 625946 | 37557 | 21434 | 25038 | -3604 | 12519 | 101540 | 406258 | 64.9 |
| 2021 | 698931 | 41936 | 33484 | 27957 | 5527 | 13979 | 113379 | 491680 | 70.3 |
| 2022 | 780427 | 46826 | 41070 | 31217 | 9853 | 15609 | 126599 | 587062 | 75.2 |
| 2023 | 871424 | 52285 | 66266 | 34857 | 31409 | 17428 | 141361 | 693565 | 79.6 |
| 2024 | 973032 | 58382 | 46650 | 38921 | 7729 | 19461 | 157843 | 812487 | 83.5 |
| 2025 | 1086488 | 65189 | 48111 | 43460 | 4652 | 21730 | 176248 | 945276 | 87.0 |
| 2026 | 1213172 | 72790 | 65490 | 48527 | 16963 | 24263 | 196798 | 1093547 | 90.1 |
| 2027 | 1354628 | 81278 | 65763 | 54185 | 11578 | 27093 | 219745 | 1259107 | 92.9 |
| 2028 | 1512578 | 90755 | 84153 | 60503 | 23650 | 30252 | 245367 | 1443971 | 95.5 |
| 2029 | 1688945 | 101337 | 193542 | 67558 | 125984 | 33779 | 273977 | 1650390 | 97.7 |

注：(1) 综合财力为地方一般公共预算支出和政府性基金收入之和，以2016～2019年的平均增速为后10年的平均增速的约束，受可获取公开数据的约束，测算的县域综合财力与各省财政部门确定政府债务限额的综合财力存在差异。

(2) 年度还本付息能力为综合财力为综合财力的6%。

(3) 年度应还本付息总额为该县政府财政决算报告中报告的末5年还本金额，因为财政决算报告中并未给出2026年以后的还本金额，本书假设2026年及以后的还本本金额在未来6年内均摊。

(4) 年度实际还本付息额为综合财力的4%（即（1）×4%）。

(5) 年度展期金额，即相对于超出固定还本额的本年度应还本额，按照分别采用3年、5年、7年期的一般债券进行存量置换。从而将存量债务进行展期适当拉长，以本表为例，2020年的应还本付息总额，2023年、2025年和2027年各偿还1/3，为便于计算，将上述每年展期债务进行存量置换后，地方政府每年剩余可以为新增债务付息的能力。

(6) 还本付息能力剩余空间，是指在满足固定还本金额的利息支出后，考虑上述每年展期债务进行存量置换后，地方政府每年剩余可以为新增债务付息的能力。

(7) 可新增债务规模（10年期），是指在给定的举债期限（10年期）利率水平（4.0%），其他条件不变情况下当年度新增举债规模的余额。

(8) 负有偿还责任债务总额，即本年年初债务总额加上本年度新增举债本金额减去本年度债务存量置换减本年度还本金额。

(9) 债务率，即年末债务余额与当年政府综合财力的比率。

表7-11　不同条件下霞浦县地方政府举债空间和债务负担比较

| 年份 | 基准设定 | | 综合财力增速下降1% | | 综合财力增速上调1% | | 债券利率上浮0.25% | | 债券利率下调0.25% | |
|---|---|---|---|---|---|---|---|---|---|---|
| | 新增债务空间（万元） | 债务率（%） | 新增债务空间（万元） | 债务率（%） | 新增债务空间（万元） | 债务率（%） | 新增债务空间（万元） | 债务率（%） | 新增债务空间（万元） | 债务率（%） |
| 2020 | 101540 | 64.9 | 100630 | 65.4 | 102449 | 64.4 | 100162 | 64.8 | 102686 | 12.4 |
| 2021 | 113379 | 70.3 | 111357 | 71.3 | 115419 | 69.4 | 111701 | 70.1 | 114516 | 22.6 |
| 2022 | 126599 | 75.2 | 123228 | 76.7 | 130031 | 73.8 | 124568 | 74.9 | 127708 | 31.7 |
| 2023 | 141361 | 79.6 | 136364 | 81.5 | 146493 | 77.8 | 138919 | 79.2 | 142420 | 39.8 |
| 2024 | 157843 | 83.5 | 150901 | 85.9 | 165039 | 81.2 | 154922 | 83.0 | 158827 | 47.1 |
| 2025 | 176248 | 87.0 | 166987 | 89.8 | 185933 | 84.3 | 172769 | 86.5 | 177124 | 53.7 |
| 2026 | 196798 | 90.1 | 184788 | 93.4 | 209472 | 87.1 | 192672 | 89.5 | 197528 | 59.6 |
| 2027 | 219745 | 92.9 | 204486 | 96.6 | 235991 | 89.5 | 214868 | 92.3 | 220283 | 64.8 |
| 2028 | 245367 | 95.5 | 226284 | 99.5 | 265868 | 91.7 | 239621 | 94.8 | 245660 | 69.6 |
| 2029 | 273977 | 97.7 | 250406 | 102.2 | 299527 | 93.6 | 267225 | 97.0 | 273960 | 73.8 |

表7-12 高债务负担县域的举债空间测算

| 县域 | 2019年政府债务余额（万元） | 基准设定 | | 综合财力增速下降1% | | 综合财力增速上调1% | | 债券利率上浮0.25% | | 债券利率下调0.25% | |
|---|---|---|---|---|---|---|---|---|---|---|---|
| | | 新增债务空间（万元） | 债务率（%） | 新增债务空间（万元） | 债务率（%） | 新增债务空间（万元） | 债务率（%） | 新增债务空间（万元） | 债务率（%） | 新增债务空间（万元） | 债务率（%） |
| 山西平定县 | 261328 | 113171 | 120.4 | 103285 | 126.9 | 123901 | 114.4 | 129426 | 109.6 | 132688 | 105.8 |
| 辽宁法库县 | 423996 | 65574 | 217.7 | 59411 | 233.6 | 72306 | 203.3 | 160896 | 119.5 | 164951 | 115.7 |
| 江苏阜宁县 | 1111500 | 483503 | 121.4 | 441110 | 127.9 | 529527 | 115.3 | 574451 | 108.3 | 588930 | 104.4 |
| 江苏射阳县 | 1325300 | 766553 | 103.5 | 701244 | 108.5 | 837286 | 98.8 | 675446 | 108.7 | 692469 | 104.9 |
| 浙江嘉善县 | 1236475 | 928546 | 97.0 | 849436 | 101.5 | 1014227 | 92.9 | 818186 | 101.5 | 838807 | 97.6 |
| 浙江岱山县 | 475685 | 370586 | 96.2 | 339012 | 100.6 | 404781 | 92.2 | 326540 | 100.6 | 334770 | 96.8 |
| 浙江遂昌县 | 516850 | 382705 | 97.3 | 350100 | 101.8 | 418019 | 93.2 | 337220 | 101.8 | 345719 | 98.0 |
| 安徽休宁县 | 218661 | 118661 | 113.8 | 108263 | 119.6 | 129949 | 108.4 | 140084 | 102.3 | 143614 | 98.4 |
| 安徽凤阳县 | 639609 | 408175 | 100.8 | 373399 | 105.6 | 445839 | 96.4 | 359662 | 105.8 | 368727 | 101.9 |
| 安徽金寨县 | 997195 | 488832 | 110.7 | 446857 | 116.4 | 534323 | 105.5 | 467299 | 111.5 | 479077 | 107.6 |
| 福建古田县 | 379360 | 207452 | 105.9 | 189725 | 111.2 | 226656 | 101.0 | 188499 | 109.5 | 193250 | 105.7 |
| 福建寿宁县 | 280518 | 40998 | 229.2 | 37106 | 246.2 | 45254 | 213.7 | 111800 | 117.5 | 114617 | 113.6 |
| 福建拓荣县 | 184499 | 43946 | 170.3 | 39907 | 181.4 | 48350 | 160.1 | 85392 | 111.9 | 87544 | 108.0 |
| 福建安溪县 | 291470 | 24070 | 328.0 | 21733 | 355.5 | 26631 | 303.1 | 83105 | 133.5 | 85200 | 129.6 |
| 福建漳浦县 | 826906 | 199183 | 159.0 | 181339 | 169.1 | 218592 | 149.8 | 296172 | 122.0 | 303636 | 118.2 |
| 湖南双牌县 | 173972 | 140528 | 95.5 | 128556 | 99.8 | 153495 | 91.5 | 123826 | 99.8 | 126947 | 95.9 |

续表

| 县域 | 2019年政府债务余额（万元） | 基准设定 | | 综合财力增速下降1% | | 综合财力增速上调1% | | 债券利率上浮0.25% | | 债券利率下调0.25% | |
|---|---|---|---|---|---|---|---|---|---|---|---|
| | | 新增债务空间（万元） | 债务率（%） | 新增债务空间（万元） | 债务率（%） | 新增债务空间（万元） | 债务率（%） | 新增债务空间（万元） | 债务率（%） | 新增债务空间（万元） | 债务率（%） |
| 湖南新田县 | 316307 | 102486 | 142.2 | 93294 | 150.6 | 112485 | 134.4 | 154284 | 110.1 | 158173 | 106.3 |
| 四川金堂县 | 1015850 | 650463 | 100.7 | 595045 | 105.5 | 710484 | 96.3 | 573153 | 105.7 | 587599 | 101.8 |
| 贵州独山县 | 1356810 | 309841 | 146.4 | 283443 | 155.5 | 338431 | 138.2 | 273015 | 156.9 | 279896 | 153.1 |
| 新疆鄯善县 | 429575 | 69108 | 213.1 | 62621 | 228.5 | 76194 | 199.1 | 167503 | 118.4 | 171724 | 114.5 |
| 新疆富蕴县 | 259458 | 93554 | 136.7 | 85172 | 144.7 | 102671 | 129.5 | 139345 | 107.1 | 142857 | 103.3 |
| 内蒙古霍林郭勒市 | 758263 | 51144 | 335.9 | 46519 | 363.5 | 56179 | 310.8 | 83922 | 222.0 | 86037 | 218.2 |
| 内蒙古乌兰浩特市 | 903953 | 106289 | 236.7 | 96597 | 254.6 | 116849 | 220.6 | 190273 | 153.4 | 195069 | 149.5 |
| 内蒙古阿尔山市 | 298922 | 95881 | 126.0 | 87712 | 133.1 | 104728 | 119.4 | 84485 | 134.0 | 86614 | 130.1 |
| 黑龙江绥芬河市 | 321553 | 72311 | 166.8 | 65782 | 177.7 | 79417 | 156.9 | 116649 | 121.4 | 119589 | 117.6 |
| 浙江江山市 | 722900 | 495776 | 99.1 | 453537 | 103.7 | 541524 | 94.8 | 436852 | 103.8 | 447862 | 99.9 |
| 湖南韶山市 | 197019 | 51753 | 149.5 | 47167 | 158.7 | 56737 | 141.1 | 68765 | 123.2 | 70498 | 119.3 |
| 海南东方市 | 555648 | 361287 | 100.4 | 330506 | 105.1 | 394625 | 96.0 | 318347 | 105.2 | 326370 | 101.4 |
| 贵州兴仁市 | 927600 | 588517 | 101.0 | 538377 | 105.8 | 642822 | 96.5 | 518570 | 105.9 | 531640 | 102.1 |
| 新疆博乐市 | 422300 | 262539 | 101.5 | 240171 | 106.4 | 286765 | 97.0 | 231335 | 106.5 | 237166 | 102.7 |
| 山西左云县 | 123135 | 87107 | 101.6 | 79601 | 106.4 | 95243 | 97.1 | 86296 | 100.1 | 88471 | 96.3 |

注：本书识别出的高债务的县域均未披露政府债务本金的偿还安排，本书将债务余额减去县域2020年一般公共预算税收返还和转移支付决算表中的政府债务还本支出额后的余额按9年进行平均还本。为保证可比性，对综合财力增速该县域2016～2019年综合财力平均增速，对于四年间增速高于20%和低于0%的，则调整为各县域综合财力平均增速12.8%。债务利率为县域所在省平均债务利率。本表测算的新增举债空间为各县域在2029年的静态新增举债空间。

· 181 ·

给出在基准分析法下，债务负担持续高于全国平均水平，政府债务份额还在增长的 31 个县的举债空间测算。受各县级政府债务存量、综合财力增长速度，以及所在省债务利率差异的影响，县域可新增的举债空间规模不尽相同。比如浙江省嘉善县虽然债务负担重，但测算其到 2029 年的新增举债空间在 90 亿元以上；而部分县域受到高债务率的影响，其新增举债空间可能不到 3 亿元[①]。

## 7.4　回归分析法下的县级政府举债空间测算

本节采用回归分析方法测算县域的举债空间。由于县级政府当期和未来的举债空间无法直接观察到，假设县级政府在每期的合理举债空间由本期新增债务和本期调整项组成。即：$D_{i,t}^* = B_{i,t} + R_{i,t}^*$，其中，$D_{i,t}^*$ 为县级政府在 $t$ 期的举债空间；$B_{i,t}$ 表示县级政府在 $t$ 期的新增债务；调整项 $R_{i,t}^*$ 反映了其他无法直接观察的债务指标信息，包括县域当期的偿债金额，以及确保县级政府达到合理举债空间应该调整的金额。该调整项为正，表明县级政府的举债空间高于当期新增债务水平；该值为负，则意味着县级政府的当期新增债务可能超过了其举债空间。该式说明对地方政府举债空间的分析可以通过考察当期新增债务的影响因素，进行间接推断。

除了着重考察的人均政府债务余额、政府债务负债率、债务率这三个核心债务负担指标外，文献认为地方政府举债行为会受到地区经济发展水平（审计署，2013；周飞舟，2012）、地区城镇化程度（李永刚，2011；刘尚希等，2012）、地区财力与政府间财政关系（庞保庆，陈硕，2015；Ellis and Schansberg，1999）、地区人口规模与结构（Fisher，2013）等因素的影响。因此将举债空间的决定模型设定为地区经济发展条件、产业结构、地区财力和人口规模等变量的函数，得到如下形式的计量方程：

$$B_{i,t} = \alpha_0 + \alpha_1 D_{i,t-1} + \alpha_2 Ratio_{i,t-1}^{gdp} + \alpha_3 Ratio_{i,t-1}^{revenue}$$

$$+ \sum_{j=1}^{n} \beta_j X_{i,t-1} + \gamma_i + \varepsilon_{it}$$

将被解释变量设定为新增人均债务，$D_i$ 为县域 $i$ 的人均政府债务余

---

① 需要注意的是，本书的测算结果更适合用于比较高债务负担省份的举债空间差异。实际上，各省对于高债务负担县域的债务控制在增强，年度间动态调整的程度很大。以山西省左云县为例，该县在 2020 年的新增债务仅有 20.13 万元。

额；$Ratio_i^{gdp}$ 表示县域 $i$ 政府债务负债率；$Ratio_i^{revenue}$ 为县域 $i$ 政府债务的债
务率。用上期人均债务余额、负债率、债务率作为控制人均政府债务增量
的债务负担指标。$X_i$ 为县域经济、财政等控制变量组成的向量，受限于县
域经济指标的可及性，宏观经济水平由该地区人均地区生产总值来表示；
地区产业结构采用非农产业增加值占地区生产总值的比重来衡量；地区财
力和政府间财政关系由一般预算收入占一般预算支出的比重来反映。人口
由人口密度（每平方公里人数）来衡量。为避免内生性，在选择上述控制
变量时，均选取前期值。

为剔除指标的异常值对结果的影响，对县域样本进行上下 1% 的缩尾
处理。表 7 - 13 列示所用变量在样本期内的描述性统计结果。2016 ~ 2019
年县域每年新增人均地方政府债务金额约为 848.5 元，人均地方政府债务
余额为 6026.5 元，县域负债率和债务均值分别为 16.4% 和 54.6%。样本
县域的人均地区生产总值为 40138.9 元。

表 7 - 13　　　　　　　　　变量说明及描述性统计结果

| 变量名称 | 均值 | 标准差 | 最小值 | 最大值 |
| --- | --- | --- | --- | --- |
| 新增人均地方政府债务（元） | 848.5 | 1255.5 | -2878.6 | 8342.3 |
| 人均地方政府债务余额（元） | 6026.5 | 5660.8 | 426.7 | 46433.6 |
| 负债率（%） | 16.4 | 11.5 | 1.6 | 68.7 |
| 债务率（%） | 54.6 | 34.8 | 4.2 | 213.1 |
| 人均地区生产总值（元） | 40138.9 | 29273.1 | 8755.5 | 213236.4 |
| 非农产业增加值占地区生产总值比重（%） | 81.0 | 10.4 | 45.0 | 98.4 |
| 公共预算收入占公共预算支出比重（%） | 28.8 | 19.9 | 2.6 | 94.3 |
| 人口密度（人/平方公里） | 308.1 | 271.6 | 1.6 | 1154 |

表 7 - 14 第（1）~（3）列分别给出基于混合面板的最小二乘估计结
果，而第（4）~（6）列则给出基于固定效应的估计结果。第（1）和
（4）列给出仅考虑县级政府债务负担指标的结果；第（2）和（5）列则
加入宏观经济变量、财政收支结构、产业结构和人口密度变量；第（3）
列将地区固定效应由区域调整为省；第（5）~（6）列的差异在于年份固
定效应的控制与否。

表7-14                                      基准回归结果

| 被解释变量:<br>新增人均<br>政府债务 | (1)<br>混合 OLS<br>回归 | (2)<br>混合 OLS<br>回归 | (3)<br>混合 OLS<br>回归 | (4)<br>固定效应<br>回归 | (5)<br>固定效应<br>回归 | (6)<br>固定效应<br>回归 |
|---|---|---|---|---|---|---|
| 人均政府<br>债务余额 | 0.0978***<br>(10.402) | 0.0894***<br>(5.502) | 0.0671***<br>(4.250) | -0.182***<br>(-7.722) | 0.0902<br>(1.616) | -0.0858***<br>(-3.145) |
| 负债率 | 12.22***<br>(4.449) | 14.01***<br>(3.309) | 11.43***<br>(2.790) | -11.19*<br>(-1.740) | -19.43<br>(-1.243) | -45.21***<br>(-5.490) |
| 债务率 | -14.07***<br>(-12.935) | -13.88***<br>(-11.554) | -10.77***<br>(-8.878) | -12.39***<br>(-6.421) | -22.75***<br>(-6.858) | -13.28***<br>(-6.745) |
| 人均地区<br>生产总值 | | 0.00348**<br>(2.036) | 0.00262<br>(1.539) | | -0.00502<br>(-0.713) | -0.0263***<br>(-6.292) |
| 财政收支<br>结构 | | -3.410**<br>(-2.255) | -6.497***<br>(-3.943) | | -8.149**<br>(-2.456) | -1.341<br>(-0.442) |
| 非农占比 | | 5.587**<br>(2.221) | 8.819***<br>(3.272) | | 27.29***<br>(2.857) | 1.503<br>(0.184) |
| 人口密度 | | -0.291***<br>(-3.840) | -0.304***<br>(-3.481) | | 5.868***<br>(3.296) | 4.621***<br>(2.921) |
| 常数项 | 771.5***<br>(16.405) | 460.4**<br>(2.366) | 144.6<br>(0.660) | 2183***<br>(22.345) | -1770**<br>(-2.120) | 1634**<br>(2.048) |
| 地区控制变量 | 区域 | 区域 | 省份 | 无 | 无 | 无 |
| 时间控制变量 | 控制 | 控制 | 控制 | 控制 | 未控制 | 控制 |
| 样本数量 | 4322 | 4110 | 4110 | 4322 | 4110 | 4110 |
| 县域数量 | 1491 | 1436 | 1436 | 1491 | 1436 | 1436 |
| 拟合度 | 0.148 | 0.160 | 0.250 | 0.174 | 0.072 | 0.194 |

注: 所有解释变量均为前期值, 非农占比即第二、第三产业增加值占地区生产总值的比重, 财政收支结构即公共预算收入占公共预算支出的比重。***、** 和 * 分别表示在1%、5%和10%的显著性水平下显著。在混合 OLS 回归中还分别控制了区域、省份。括号中的 t 值, 回归采用稳健标准误, 在县域层面上集聚。

从基准回归结果来看, 无论是基于混合回归, 还是县域面板的固定效应回归, 县域新增人均政府债务数量与政府债务率之间的负相关性显著存在。上期债务率越高的县域, 其新增人均政府债务的规模就越低。债务率每提高1个百分点, 对于新增人均政府债务的影响程度集中在0.12% ~ 0.14%。这一结果与当前政府债务限额管理中以地方综合财力所衡量的债务率为主要衡量指标是一致的。

分县域类型和分地区回归来看（见表7-15），上期债务率对于新增人均政府债务的负面影响在县、县级市两类县域均显著存在。债务率上升1个百分点的影响程度可以达到0.1%~0.14%。而在自治县中，高债务率会降低新增人均政府债务规模，但是这一影响的显著性程度较低，在20%的显著性水平上才具有显著性。分地区来看，除了东北地区外，上期高债务率与低新增人均政府债务余额之间的关系均显著成立。如图7-2所示，分省来看，除甘肃、宁夏、青海、吉林等个别省份外，上期债务率对于本期新增人均债务的负向影响均显著存在。

表7-15　　　　　　　　　分地区分县域类型回归结果

| 被解释变量：<br>新增人均<br>政府债务 | (1)<br>县 | (2)<br>县级市 | (3)<br>自治县 | (4)<br>东部地区 | (5)<br>中部地区 | (6)<br>西部地区 | (7)<br>东北地区 |
|---|---|---|---|---|---|---|---|
| 人均政府<br>债务余额 | -0.0525*<br>(-1.726) | -0.209***<br>(-2.753) | -0.146<br>(-1.051) | -0.166***<br>(-3.158) | -0.469***<br>(-6.235) | -0.150***<br>(-3.467) | -0.325**<br>(-2.438) |
| 负债率 | -51.85***<br>(-5.827) | -42.45<br>(-1.374) | 27.50<br>(0.608) | -18.45<br>(-0.827) | 2.898<br>(0.155) | -35.60***<br>(-2.715) | -29.35<br>(-0.885) |
| 债务率 | -13.65***<br>(-5.649) | -10.11***<br>(-2.679) | -19.81<br>(-1.275) | -16.09***<br>(-5.086) | -12.15***<br>(-3.571) | -11.10***<br>(-3.151) | 1.166<br>(0.130) |
| 人均地区<br>生产总值 | -0.0278***<br>(-5.836) | -0.0226**<br>(-1.982) | -0.0102<br>(-0.282) | -0.00771<br>(-0.782) | -0.0150<br>(-1.519) | -0.0301***<br>(-4.652) | -0.0234<br>(-1.082) |
| 财政收支结构 | -2.992<br>(-0.797) | 0.731<br>(0.132) | -11.82<br>(-0.583) | 0.296<br>(0.051) | 3.445<br>(0.943) | 2.044<br>(0.347) | -24.51<br>(-1.625) |
| 第二产业占比 | 0.852<br>(0.095) | 7.565<br>(0.322) | -32.59<br>(-0.837) | 21.16<br>(1.248) | 9.806<br>(0.498) | 4.214<br>(0.293) | -4.816<br>(-0.228) |
| 人口密度 | 3.646*<br>(1.850) | 5.807**<br>(1.998) | 10.21<br>(0.325) | 4.121<br>(1.175) | 0.365<br>(0.249) | 15.05***<br>(3.948) | 25.19<br>(1.020) |
| 常数项 | 1914**<br>(2.120) | 1192<br>(0.532) | 2873<br>(0.576) | -873.8<br>(-0.406) | 2056<br>(1.084) | 119.6<br>(0.097) | 554.7<br>(0.155) |
| 样本数量 | 3034 | 845 | 231 | 1091 | 1112 | 1534 | 373 |
| 县域数量 | 1055 | 301 | 80 | 381 | 381 | 542 | 132 |
| 拟合度 | 0.195 | 0.221 | 0.177 | 0.239 | 0.302 | 0.199 | 0.183 |

注：同表7-14。

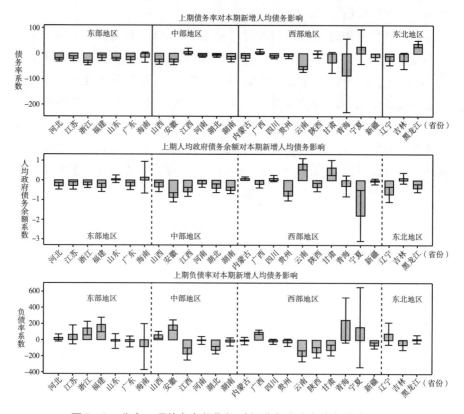

**图7-2 分省三项债务负担指标对新增人均政府债务影响系数**

注：柱状图为各项指标对新增人均政府债务的影响系数，茎叶为标准误。回归采用固定效应回归，包括三项债务负担指标以及人均地区生产总值、非农占比、财政收支结构和人口密度，控制年份固定效应。

　　人均政府债务余额和负债率指标在混合回归和固定效应回归中表现出相反的结果。从样本期内的全部县域的回归结果来看，上期负债率越高、上期人均政府债务余额更高的县域，本期新增人均政府债务数量也越大（见表7-14第（1）~（3）列）。这种全国县域范围内的正相关性，即使在不同县域类型内以及在各地区内均存在。但是从县域面板的固定效应回归结果来看，两类债务负担指标与新增人均政府债务之间呈现负相关性，并且这两类指标的负相关性在控制了年份固定效应之后，均是显著的（见表7-15第（4）~（6）列）。固定效应的分析结果与图6-12和图6-13中三组债务负担指标之间的正相关性是一致的。从影响程度上看，上期县域人均政府债务余额每增加10000万元，本期的人均政府债务增量就要减少800余元；上期负债率每提高1%，本期人均政府债务增量就要减少0.25%。产生这种结果的一个可能原因是在样本期内，各县均在按照债务率水平进行政府债务的调整。但是无论是高存量债务的化解，还是低债务县域的更多举债，在地方政府债务总额受到控制的条件下，在样本期内仍是一个逐渐调整的过程。从而在混合样本下，出现正相关的结果；而在各县域内部，则出现了负相关性。

分县域类型来看，上期人均政府债务余额与新增政府债务余额之间的负相关性在县、县级市两类县域中均显著存在，但是县的影响系数仅为县级市的 1/4。以表 7 - 15 第（1）~（2）列的系数结果来看，一个县级市上期人均政府债务余额增加 10000 元，会导致其本期新增人均债务减少约 2000 元。而县上期同等规模的人均政府债务增量对本期新增人均债务金额的减少约为 500 元。这一系数差异也部分反映了县级市间的人均政府债务余额差异较县大。在样本期内县级市的人均政府债务标准差为 6519 元，而县为 5328 元。

负债率与新增政府债务金额之间的负相关性仅在县这一县域类型中显著存在（见表 7 - 15 第（1）列）。负债率上升 1 个百分点，新增政府债务金额会减少 0.52%。对于自治县而言，其新增人均政府债务金额与三类债务负债指标之间的关系并不显著。由此可以推断，自治县的政府债务管理与县、县级市存在一定的差异。

而分地区来看，人均政府债务余额与新增人均债务之间的负相关性在全部地区都显著存在，每万元人均政府债务余额对于新增人均债务金额的影响幅度在 1500 ~ 4700 元（见表 7 - 15 第（4）~（7）列）。而负债率指标与新增人均债务之间的负相关性仅在西部地区较为显著，在其余三个地区并不明显。

对于四个县域控制变量，固定效应回归显示，人均地区生产总值较高的县域，其新增债务更少（见表 7 - 14 第（6）列）。人均地区生产总值每提高 10000 元，新增人均政府债务就会减少 263 元。两变量之间的负相关性主要体现在县、县级市以及西部地区（见表 7 - 15）。这一系数关系可能意味着，经济发展水平较好的县域，其新增债务的数量相对较少，负债率的上升相对较缓；而经济发展水平更弱的县域，其债务需求更高，新增债务数量更大，负债率的上升相对更快。这一结果可以证实本书在县级政府债务分析和举债空间的定性评估部分得出的结论，经济强县和低负债县域的新增债务需求较经济弱县和高负债县域为少，县域间政府债务在限额管理后仍然出现了分化趋势。

从混合回归的结果来看，地方政府的债务资金需求与产业结构具有紧密的关系。回归结果表明，县域的非农产业占比每提高 1 个百分点，县域人均政府债务增量会增加0.06%~0.09%。这表明第二、第三产业占比更高的县域，其对债务资金的需求也更高。而新增政府债务与该地区的自有财政能力存在负相关关系。县域财政中一般预算收入占一般预算支出的比重越大，该县域新增人均政府债务则越低。但是这种全县域范围内的回归结果在控制了年份后的固定效应回归中均不再显著（见表7－14）。而且无论是分县域类型，还是分地区的回归结果均证实，在样本期内的新增债务增量与地区产业结构，以及地区财力构成之间的相关性不再显著成立。

与人均债务余额和负债率指标相同，人口密度对于新增债务的影响在两类回归方法中的结果存在差异，并且在两种情况下人口密度对地方政府债务的影响均是显著的。从固定效应的估计结果来看，人口密度与年度新增地方政府债务之间存在正相关性。每平方公里的人口密度每增加1人，新增政府债务金额在4.6~5.9元之间。人口密度与新增债务之间显著的相关性主要体现在县、县级市和西部地区。

从时间虚拟变量来看，这一时期的新增人均债务在逐年上升，这与整个政府债务的管理实践是相一致的。2015~2017年为债务置换的三年，在此期间县域的新增政府债务受到一定程度的约束。自2018年开始，逐步放开对地方政府专项债的发行额度。在回归中，即表现为新增人均债务随着时间递增。在固定效应基准回归中，2018年较2017年人均政府债务增加479元；2019年较2018年增加943元。

表7－16和表7－17分别给出按照2016年的户籍人口数、地区生产总值、县域地方财政收入和县域非农占比为标准划分的四分位组的分组回归情况。回归结果证实，在多数四分位组中，新增人均债务与三项债务负担指标之间的关系显著存在。

表7－16　　　　　　　　按人口和地区生产总值分组回归结果

| 被解释变量：新增人均政府债务 | 按户籍人口分组 | | | | 按地区生产总值分组 | | | |
|---|---|---|---|---|---|---|---|---|
| | (1) | (2) | (3) | (4) | (5) | (6) | (7) | (8) |
| | 最低四分位 | 次低四分位 | 次高四分位 | 最高四分位 | 最低四分位 | 次低四分位 | 次高四分位 | 最高四分位 |
| 人均政府债务余额 | -0.0762 | -0.0801 | -0.331 *** | -0.303 *** | -0.151 ** | -0.116 | 0.0544 | -0.0612 |
| | (0.0505) | (0.0696) | (0.0640) | (0.0626) | (0.0660) | (0.0706) | (0.0363) | (0.0692) |
| 负债率 | -39.61 *** | -91.78 *** | -36.07 ** | 3.982 | -20.70 | -80.62 *** | -93.48 *** | -110.6 *** |
| | (15.19) | (18.20) | (17.75) | (17.95) | (16.57) | (19.07) | (15.78) | (39.68) |
| 债务率 | -9.756 * | 0.886 | -18.08 *** | -12.60 *** | -12.49 ** | -10.17 ** | -6.351 * | -12.82 *** |
| | (5.780) | (4.107) | (3.227) | (2.935) | (6.355) | (4.320) | (3.543) | (3.166) |

续表

| 被解释变量:新增人均政府债务 | 按户籍人口分组 | | | | 按地区生产总值分组 | | | |
|---|---|---|---|---|---|---|---|---|
| | (1) | (2) | (3) | (4) | (5) | (6) | (7) | (8) |
| | 最低四分位 | 次低四分位 | 次高四分位 | 最高四分位 | 最低四分位 | 次低四分位 | 次高四分位 | 最高四分位 |
| 人均地区生产总值 | - 0.0308 *** | - 0.0262 *** | - 0.0301 *** | 0.0077 | - 0.0388 *** | - 0.0296 *** | - 0.0233 *** | - 0.0280 *** |
| | (0.00775) | (0.00976) | (0.0109) | (0.0075) | (0.0127) | (0.0114) | (0.0057) | (0.0095) |
| 财政收支结构 | 2.523 | - 4.598 | - 9.571 * | 6.999 * | - 10.58 | 0.636 | - 1.582 | - 2.314 |
| | (8.463) | (5.430) | (5.460) | (4.126) | (10.03) | (6.011) | (4.456) | (5.115) |
| 第二产业占比 | - 1.263 | 2.002 | - 0.183 | 29.40 * | 1.857 | - 17.32 | - 14.48 | 39.68 |
| | (20.18) | (13.61) | (14.26) | (16.82) | (17.45) | (16.81) | (11.77) | (25.84) |
| 人口密度 | 36.20 *** | 8.077 * | 11.30 *** | 0.926 | 25.89 ** | 0.771 | 5.485 * | 4.597 ** |
| | (13.99) | (4.793) | (3.222) | (1.307) | (11.85) | (4.989) | (2.841) | (1.789) |
| 常数项 | - 57.47 | 1094 | 646.9 | - 1218 | - 103.8 | 4852 *** | 1706 | - 1458 |
| | (1960) | (1484) | (1579) | (1564) | (1771) | (1716) | (1359) | (2415) |
| 样本数量 | 988 | 1036 | 1049 | 1037 | 959 | 1073 | 1080 | 998 |
| 县域数量 | 350 | 362 | 362 | 361 | 343 | 370 | 370 | 353 |
| 拟合度 | 0.183 | 0.214 | 0.369 | 0.240 | 0.211 | 0.233 | 0.214 | 0.223 |

注: 以2016年的各县域地区生产总值、户籍人口规模将县域进行四等分。其余说明同表7-14。

表 7 - 17　　　　　按财政收入和产业结构分组回归结果

| 被解释变量:新增人均政府债务 | 按地方财政收入分组 | | | | 按非农产业占比分组 | | | |
|---|---|---|---|---|---|---|---|---|
| | (1) | (2) | (3) | (4) | (5) | (6) | (7) | (8) |
| | 最低四分位 | 次低四分位 | 次高四分位 | 最高四分位 | 最低四分位 | 次低四分位 | 次高四分位 | 最高四分位 |
| 人均政府债务余额 | - 0.0948 | - 0.133 * | 0.0234 | - 0.185 *** | - 0.176 ** | - 0.278 *** | 0.0932 ** | - 0.199 *** |
| | (0.0658) | (0.0703) | (0.0440) | (0.0599) | (0.0788) | (0.0716) | (0.0464) | (0.0553) |
| 负债率 | - 33.54 ** | - 72.02 *** | - 107.8 *** | - 3.369 | - 5.416 | - 3.671 | - 138.5 *** | - 16.13 |
| | (16.58) | (18.13) | (17.88) | (25.18) | (17.51) | (17.22) | (19.38) | (20.25) |
| 债务率 | - 8.566 | - 6.740 | - 10.39 *** | - 15.90 *** | - 21.13 *** | - 13.91 *** | - 6.451 * | - 13.45 *** |
| | (6.249) | (4.355) | (3.578) | (3.301) | (5.097) | (4.416) | (3.613) | (3.637) |
| 人均地区生产总值 | - 0.0278 ** | - 0.0254 *** | - 0.0314 *** | - 0.0183 ** | - 0.0142 | 0.0115 | - 0.0487 *** | - 0.0246 *** |
| | (0.0118) | (0.00951) | (0.00679) | (0.00921) | (0.0188) | (0.0123) | (0.00926) | (0.00740) |
| 财政收支结构 | - 11.70 | - 18.21 *** | - 0.140 | 7.058 | - 4.914 | 1.505 | 0.350 | - 3.739 |
| | (9.501) | (6.630) | (5.344) | (4.885) | (8.107) | (7.039) | (5.373) | (5.389) |
| 第二产业占比 | - 5.352 | - 7.769 | 6.399 | 56.25 * | - 4.403 | - 15.07 | 27.80 | 14.68 |
| | (14.69) | (13.62) | (18.65) | (28.79) | (12.24) | (14.13) | (22.97) | (43.06) |

续表

| 被解释变量: 新增人均 政府债务 | 按地方财政收入分组 | | | | 按非农产业占比分组 | | | |
|---|---|---|---|---|---|---|---|---|
| | (1) | (2) | (3) | (4) | (5) | (6) | (7) | (8) |
| | 最低四分位 | 次低四分位 | 次高四分位 | 最高四分位 | 最低四分位 | 次低四分位 | 次高四分位 | 最高四分位 |
| 人口密度 | 35.74*** | 2.770 | 3.396 | 3.416 | 14.33*** | 3.048 | 3.756 | 1.338 |
| | (11.15) | (3.586) | (2.655) | (2.282) | (5.407) | (2.429) | (4.483) | (2.762) |
| 常数项 | −1654 | 3211** | 1845 | −3173 | −109.3 | 2069* | 351.9 | 2734 |
| | (1724) | (1334) | (1805) | (2590) | (1380) | (1197) | (2402) | (4106) |
| 样本数量 | 974 | 1069 | 1070 | 997 | 1011 | 1068 | 1081 | 950 |
| 县域数量 | 346 | 369 | 369 | 352 | 353 | 369 | 372 | 342 |
| 拟合度 | 0.198 | 0.225 | 0.227 | 0.214 | 0.190 | 0.215 | 0.226 | 0.225 |

注：以2016年的各县域地方财政收入、非农产业占比将县域进行四等分。其余说明同表7-14。

给定基准回归结果，本书可以对各县域在短期内的举债空间进行静态测算。根据2016~2019年相关指标的年均变动率外推一期，得到基准回归方程中解释变量的预测值，进而根据回归系数计算新增人均政府债务余额的预测值，乘以相应的人口数量，作为各县域的举债空间。表7-18给出高债务负担县域的可新增举债空间的估算结果，可以证实，受本地区经济、人口等因素的影响，县域新增举债空间规模不一，但均在其当前债务余额的10%以内①。

表7-18　　　基于回归分析法的高债务负担县域新增举债空间

| 县域 | 新增举债空间（万元） | 新增举债空间占2019年政府债务余额的比重（%） | 县域 | 新增举债空间（万元） | 新增举债空间占2019年政府债务余额的比重（%） |
|---|---|---|---|---|---|
| 山西左云县 | 5037 | 4.1 | 福建华安县 | 3803 | 1.3 |
| 山西平定县 | 4097 | 1.6 | 福建漳浦县 | 37914 | 4.6 |
| 辽宁法库县 | 10161 | 2.4 | 湖南双牌县 | 10513 | 6.0 |
| 江苏阜宁县 | 76893 | 6.9 | 湖南新田县 | 15842 | 5.0 |
| 江苏射阳县 | 24639 | 1.9 | 四川金堂县 | 107472 | 10.6 |
| 浙江嘉善县 | 61324 | 5.0 | 新疆鄯善县 | 13995 | 3.3 |
| 浙江岱山县 | 29735 | 6.3 | 新疆富蕴县 | 16564 | 6.4 |
| 浙江遂昌县 | 51262 | 9.9 | 内蒙古乌兰浩特市 | 25852 | 2.9 |

① 但必须指出的是，给定当前可用的指标时间序列过短，这一预测结果具有很大的不确定。

续表

| 县域 | 新增举债空间（万元） | 新增举债空间占2019年政府债务余额的比重（%） | 县域 | 新增举债空间（万元） | 新增举债空间占2019年政府债务余额的比重（%） |
|------|------|------|------|------|------|
| 安徽休宁县 | 5980 | 2.7 | 浙江江山市 | 2410 | 0.3 |
| 安徽凤阳县 | 65272 | 10.2 | 湖南韶山市 | 8511 | 4.3 |
| 安徽金寨县 | 82845 | 8.3 | 海南东方市 | 46380 | 8.3 |
| 福建古田县 | 12785 | 3.4 | 贵州兴仁市 | 72119 | 7.8 |
| 福建寿宁县 | 7461 | 2.7 | 新疆博乐市 | 32041 | 7.6 |
| 福建拓荣县 | 8251 | 4.5 | | | |

注：以基准回归结果的系数值，以 2016～2019 年方程解释变量的平均增长率外推，计算2020 年上述高债务负担县域的举债空间预测值。其中贵州独山县、内蒙古霍林郭勒市、阿尔山市、黑龙江绥芬河市因为缩尾处理被剔除。

# 第8章　地方政府债务管理模式与救助经验

"当中央政府拥有征税权，并对地方政府的财政支出承担较大责任时，即使面对局部性的财政危机，中央政府不救助的承诺都是不可信的"（Rodden，2006）。

## 8.1　地方政府债务管理模式

地方政府债务形成中面临的共性问题和地方政府债务局部性风险的快速传染可能导致的风险扩大，尤其是对地方政府债务违约的担忧可能产生的自我实现形式的传播，是各国对地方政府债务进行管理的主要理由。

中央政府对地方政府债务管理机制设计的核心是刺激地方政府提供公共服务，同时预防地方政府的预算软约束和道德风险。地方政府债务管理的主要挑战是确保地方政府债务能够促进经济稳定，并能为应对不可预见的事件提供一定的财政资源。地方政府债务管理需要设定目标，明确报告制度和财政规则，审计和监督地方政府财务状况，并能够采取正确的措施。

按照地方政府债务融资方式及其风险管理的差异，在设计地方政府债务及其风险防范等相关制度时，形成了四种不同类型的制度设计安排，分别是市场纪律约束、地方财政规则约束、中央政府管理制度和央地政府协调合作。而在各国地方政府债务管理实践中，往往会同时包含两种或两种以上的管理模式。

地方财政规则约束。通过设定地方政府债务限额、按照每年债务还本付息金额占财政收入的比重来确定增量债务数额，以防止地方政府举债对宏观经济总体产生负面影响，并且约定债务资金只能用于基础设施建设等资本性支出（黄金规则）。

中央政府管理制度。由中央政府制定地方政府债务的管理办法，内容涵盖确定地方政府的借款上限、借款形式，还包括以中央政府的名义借款，由地方政府使用（国债转贷）的形式。

市场纪律约束是指地方政府举债完全由市场来决定，通过市场的信用评级来确定债务的风险溢价和贷款条件。

央地政府合作管理模式是由中央政府和地方政府共同确定债务规模，以及不同地区具体的债务内容和条件。

### 8.1.1　地方财政规则约束

为约束地方政府的过度举债行为，中央政府需要对地方政府的财政纪律进行约束。否则过度举债所产生的负外部效应会加大地方政府债务积累力度，迫使中央政府进行救助。

基于规则的地方政府债务管理模式是通过中央政府设定财政规则或者以法规的形式制定该规则。通过财政规则对地方政府的财政选择施加约束，确保财政结果具有可预测性和稳健性。规则可以采取包括设定债务上限（或总量控制）、确定赤字目标、设定最大支出规则、债务资金使用方式（黄金规则），以及与债务偿还能力相关的规则（举债空间）在内的多种形式，大多数采取财政规则管理模式的国家和地区往往会选择同时设定多种规则。

上述不同形式的财政规则优缺点各异，债务限额是债务管理中易于监督的指标；支出规则直接设定支出水平的上限，便于操作；赤字目标的优势在于简单，易于为公众理解。设定赤字目标能够满足较高的财政收入和支出需要，从而具有较强的宏观经济含义。但是当债务位于表外时，这些规划仍无法阻止地方政府过度举债。表 8 - 1 列示了部分国家所采取的地方政府债务限额管理的方式。

**表 8 - 1　部分经合组织（OECD）成员国的地方政府债务限额规定**

| 国家 | 限额方式 |
| --- | --- |
| 奥地利 | 在 2012 年引入对各级政府的债务刹车 |
| 捷克 | 2012 年 10 月通过新宪法，引入新的预算纪律和责任原则，限制地方政府总债务不超过 4 年财政收入均值的 60%。地方政府年度还本付息规模不能超过当期财政收入的 30%。贷款还本付息额不能超过上年经常性财政收入的 25% |
| 爱沙尼亚 | 自 2012 年起，地方政府总债务不超过地方政府总财政收入的 60% |
| 希腊 | 总债务不超过年度正常财政收入总额。债务还本付息偿还额不能超过正常收入的 20% |

| 国家 | 限额方式 |
|---|---|
| 冰岛 | 地方政府法案设定了债务规则，限制地方政府的总债务为其总财政收入的150%。地方政府的总负债超过规定比例的，要在10年内回到比例以下。地方政府总债务占财政收入的比重超过250%的，只能借新还旧，不能再借新债 |
| 波兰 | 总的政府债务不能超过国内生产总值的60% |
| 葡萄牙 | 在地区层面，自治区财务法规定自治区的负债不能超过其三年平均净经常性收入的1.5倍。地方财务法案对每个市政引入同样的要求 |
| 斯洛伐克 | 总的地方政府债务不能超过地方政府正常收入的60%。贷款还本付息额不能超过上年经常性收入的25% |
| 西班牙 | 预算稳定和财务可持续法案规定各级政府的总债务上限。对于自治区，债务不能超过国内生产总值的13%，对于地方政府，债务不能超过国内生产总值的3%。此外地方政府在2020年以后，不能通过举债为经常性支出融资 |
| 土耳其 | 地方政府债务不能超过地方政府年度财政收入，对于大都市和省，不能超过地方政府年度财政收入的150% |
| 意大利 | 意大利地方政府规定政府债务利息支出不能超过经常性收入的12%。地区规定政府债务利息支出不能超过税收转移支付和财产销售收入之和的25% |
| 波兰 | 在2013年12月之前，贷款还本付息额不能超过总债务的15%。自2014年起，地方政府债务年度还本付息额不能超过其过去三年财政收支盈余和私有化收益之和的平均值 |
| 墨西哥 | 2013年起，对地方政府实施更为严格的控制，债务不能用于为经常性支出融资，必须按照合同约定偿还 |

　　黄金规则通过将地方政府债务的支出方向限定为资本性支出，能够满足借款的代际公平性要求。黄金规则可被视为是一种最弱的平衡预算规则。但是即使债务仅用于资本性支出，过度举债也会恶化财政可持续性，因为债务还本付息会对当期财政支出产生较大的压力，从而影响地方政府信用评级。许多国家当前采取的黄金规则（如英国、德国、西班牙以及美国的部分州）往往将债务偿还能力与市场纪律相结合，将债务上限与债务的预期还本金额相联系。

　　当然，即便在黄金规则下引入债务限制，也并不足以确保地方政府的财政纪律，维持财政可持续性。这就要求设计配套制度安排，比如调整纵向转移支付制度和完善地方税制体系。在中央政府通过政府间转移支付来为地方政府融资的财政体制下，即使中央政府明确拒绝对地方政府提供救助，在地方政府出现过度支出以及由此导致不可持续的赤字并且要求救助时，中央政府实际上是无法拒绝的。进一步看，对于政府间转移支付的依赖也会导致举债的不可持续性。因为转移支付水平越高，中央政府承诺的不进行救助的可信性就越低。构建地方政府的地方税体系，降低地方政府对于中央政府的转移支付依赖，能够更好地贯彻中央政府承诺的不救助政策。

财政规则的优点在于透明、更有效地维持长期可持续性和代际公平、相对易于监督。该规则的主要不足之处是地方政府需要在确保遵从和进行相机抉择之间进行权衡取舍。在面临未预期的经济下行时，严格的财政规则制度约束了财政政策的调整空间；而完全相机抉择的财政规则又缺乏可信性，影响该规则的可执行度。

财政规则制度的有效性依赖于财政规则的设定形式、覆盖的综合性程度，政府部门执行财政规则的承诺，以及其对债务的监管能力。如果财政规则设计不合理，可能会产生负向效果。确保财政规则有效的核心要素之一是及时获取信息的能力。

### 8.1.2　中央政府债务管理

中央政府债务管理模式赋予中央政府对地方政府举债的直接控制权力。管理控制主要集中在对债务总体水平的管控上，每个借款方在评估自身财务状况的基础上获得举债权。依据管理的综合程度和详细程度，管理控制可以采取不同的形式，包括设定年度地方政府债务限额、禁止举借外债、确认地方政府的借款条款、采取中央政府转贷的形式等。

中央政府债务管理方法的优点在于能够增加地方政府的信誉，使得地方政府可以在国外金融市场上获得更好的借款条件，因为外国金融机构更看重中央政府的担保。但该管理制度在约束地方政府举债和推动财政纪律上的有效性依赖于中央政府决策的去政治化程度，信息获取的可及性以及行政执行的力度。

中央政府债务管理方式的不足在于，中央政府直接参与地方政府层面的微观管理活动，与财政分权的思路相悖，同时增加政府管理负担，降低金融市场效率。由此产生三方面的主要问题：一是债务支出效率低和事前债务资金配置成本高。地方政府在没有债务融资压力的条件下，缺乏有效支出的激励。而中央政府则可能会由于政治压力或者其他因素影响无法有效分配债务资金，在资金拨付上无法做到及时、有效、足额和便利。二是中央政府授权个别地方政府举债，会带来显著的道德风险和委托代理问题。中央政府的直接债务管理为地方政府提供了隐性救助担保，中央政府很难拒绝对下级政府的违约风险进行救助，从而必须承担所有地方政府债务风险。三是这类管理方法依靠减少对地方政府的转移支付的方式来应对地方政府的债务违约行为，并不对地方政府信用风险进行商业评估，地方政府失去了对于借款和投资决策的控制权和自主权。

中央政府债务管理制度在单一制国家应用较多。在金融市场欠发达的发展中国家和地区，以及分权并不完善的地区，中央政府也会较多地负责管理地方政府债务。绝大部分国家在地方政府债务管理中都会包含中央政府直接控制的内容，比如对地方发债的审批权等。此外，各国对于省（州）和省以下（地方政府）的债务管理模式也存在很大的差别。

### 8.1.3  市场纪律约束

市场纪律的支持者认为金融市场能够对高债务风险的借款方发出信号，采取提高借款利率等提高进入门槛的方式将部分地方政府阻挡在市场外。地方政府的财政行为会根据市场对利率的反应进行自发调整。中央政府不设定债务限额，也不承担监督责任。在市场纪律管理模式下，地方政府能够直接通过金融市场获取所需资金，能够独立决定借款规模、借款对象以及债务资金的用途，其负债能力和偿债能力均由金融市场和评级机构进行监督。

这种依靠市场纪律来控制地方政府债务及其风险的管理模式一般存在于各级政府透明度标准较高、治理能力较好，并且没有显著的救助经历的国家和地区。信息可及性以及透明的债务状况和支付能力是确保市场纪律的核心环节。地方政府的财务制度不规范，资产核算不准确以及债务和偿还能力信息不透明，预算外举债的存在都会影响其可信度。道德风险下的地方政府过度举债，也会影响市场纪律的有效性。中央政府或省级政府的紧急救助增加了未来救助的预期，助长了借贷双方的道德风险行为。虽然在市场纪律中，强调利率等市场信号能够引导贷款方选择具有更为充足财政能力的地方政府，但是这也要求贷款方的贷款决策能够根据利率进行调整，其对市场信号的变动较为敏感，其隐含的风险是存在部分举债的地方政府并不担心事后的市场惩罚。

在大多数新兴经济体和发展中国家并不存在采用有效市场纪律来管理地方政府债务的核心要素。比如，地方政府财务信息就存在缺失和不完善的情况。这类国家和地区的地方政府往往是通过市政开发银行或者地方企业等特别机构进行举债，部分国家曾经存在较频繁的救助经历，而中央政府存在的隐性担保也会影响市场信号的有效工作。

即使在上述采用市场纪律管理地方政府债务的国家，其地方层面的资本市场仍然不足以有效地约束地方政府。为此，需要地方政府的信用评级机构来评估政府间的绩效。相应地，这些国家的地方政府也会采取财政纪律规则以改进其在市场上的信用评级。

由于市场纪律并不考虑债务外部性，因此在大多数国家无法实施完全的债务市场化管理，仅依靠市场也无法充分约束地方政府行为。如果市场能单独发挥作用，那么地方政府债券的收益率应该随着地方政府债务存量的增加而递增，因此约束地方政府的过度举债行为。但是实际上，地方政府举债成本较低，从而市场在阻止债务过快上涨上，反应较慢，从而对地方政府违约起到了推动作用。

### 8.1.4　央地政府合作管理

在央地政府合作管理模式下，地方政府债务控制是通过中央政府和地方政府之间进行协商设计，从而达成整体的政府赤字目标，收入和支出目标，以及地方政府的融资上限来实现的。央地政府合作管理方式作为介于市场机制和中央控制之间的地方政府债务风险管理模式，其有效性取决于市场和中央在其中所处的位置。

合作方法融合了上述三种方法的优点和不足。其优点在于通过不同层级政府之间的对话和信息交换，促进了宏观经济的稳定。合作方法成功的前提条件是不存在严重的财政压力，地方政府具有相对同质性，该国具有政府间合作的传统，中央政府在合作中占据较强势地位，并且能够有效地指导政府间协商，能够及时获取包括下级政府在内的相关信息，对于确定的债务上限能够严格执行。合作方法的不足在于，一旦无法执行，会产生其他方法所具有的缺陷。

### 8.1.5　地方政府债务管理的事后执法

即使明确了不救助原则，但是中央政府仍然对地方政府负有政治责任，因而产生了隐性或者显性的救助担保。因此，在应对违约问题上，中央政府应坚持贯彻不救助原则。但是当中央政府在特定环境下无法避免不进行救助时，中央政府应该确保对于违约的地方政府的救助引入显著的高成本，设定严厉的政策以要求违约的地方政府纠正引致违约的因素。

对于违反财政规则的地方政府，各国中央政府的惩罚包括引入制裁，要求地方政府在未来的预算中遵守财政规则；或者采取措施确保其在未来会遵从规则；或者对其施加固定的罚金，减少中央政府的转移支付；或者减少与中央政府分享的税收；或者对官员进行制裁；或者增加中央政府对地方政府财务的控制（见表 8 – 2）。

表 8 – 2　　　　　部分经合组织成员国对地方政府债务管理的执行措施

| 国家 | 措　　施 |
|------|----------|
| 捷克共和国 | 2012 年宪法强化了执行机制，如果地方政府超过了债务和赤字限额，中央政府可以减少对市政和地区的转移支付，金额为债务数量和 60% 的限制之差的 5% |
| 意大利 | 2011 年开始执行内部稳定法案，引入大量的执法措施。地区违反了财政规则，面对的约束包括缩减行政人员或借款支出，减少或暂停中央政府转移支付。在地方政府选举期间，地方政府必须公示其经过审计的财务报告。如有作假，10 年内不得参与选举 |
| 西班牙 | 自 2012 年起，自治社区超过赤字限制的，受到预算稳定和财务可持续法案规定条款的制裁，必须递交重组计划，如果他们再次超过赤字限制，中央政府有权暂停（部分或全部）其预算权力 |
| 德国 | 自 2010 年起，宪法修正案赋予稳定委员会对于联邦和州政府的预算监督权。其建立了全联邦范围的早期预警体系以预防预算不足。在 2013 年，稳定委员会开始对达到限额的政府进行一年两次的监督检查，同时建立了一个独立的顾问委员会以支持稳定委员会实施其监督职责 |
| 奥地利 | 财政规则设定了超额赤字程序，如果连续两年均出现赤字，那么会实施惩罚。出现赤字的地方政府有 2 个月的时间来解决其财政问题。由协调委员会召集各级政府决定制裁措施，但是拟受制裁地方政府不允许投票。财务惩罚约为其超过金额的 15%，直接从分享税中抵扣 |
| 斯洛伐克 | 2011 年宪法规定的财政责任条款要求从 2015 年开始，债务超限额的地方政府将被处以超限额部分的 5% 的罚金 |
| 土耳其 | 地方政府不遵从财政规则，土耳其中央政府可以根据土耳其刑法对个人和地方官员进行制裁 |

# 8.2　各国地方政府债务管理与救助经验

## 8.2.1　美国地方政府债务救助经验

关于美国管理地方政府债务的经验，最为人所熟知的是联邦政府和各州之间的转移支付（Bayoumi and Masson，1995；Darvas，2010）、对州债务的不救助原则（Bordo et al.，2011）以及对于个别州的赤字限额约束

（Henning and Kessler，2012）。但是一国地方政府债务的管理有其路径依赖性，地方政府债务管理的完善也往往和该国以往发生的地方政府债务救助经历有关。对于美国地方政府债务管理方式的考察，一定要区分1790年的债务危机应对和1840年开始确立的不救助政策之间的差异。本节通过美国早期对地方政府债务互保的争议和对州政府债务救助经历的分析，探讨地方政府债务管理的可行经验。

#### 8.2.1.1　州政府债务的转移和对州债务的救助（18世纪90年代）[1]

在独立战争开始时，写入联邦条款的一条，就是战争的成本应该由美国全国政府来承担，而不是由各州单独承担。而在实践中，战争融资是通过贷款和各州缴纳的"公共费"来实现的。在设定作为"公共费"的支出时，对于"公共费"的界定存在困难。大陆国会所授权的支出与其未授权的支出很难明确划分，许多州未能记录其支出规模。在独立战争结束后，各州均积累了不同程度的战争债务，各州的债务融资方式各异，偿债能力也并不相同，部分州无法承担债务还本付息的支出。

在1790~1791年，美国各州政府基于本州的经济利益，开始讨论是否可以将各州债务转移给联邦政府偿还。但各州意见不一，可能从中受益的州积极支持，而担心因此受损的州则极力反对。反对者坚持各州的债务均属于各州自行处理的部分，应该通过与本州居民协商来解决债务问题，而不应该据此加重联邦债务的负担；而支持者则坚持债务的产生是战争，强调本州的债务是为全国的独立战争所承担的，因此需要联邦的支持。争议最大的双方是那些尚需偿还在独立战争中所借债务的州与那些已经偿还债务的州。南卡罗来纳州和马萨诸塞州希望可以将债务转移给联邦。他们认为当国会决定征收新税后，州政府的财政状况会恶化，因此要求立即减免两州的债务，并指出州政府债务的形成是源于全国性的支出（独立战争），有权转移给联邦政府。纽约州、新泽西州和马萨诸塞州等债务负担较重的州，都强烈支持将债务转移给联邦。

另外，马里兰州、北卡罗来纳州和佐治亚州等州认为联邦政府需要补偿它们在战争中的支出，同时它们认为州债务的存在会对他们的补偿金额产生影响。南方各州的代表更为担心的是，从债务担保中获益的州会极力阻止联邦政府达成为战争中各州提供补偿的协议。因此南方各州的代表不断强调债务担保只能立即满足部分州的利益，其他州的利益则需要等待一段时间才有可能实现。

---

① 本节主要参考了 Steinbach，2015 年。

　　而在讨论是否应该进行债务转移的问题上，债务转移的公平性和道德风险始终是争论的中心。反对转移方认为联邦内的各州都应该履行自身的责任，每个州都应该为自己的预算政策负责，超额债务负担的出现是因为该州的过度支出政策；而支持债务转移方则认为即使如此，如果本州的高财政支出产生了很大的外部性收益，那么这种支出成本也应该被外部化。比如一个州的财政支出对其他州产生正的溢出效应，那么这些财政支出成本也应该由受益方按照其受益程度来分担；反之，当不存在正的溢出效应时，债务转移仅仅使得债务减少的州获益，这就会产生很大的道德风险，这些州会产生更依赖于债务转移和进一步加大财政支出的激励。

　　在国会的多次争论过程中，债务转移的反对者认为州债务转移是不公平的。一些州（马萨诸塞州、南卡罗来纳州）并不能因为其较其他州（弗吉尼亚州、北卡罗来纳州）有更大的债务负担，而就可以将债务转移给中央政府。实际上，每个州所面对的债务问题的严重性各不相同，各州都承担了或多或少的战争债务，其偿债速度也不尽相同。比如南部各州（南卡罗来纳州除外）已经偿还了 83% 的债务；而提出减轻其债务负担的州的债务偿还进度远远落后于其他州。债务转移实际上是在惩罚那些努力降低其债务负担的州（Elkins and McKitrick，1993）。马萨诸塞州和南卡罗来纳州在偿债方面动作有限，却能从债务转移中获得更多的收益，这明显是不公平的（Wood，2009）。

　　对债务转移反对最为强烈的是弗吉尼亚州。作为当时的人口大州，其有 70 万居民，占到全国人口的 1/5，其经济产出为全国产出的 1/3。弗吉尼亚州认为本州严格实施预算纪律，使得债务负担减少而却被（债务转移）惩罚是不公平的。他们在国会上指出：本州通过对州内居民征收重税来降低债务规模，采取措施来逐渐调整预算，从而使得本州的债务负担在很短的时间内变得可以负担。但是，债务转移的实施将增加联邦全体居民的债务负担，使得他们承担更重的税收，这一负担来自那些不打算偿还债务的州。

　　弗吉尼亚州的代表们不仅仅出于公平的观点来反对代其他州偿还债务，而且也从道德维度来反对债务转移，认为这一行为会产生恶性后果。他们指出，债务转移对于南方各州是不公平的。这一计划等于强迫他们在完成自身职责后，还要对那些没有很好完成自身职责的州承担责任。

　　对于债务转移后可能产生的道德风险问题，就要求坚持贯彻"不救助"原则，弗吉尼亚州的代表提及了在宪法中没有不救助条款的问题。实际上，中央政府明确不救助条款，就意味着应该采取严格的禁止救助措施，不同类型的金融支持都不应该被允许。

债务转移行为实际上是对债权人的保护，通过将债务从一个债务人转移到另一个债务人，或者允许债务人承担连带责任，债权人的权益得以保障。这实际上产生逆向选择问题，既降低了债权人投资的违约成本和损失，又进一步提高了债权人要求转移债务的呼声。因此产生了另外一个争议的问题：为什么对那些投资于政府债券的投资者，需要使用纳税人的成本使其免予承担违约风险。

为此，在美国国会的争议中，要求对"贪婪的投机者"进行约束。这类投机者能够从债务转移中获益，并且以其他人的损失作为其不当得利。汉密尔顿从保护债权人的角度提出，发行新的证券以全额交换州债务的债权人手中持有的债务，因为这些债务的持有人是独立战争的支持者。但是，有一部分州债务的原始持有人（即美国独立战争的支持者），已经将一部分债务转让给了投资人。汉密尔顿的计划会使得那些在联邦债券创设之前就已经购买了州债务的"投机者"获益。因此，有部分代表认为，债务转移是由投机者推动的，其目的就是获取利润，如果按照汉密尔顿的计划进行全额置换，自利的投机者将获取巨大的利润。

在汉密尔顿计划的基础上，麦迪逊建议财政部在发行新的联邦债券时，应该设计一套公式以划分现存债务凭证的原始持有人及其最终持有者。但不同持有人的划分就意味着对原始债务凭证上所列示法律条款的违背，汉密尔顿从法律和程序两个层面予以强烈反对。他担心这种两分的标准会使外国投资者做出强烈反应，从而减弱欧洲投资者对未来美国国债的信心。汉密尔顿认为任何试图减少债务偿还金额或者区分其原始持有人和当前债权人的尝试不仅对于冒风险购买证券的投资者不公平，对于这一新成立的国家也是不利的。

因为利益纠葛和关于债务转移的观点差异，最终各方达成了一个经过妥协的协议。主要是限制各州转移给联邦政府的债务数量，同时明确这一债务转移行为是一次性的。1790 年 7 月，汉密尔顿同意将债务转移的金额从全额（2500 万美元）减少到了 2150 万美元，同时议会代表就各州的欠款金额和债务转移金额进行充分商讨后，汉密尔顿的建议终获通过。

但是这一债务转移方案的通过，也为美国各州种下了道德风险的种子。在 19 世纪 20 年代中期，美国各州通过举债大兴基础设施投资，从而导致 1837 年泡沫的破灭，引发联邦政府的干预，购买了大量的州债券。最终促使其推行严格的不救助政策，当时的 29 个州中有 9 个州申请破产。

8.2.1.2　美国地方政府债务不救助原则的确定：1830~1890年

19 世纪美国政府开始实施内部改进计划。通过对运河、铁路等部门进行的大规模的公共和准私人的基础设施投资，来推动经济发展。1808年，美国财政部长加勒廷建议由联邦政府出资加快美国交通系统的改进。通过建设全国性的道路和运河系统以增加联邦政府能够销售的土地数量，以土地销售收入为新的基础设施建设融资，以最终实现一个平等的社会（Gallatin，1808）。加勒廷最初建议采用政府与私人资本合营（PPP）方式，由联邦政府为运河公司提供贷款或者购买公司股份，并由联邦政府补充项目资金的差额部分。但是随着 1812 年战争的爆发，联邦政府无法为基础设施提供资金，以及南北方各州之间对道路建设的严重利益冲突最终导致这一道路系统计划无法落实。在 1812 年战争结束后，亨利·克莱（Henry Clay）提出美国体系计划，卡尔霍恩（Calhoun）在 1817 年提出奖励法案，均试图推进全国性的内部改进建设，但是被麦迪逊总统在其总统任内的最后一天给否决（1817 年 3 月 3 日）。这也就意味着由联邦政府来推动的计划破产，为内部改进融资的任务落到了各州头上。

而纽约州成功投资于伊利运河①的经历，使得其他州都认识到通过财政支持来改善本地区的基础设施项目，可以很好地推动本地区经济增长。在这一过程中，美国各州的融资策略主要参考了当时英国、法国和斯堪的纳维亚国家的铁路发展政策。通过发行政府债券（或者通过公开市场销售，或者交给准私人实体以换取该公司的股份）②、提供债务担保、以基础设施项目的排他性控制权为抵押为项目融资、公开发行股份、政府赠与的土地等方式筹集资金。

在当时，州政府进行的举债行为被认为是无风险的。即使给定的项目失败了，也应该是项目运营的公司承担全部的债务偿还责任（Pinsky，1963）。此外，对于这些非税融资方式，部分州政府甚至认为本州居民无须直接为项目融资承担责任。在项目完成后，随着州和地方政府税收收入的增加，居民还能够从项目中额外获益。当然，在经济扩张时期，举债融

①　而纽约州州长克林顿（DeWitt Clinton）在很早就认识到了运河对于纽约的积极影响，1811 年，纽约州规划了一条从哈德逊河到伊利湖的 363 英里的运河。在 1811 年 12 月，克林顿和莫里斯（Gouverneur Morris）前往华盛顿为运河项目筹资，但受到战争影响，联邦政府无法提供资金支持。纽约州决定举债筹资，并于 1817 年开始建设运河项目。伊利运河于 1825 年 10 月 26 日开通，一举奠定了纽约城和芝加哥在美国商业发展中的地位，也使得全美金融中心从费城转移到了纽约。

②　当然，在这一时期，州和地方政府对铁路等基础设施投资的支持的另一个原因是国内资本市场的缺失，以政府信用更容易获得国际资金的支持（Cohen，2009）。

资具有可持续性。而一旦经济减缓或衰退，其对地方政府财政会产生严重的负面影响。州政府面临的第一次债务危机就发生在 1837 年开始的经济衰退及 1839 年恐慌①。

在这一时期，州政府投资的许多银行和本地区内的基础设施项目都失败了，或者在项目完工后的收益率明显低于预期水平。许多州政府因为经济衰退而导致税收收入大幅减少，无法负担其应该承担的债务责任。1837 ~ 1842 年大约 53% 的州政府债务发生违约（Wagner，1970），包括 8 个州和 1 个地区，其中 5 个州最后拒绝履行偿债义务（Dove，2014）。

州政府的违约得到联邦政府的关注，因为大部分州政府债务源于欧洲资本市场，其可能发生的违约将影响联邦政府的债务发行，同时也可能会导致国际冲突。为防止主要债权国（英国、法国）的军事干预，议员约翰·昆西·亚当斯（John Quincy Adams）建议任何拒绝偿还外国债务的行为都违宪，任何因为债务问题而将美国拖入战争的州都应该从合众国剔除（Scott，1893）。为维护财政纪律，国会修订法律，对政府投资项目的方向、未来举债的规模以及项目融资的方式等进行限制，以约束州政府的行为（Goodrich，1950；Larson，2001；Wallis，2005）。各州议会陆续进行了不同形式的立法改革，实施平衡预算法案，通过设定债务限额等方式来约束其借款行为，避免本州政府在未来出现同样的违约行为（Ratchford，1941）。

有意思的是，这类债务约束初始仅适用于州政府，而不影响地方政府。自 19 世纪 50 年代开始，地方政府开始重复州政府的行为。地方政府的投资活动在范围上类似于早期州政府的行为，主要集中在本地区内的铁路开发，想通过这些项目获得大额净利润和持续的收益流。当时流行的观点是，铁路开发有助于经济发展，如果本地区政府不积极参与，铁路就会建在其他地区，本地区就会落后。而同时期，南方各州则试图通过举债来进行经济重建，以恢复内战后的经济活动。1853 年密苏里州成为首个通过立法允许市政资金支持铁路建设的州，然后是阿肯色州（1855）、阿拉巴马州（1868）、堪萨斯州（1869）和密歇根州（1869）（Hillhouse，1936）。此后的地方政府举债用途进一步扩展到道路修复，以及其他的城市建设和开发模式。

在融资方式上，地方政府或者直接发行债务；或者用政府债券购买私

---

① 并不是每个州的运河建设项目都取得了成功。宾夕法尼亚州建设的运河直到 1834 年都没有产生收益，以致无法利用运河的收入来支付债务的利息，并在 1846 年与宾州的私人铁路竞争中落败。

人铁路公司的股票；或者向私人铁路公司发行债务以获得支配权；或者对私人铁路公司已有债务提供担保。同时地方政府也向上述企业提供土地，以及对铺轨活动提供直接补贴。地方政府的举债活动导致的本地区房产价值的上涨和税收收入的增加（Burhans，1889），进一步增强了地方政府的举债激励。

在债务形式上，出现了以私营公司名义发行的市政债。市政债可以用于交换私营公司的股票，或者这类公司的债务可以由市政信用进行担保（Pinsky，1963）。市政债务规模从1840年的2700万美元增加到1860年的2亿美元；到1870年超过5.15亿美元；在1880年达到8.5亿美元，3倍于州政府的负债规模（Dove，2014）。

但是上述债务最终由所建设的基建项目承担，而政府信用更多地用于为公司融资提供支持。而一旦基建项目运营困难，或者经济陷入衰退，地方政府必须承担债务偿还责任。这种偿债责任还具有自我增强的特征。随着举债难度的增加，地方政府的经济增速会减缓，债务负担也因债务偿还的困难而不断增大。

随着1873年恐慌以及其后持续的衰退，地方政府也陷入债务危机。截至1874年，全美25%的铁路陷入破产（Swain，1988）。这使得大量的地方政府无法承担现存的债务负担，也无法继续为项目融资。20%的地方政府债务发生违约，规模在1亿~1.5亿美元之间（Chatters，1933；Hillhouse，1936，转引自Dove，2014）[1]。部分州的地方政府开始拒绝偿还部分债务。

由此，部分州政府开始通过立法来改变州和地方政府对基础设施项目建设提供支持的方式。在州以下地方政府中也开始引入预算平衡政策，将债务限额约束逐步扩展到州以下的各级地方政府，以避免在未来再次出现类似的行为（Magnusson，1957）。最终美国50个州中有49个州在州法律中确立了不同形式的平衡预算要求（Wallis，Sylla and Grinath，2008；Wallis and Weingast，2008）[2]。

---

① 1868~1870年，每年只有一条铁路陷入破产管理，1871年增加到3条，1872年增加到12条，1873年前9个月就达到25条，到1874年，超过25%的铁路债券违约（Swain，1898）。

② 自第二次世界大战后直到20世纪60年代末，美国的（州以下）地方政府的债务违约事件仅发生了大约30起，其中4起债务违约事件是市政府，2起违约事件发生金额超过100百万美元，并且均与道路建设有关。因为较低的违约概率，美国各界曾经在20世纪60年代再次开始讨论是否需要对地方政府施加债务限额（Heins，1967；Mitchell，1967），甚至美国政府间顾问委员会在其年度报告中认为应该放弃对州以下地方政府债务限额的要求（ACIR，1961）。但是最终并未放弃对债务限额的要求。

### 8.2.2　德国地方政府债务救助与债务刹车

#### 8.2.2.1　德国地方政府概况

德国存在三级政府（联邦（Bund）、州和地方政府）。各级政府的财政收支责任由基本法明确；市政府的财政责任由州法律确定。德国宪法要求各地区基本公共服务保持一致性，从而设计了财政均等化制度，各级政府间具有紧密的财政关系。

德国有 16 个州、14000 多个城市和社区。德国宪法规定不同层级政府的责任，其中社区负责地方公共事业和公共服务；地方政府负责为本地区居民提供额外公共福利，以及社会援助福利。宪法保证地方政府有权独立管理自己的事务，但是在实践中，这种独立性由于地方政府对于州政府资金的依赖，以及大量支出均为强制性支出而受到约束。州政府负责文化事务，包括学校和教育、司法管理、警察以及健康服务等。此外，州政府和联邦政府共同负责地区经济政策、农业政府等事务的规划和资金安排。随着联合事项的增加，联邦政府对州政府的干预也在上升。

德国允许州政府和地方政府举债，但是地方政府举债必须得到州政府的同意。当州政府认为地方政府无法满足与借款相关的预期未来财政责任时，可以否决地方政府的债务融资需求。但是德国规定所有政府的年度举债金额不得超过其年度投资支出金额①。

在债务形式上，早期德国的州政府主要依赖银行贷款，在 20 世纪 80 年代开始探索发行债券来为到期贷款进行再融资。在 90 年代初期，在各州政府为德国统一后的经济建设进行融资时，州政府开始转向资本市场进行直接融资。从 90 年代后期开始，州政府逐渐采用债券来替代银行贷款，主要是发行政府债券进行债务融资对于德国州政府而言成本更低。在 2007 年，德国州政府债券的发行量已经超过国债。从净发行量上来看，德国的地方政府债券已经成为德国债券市场的重要组成部分。

截至 2013 年，德国地方政府债务总额为 3700 亿欧元，60% 的债务由债券构成；州政府的负债率为 24%；市政府的负债率为 5%。债券占地方政府债务比重较高的地区包括北莱茵威斯特法伦（North Rhine-Westphalia）、柏林（Berlin）、下萨克森（Lower Saxony）、黑森（Hesse）、巴登－符腾堡（Baden-Wuerttemberg）、莱茵兰－普法尔茨（Rhineland-Palatinate）。德国各州地方政府债务差异很大。以 2009 年为例，不莱梅（Bremen）、柏

---

①　但实际上，各级政府都发现绕开这一规定是非常容易的。

林、汉堡和萨尔的人均债务余额在 10000～24000 欧元之间；而同期萨克森、巴伐利亚和巴登 - 符腾堡的人均债务余额仅为 1000～5000 欧元之间。

在地方政府联合发债方面，2013 年 6 月 10 个州和联邦政府发行了第一支联合债券，各个地方政府分别承担各自的偿还责任（但不是联合承担）。这一债券发行对中央政府和地方政府的成本差异较大，德国联邦政府需要额外负担更高的溢价（与发行国债相比）；而地方政府的溢价则减少了 8～12 个基点。

### 8.2.2.2  20 世纪 90 年代德国地方政府债务救助

德国的财政均等化体系决定了地方政府债务是由联邦政府担保的。这就使得当市场纪律无法对地方政府债务进行约束的情况下，德国需要对地方政府举债行为进行约束。但是事实证明，这类地方政府的财政规则以及相应的债务管理往往无法起到其应有的效果，甚至出现了本辖区的选民鼓励地方政府突破财政政策规则约束的现象。

在 1988 年，德国萨尔和不莱梅两州向联邦宪法法庭起诉，要求法院命令联邦政府支持解决两州面临的高债务问题。两州宣称其高债务源于不受州政府控制的经济发展条件变化（即不莱梅的造船业危机，萨尔的钢铁和煤大宗商品危机），与高债务相关的巨大财政负担使得两州无法实现宪法要求的责任。此外两州都认为它们被迫违反了《宪法》第 115 条，即预算赤字应以投资支出金额为限。两州都认为如果它们自行应对财政负担，那么必须削减财政支出，减少公共服务供给，从而再次违反德国宪法（地方公共服务均等化）。两州指出，既然大多数州财政支出是由联邦法律强制规定的，削减财政支出意味着违反联邦法律政策。

经过 4 年的审理，1992 年联邦宪法法庭裁定支持两州的诉求。法院认为德国《宪法》，尤其是《宪法》第 104～107 条规定，财政联邦体系的目的是建立财政同一性和生活标准均等化，这些目标能够通过州政府和联邦政府间、州政府间的互相支持而得到。因此，法院强调德国联邦体系的统一性原则，并承认州（和联邦政府）在经历极度预算困难时，有权从联邦其他成员处获得财政支持。

在这一裁定中，德国法院也界定了政府极度预算困难的条件，即较差的经济绩效、人均负债过高、财政支出中的利息支出过高。

宪法法庭认为两州需要特别财政支援以战胜财政危机的理由包括：两州连续 15 年违反德国《宪法》第 115 条（借款仅限于资本性支出），两州政府债务余额超过支出规模的 2 倍以上。自 1980 年以来，两州利息支出增加了 300%，而其他西德州仅增加 180%，利息支出占总收入的比重超过西德各州的平均水平。法庭认为两州自身已无法承担债务负担，因此联邦作为一个整体应该予以支持。

1993 年，联邦政府与萨尔和不莱梅两州达成协议。1993～1998 年，对不莱梅州的年度救助转移资金为 18 亿德国马克，对萨尔州提供 16 亿马克，帮助两州降低财政负担。在萨尔州，救助资金占到总支出的 18%，而在不莱梅则占到 22.5%。两州均无须偿还收到的救助资金，同时两州承诺将支出增长速度限制为年均不超过 3%（在 1997 年进一步降低到不超过 2%）。救助资金只能用于还债，由于债务减少而节省的利息可以用于还债或者进行额外的基础设施投资。此外，不莱梅和萨尔应向联邦政府和各州政府提交财政充足性计划的进展报告。

协议规定在 1997 年必须对两州的财务情况进行评估以确定是否在 1998 年后继续提供救助，实际上这一评估直到 1999 年春季才开始，联邦政府以及萨尔和不莱梅两州之间达成延长救助期限至 2004 年的新协定，并在之前基础上引入两个新的规定：救助资金逐年减少，在 2004 年后不再提供救助。

救助协议的目标之一是将两州的人均债务在 1998 年减少至 11500 德国马克（两州在 1992 年的人均债务均高于 16000 马克）。而在 1998 年末，不莱梅和萨尔两州的人均债务分别为 16600 德国马克和 16650 德国马克。

除了联邦政府提供的救助转移，其他州政府也对萨尔和不莱梅州提供间接救助。在东西德统一时，西德各州组建了共同统一基金，为东德提供支持。同时西德各州也提供了本应由两州缴纳的部分资金。

在金融市场上，各州债券风险溢价的差异相对较小。评级机构认为两州的救助和法庭的判决意味着德国各州和联邦政府实际上是一体的，因此其具有相同的风险性。而德国的分税和财政均等化体系则建立了一个预防性的框架以阻止各州陷入财务困境。

德国地方政府向州政府申请救助的情况则更为普遍。尽管各州都明确了不救助原则，但是实际上每个州都采取了一定形式的救助。特别是在地方政府发生严重财政困难时，其会向州政府申请财政支持，并且认为本地政府的借款是由州政府监督、控制和证实的。因此，如果地方政府不能偿还债务，那么州政府也应该对债务违约承担部分责任。在实践中，地方政府主要通过和州政府协商的方式来解决双方的债务救助纠纷。

### 8.2.2.3 德国地方政府债务刹车规则

德国于 2009 年在联邦宪法中加入平衡预算规则（也称债务刹车规则）。该规则规定自 2016 年起，联邦政府的结构赤字限额为 GDP 的

0.35%。德国各州从 2020 年开始不能有结构赤字，州政府只能在出现严重的经济危机或者自然灾害等紧急状态时，或者在经济增长偏离正常周期波动时进行举债融资；在 2020 年前德国各州可以自行决定财政调整路径。在 2019 年后，联邦政府和州政府之间的财政关系要进行重组。在确定政府间的财政均等化机制时，债务刹车是联邦政府和州政府间协商的重要问题之一。可以预见，随着债务刹车的完全实施，以及禁止赤字为支出融资，高负债州可能需要更高的财政转移以应对债务刹车。

2010 年，德国联邦政府组建了由州财政大臣、联邦财政和经济事务大臣为委员的稳定委员会。委员会监督联邦政府和州政府是否实现可持续的财政政策。该委员会采用四个绩效指标来评估预算（结构赤字、信贷融资比、债务规模、利息税收比），采用人均赤字来衡量结构赤字。

石勒苏益格－荷尔斯泰因州在 2010 年 5 月第一个引入债务刹车法案。萨克森州是德国各州中人均债务规模最小的。从 2006 年起（截至 2015 年），该州始终处于财政预算盈余状态。该州在 2013 年将债务刹车法案纳入州法律，规定自 2014 年起禁止举债。北莱茵威斯特法伦并未在州宪法中引入债务刹车法案。

表面上看，2009 年的债务刹车法案，要求德国各个州的借款必须遵从弱黄金规则。而实际上，宪法要求的充足性原则等价于通过财政均等化机制和联邦宪法法庭的裁决为德国各个州提供了一个显性的救助担保（或联合负债责任）（Zipfel，2011）。

这一行为实际上可能导致以下两个结果：一是各州债务率（债务占财政收入的比重）会出现大的变化；二是金融市场一旦了解到紧急救助的存在，将不再要求高负债州支付更高的借款成本，使得州债券和联邦政府债券之间的利差无法反映州债务的实际情况。

### 8.2.3 澳大利亚的地方政府债务管理

#### 8.2.3.1 澳大利亚地方政府债务管理概况

澳大利亚为三级政府管理（联邦、州、地方（或市）），各自有其财政责任。澳大利亚在 1901 年成为联邦制国家，其地方政府作为澳大利亚的第三级政府，其地位由州法律决定。1997~1998 年，澳大利亚政府债务负债率为 18.6%，其中 71.5% 的债务由联邦政府承担（commonwealth debt）；而 28% 的债务由州政府举借；0.5% 的债务由地方政府负责。州和地方政府举债按照澳大利亚贷款委员会协定来管理。

澳大利亚宪法并未规定州和中央政府借款的协调和沟通条款。在 1922 年，中央政府和州政府分别举债，并互相竞争伦敦资本市场上的资金。在 1914 年前州政府的债务运营由位于伦敦的一家公司（R. Nivison & Co）负责。该公司作为包销商，确保一个州的举债运营不会影响其他州的举债（Eichengreen and von Hagen，1996a）。在第一次世界大战时和战后，这一举债机制失效。随着部分州偿债压力的增加、财政支出压力的上升，以及中央政府举债规模的上升，各州之间不再协商借款。在 1923 年，中央政府和州政府同意组建自愿的贷款委员会，来协调在伦敦发行新贷款的时间和条款。但早期的运作并不十分顺利，各州有一定的自由选择权。1927 年，6 个州和中央政府之间签订财务协定，确定各自权利、义务，以期增加政府的财政纪律，防止举债活动的无序上升。

该财务协定赋予中央政府管理和接管州债务、管制州举债活动、对州政府提供借款等权利。而贷款委员会则是唯一能够确定中央政府和各州的贷款融资数量、期限、条件和时间的机构。财务协定规定贷款委员会决定特定年度贷款的总金额，然后确定其在各州间的分配。在 20 世纪 30 年代部分州试图绕过贷款委员会的举借约束，通过表外机构进行举债，贷款委员会在 1936 年通过州和中央政府的"非正式协定"将其对举债的监管扩展到地方政府和半政府机构。

贷款委员会由州政府的总理和中央政府的总理、财务长组成，每个州 1 票，而中央政府有 3 票，使得中央政府在委员会中处于优势，其仅需要 2 个州的支持就可以得到多数。而 5 个州才可以构成反对中央政府的多数。

随着中央政府对地方财政和澳大利亚财政状况的控制增加，贷款委员会成为一个关键机构。从 1950 年开始，贷款委员会制定了中央政府负责的地方借款项目。首先通过特别贷款，然后通过资本性转移支付，使得各州能够以更优惠的利率借款，从而也增强了贷款委员会在其中的支配地位。在 20 世纪五六十年代，各州被迫接受小于其借款数量的借款配置情况。随着地方政府增加其借款努力，中央政府在 70 年代逐渐放松了这一控制。

### 8.2.3.2　澳大利亚地方政府债务的早期救助经历

在 1929～1931 年的经济大萧条期间，贷款委员会将 1930～1931 年的贷款资金缩减了 45%，要求所有政府在下一年度平衡预算。1930 年 10 月，新南威尔士州的新任州长杰克·郎（Jack T. Lang）通知贷款委员会主席，其无法平衡预算，需要更多时间通过立法增税。在 1930 年 12 月，中央银行主席答复称必须维持预算平衡。同时进行了部分财务安排以确保该州在 1931 年 1 月 1 日能够偿还利息。在 1931 年 2 月，杰克·郎建议贷款委员会对海外债务进行有条件的修正，并且将利率强制降至 3%，认为应该让债权人共同承担经济衰退的损失。

贷款委员会和其他州的州长拒绝杰克·郎的建议。1931 年 4 月，杰克·郎宣布新南威尔士无法向海外债权人支付利息。中央政府立即代为支付利息，同时在高等法院对该州政府提起诉讼。该州和中央政府协商后，最终在 1934 年 6 月接受贷款委员会平衡预算的决定。

在 1932 年 1 月，杰克·郎在向贷款委员会申请额外举债规模被拒后，再次宣布对海外利息支付违约。中央政府在等待 10 天后才支付利息。此后，中央政府通过立法规定，一旦州政府违反财务协定，其将在接收该州负债的同时采取程序收缴该州的收入。

为挑战该立法的合宪性，杰克·郎命令其财务管理层忽略中央政府的指令，将财政收入存在州财政账户。1932 年 5 月 13 日，杰克·郎在拒绝撤回其命令后，被解除州长职务。而他推动的强制降低利率则成为 1931 年中央政府债务重整法案的基础。该法案授权贷款委员会能够代表中央政府将债权人持有的当前的中央政府债务和州政府债务转换为新债务，同时该债务的利率较原始利率下调 22.5%。几乎所有的债权人都立即同意该方案。

1978 年，贷款委员会通过新的借款项目指引，并于 1982 年放宽了从贷款委员会借款的州立法权。在 1983 年，其他较大的半政府机构也得到类似特权。自 1983 年 7 月起，州政府实际上可以自由地为基础设施项目举债，同时将资金配置到其优先需求处。随着借款约束的放松，州所拥有的公共交易企业的借款在 20 世纪 70~80 年代大幅增加。各州也发明了新的融资方式，以绕开贷款委员会的控制。在 70 年代早期，州属企业的借款不到国内生产总值的 1%；而在 1981~1982 年占到国内生产总值的 2.3%；在 1982~1983 年上升到国内生产总值的 2.8%；在 1983~1984 年则达到国内生产总值的 2.7%。在 1979~1980 年贷款委员会仍能够监管州政府机构 95% 的借款；而在 1983~1984 年，这一覆盖率下降到了 25%，贷款委员会控制公共部门举债的能力大幅消退。

为扭转这一趋势，1984 年贷款委员会放弃了对政府借款和半政府借款的区分，采取全部限额法，规定贷款委员会对中央政府和地方政府设定借款的整体上限。这一上限根据上一年度上限和中央政府判断的本年度宏观经济政策条件来确定。上限总额根据每个州的人口分配到各个州，因此并未考虑各个州的实际财政需要。对于整体上限的遵从是自愿的，但是所有的州政府都同意在新的框架下举债债务。此后，这一总体上限进一步覆盖了递延支付、贸易信贷、租赁安排、分期付款以及可转换贷款。

总额上限办法一定程度上遏制了州债务的增速，而中央政府试图利用该方法进一步减少未来的州债务规模。1988 年的贷款委员会会议，中央政府要求州借款减少 22%，昆士兰州拒绝这一上限约定，并且拒绝向贷款委员会提供其借款活动信息。中央政府以根据昆士兰州借款超过其总额上限的数量来扣除中央政府对州政府的转移支付的方式，强制要求该州遵守这一规定。

1990 年，贷款委员会决定不再采用人均平等的总额上限分配办法。1989～1990 年，中央政府停止代州政府借款，并仅对过去的代为借款行为负责。因此州开始对自己的债务负责。这一安排使得各州需要根据自身的信用评级，从金融市场融资，面对不同的借款成本，1994 年这一新的财务协定正式签署，并且自 1995 年 7 月 1 日开始实施。

针对这一调整，州政府开始超过上限举债。1991～1992 年，总举债规模是总额上限的 172.4%；1992～1993 年，则达到总额上限的 118%。以维多利亚州为例，1991～1992 年的总借款从 15 亿澳元增加到 27 亿澳元。维多利亚州的预算因为 1987 年的股灾，维多利亚州的经济发展公司的财务困难以及国有银行分支机构的倒闭而陷入困境。在 1991～1992 年，该州政府的借款主要来自维多利亚州发展基金（政府表外金融机构）。在财政年度结束之前，这些借款是作为中期贷款从维多利亚州公共当局财务机构进行再融资，以暂时贷款的形式出现，因此未进入发展基金资产负债表。正是这一中期贷款使得维多利亚州突破了总额上限。州政府向中央政府财政部长报告这一事项，后者决定不予公开。事后被认为不予公开的主因是中央政府在当时面临选举期，帮同一政党进行隐瞒。

对总额上限的遵从被认为是各州自愿的活动，因此贷款委员会并不证实各州活动是否违法。在维多利亚州事件发生后，贷款委员会默认了其突破限额的行为，并且在 1993 年 5 月进一步增加其限额，使得该州重新回到限额以内。在贷款事件后，贷款委员会增强其报告要求，将注意力转向每个州的预算形式和战略上。

1992 年 12 月，贷款委员会决定从 1993 年开始采用贷款委员会配置方案取代总额上限。根据新方案，每个地区根据其自身预算形式和策略提名一个委员会配置方案。如果所有提名配置的总量和宏观经济要求不一致，则通过各地区间的协商以解决争议。

### 8.2.4　加拿大的地方政府债务管理

加拿大采用基于权责发生制的政府综合财务报告制度，将政府债务分为总债务和净债务两类。前者是指政府实际需要偿还的债务总量，其决定了纳税人的总政府债务负担；后者是指总债务减去政府持有的金融资产之后的余额，其反映了无法由政府持有的资产所覆盖的债务规模。给定地方政府持有的金融资产差异，两个地方政府即使具有相同的总债务余额，也会有不同的净债务规模，从而表现出差异性的偿债能力。

加拿大三级政府（联邦、省和地方政府）在连续多年降低政府债务的努力之后，其直接债务负债率从 1995/1996 年的 99.6% 下降到 2007/2008 年的 52.5%。此后加拿大政府于 2007/2008 年再度开始大规模的赤字融资，其政府直接债务余额①也从 2007/2008 年的 8722 亿加元增加到 2011/2012 年的 12000 亿加元，负债率相应地由 55.7% 上升到 68%。而包括了担保债务②、或有债务、合同债务③和待融资项目债务④后，加拿大三级政府的总债务从 2007/2008 年的 3.4 万亿加元增加到 2011/2012 年的 4.1 万亿加元，同比上升 20.9%，人均债务余额达到 117948 加元，总负债率为 230.2%。

加拿大的地方政府债务除了长期政府借款外，还包括政府未来的养老金支出等隐性债务（Lammam and MacIntyre，2014）。在用途上，加拿大市政债务专项用于资本项目支出或者出于现金周转目的的短期借款（Bish and Clemens，2008）。市政府不能发行长期债务（债务存续期超过一年的）用于弥补日常市政运营支出，由长期债务融资的市政项目必须提供 1 个会计年度以上的收益预算。短期借款或出于现金流周转目的的借款需要得到市政委员会的批准。

长期借款的流程则更为复杂，加拿大的省级政府禁止地市政府积累大量债务。市政府必须通过规定的程序（市政融资委员会）来申请发行

---

① 政府负有偿还责任的债务。

② 担保债务是政府以私人企业或政府运营的企业名义发行的债务。这类债务主要用于为维持企业运营提供必要的资本，或者以更低的融资成本来支持特定的企业。当企业无法偿还上述债务时，担保债务则成为政府的直接债务。这种担保债务的一个主要问题是产生了较为严重的市场扭曲。

③ 或有债务是偿债收入依赖于未来的债务，其偿债收入具有较大的不确定性。合同债务是指政府承诺在未来为取得服务和获得商品所必须承担的支出责任。

④ 待融资债务包括政府在当期尚未提供，但是承诺在未来提供的资金支出项目。这类债务中最为主要的是加拿大养老金计划和魁北克市养老金计划、老年证券以及加拿大的公共健康保险项目，这类项目的资金来源是政府的一般预算收入或者特定的税收收入。

长期政府债券。以英属不列颠省为例，市政融资委员会①是由该省设立的独立组织，由地区来任命，为省内各市提供债务融资服务。市政府申请长期贷款还必须得到该市的市政委员会、省政府办公室和该地区的区董会的批准。而整个温哥华都市圈中，温哥华市是唯一可以直接发行长期政府债券的市，但是其发行的长期政府债券只能用于为资本性项目融资。

对于市政债的另一个约束是省政府规定每年债务还本付息的总成本不得超过上年总财政收入的 25%。这一约束适用于通过市政融资委员会获取的借款、担保债券、待融资的债务、或有债务等。除绝对数外，加拿大也使用相对指标比较和衡量各省间的政府债务情况，这类指标包括净债务和总债务的负债率和人均债务余额情况。受益于已编制的政府财务报告，加拿大地方政府将总政府债务与市政府拥有的总资产相比较，用于判断市政府是否处于净负债状态。

### 8.2.5  日本的地方政府债务管理

日本地方政府分为两级，包括 47 个县和 1727 个市。地方政府的支出责任较大，包括水供给和污水处理、道路、公共卫生、社会福利、教育、警察、消防、灾难预防和交通等地方公共服务支出。2016 年地方财政支出占到全部财政支出的 59%。地方财政收入主要来自地方税、地方配置税，国家财政拨款和地方债券。

#### 8.2.5.1  日本地方政府债务概况

2019 年日本的地方政府债务余额为 1.68 万亿美元。中央政府通过地方政府借款项目，设定地方政府借款数量和资金来源。在每个财年，中央政府会提供长期借款指引，确定地方政府融资数量和来源，每个地方政府在限额内融资。

按照资金来源，日本的地方政府债务可以分为私人资金和公共资金两类，其中私人资金包括贷款和债券。大多数日本地方政府从金融机构（主要是商业银行、农村合作社和保险公司）获取长期贷款，部分地方政府在公开

---

① 市政融资委员会是加拿大市政债的监管部门，其为各市提供融资服务，并着力降低长期债务的成本。虽然负债的市政府必须自己偿还债务，但是市政融资委员会通过打包市政贷款来提供额外的贷款信用，并确保市政府能以更低的利率借款。市政融资委员会也提供市政债的贷款担保，其有一个偿债基金用于覆盖无法偿还债务的市政府的到期债务。通过市政融资委员会来混合债务风险，也使得经济规模较小的市政府能够通过市政融资委员会的高评级来降低借款成本。更低的借款成本转变为更低的资金成本，这类市政府就能够用更少的财政收入来满足未来的债务还本付息要求。

市场发行债券；公共资金则分为日本市政金融组织（简称JFM）和全国政府基金两类，以向地方政府提供贷款为主。以2016年为例，中央政府确定的地方政府借款总额约为11252亿日元，其中私人融资来源部分合计为58.7%。私人融资来源部分中，发行债券为32.8%，其他借款为25.9%，公共资金部分为41.3%。公共资金部分中，日本市政金融组织（JFM）提供16.1%，中央政府提供25.2%。

日本地方政府债务以贷款为主。大多数地方政府从金融机构（商业银行、农业合作社、保险公司等）获取长期贷款，银行拥有地方政府债务39.4%的债权（2010年3月底数据）。一些较大的地方政府则发行地方债。日本地方政府债券始于1952年，此后加入债券发行的地方政府数量不断增加，发行市政债的地方政府从1952年的8家增加到2016年的55家（35个县，20个政令指定都市），在此期间发行量增加了3倍，在2010年达到发行高峰，此后略有回落。地方政府债券利差基本稳定在溢价3~20个基点的水平。债券发行期限包括2年、3年、5年、7年、10年、15年、20年和30年期不等，其中10年期是主要债券类型；2~7年期的发行量每年较为固定；而12~30年期的长期债券发行规模有增加趋势。地方政府债券发行数量在政府资金支持减少后，呈现出快速上升趋势。

日本地方政府还发行联合地方政府债券。自2003年起，日本地方政府开始发行联合地方政府债券（JLGB），目前已有36个地方政府参与联合发行。地方政府希望通过联合发行、共同背书的方式，获得更优惠的举债条件，降低融资成本。在发行形式上，每个地方政府各自发行规模不一的债券，但是所有参与联合发债的地方政府需要共同承担每一笔债券的还本付息义务。发行联合债券的法律依据为地方财政法第5~7条。这些条款规定，两个或两个以上的地方政府经本地代表机构的同意，可以联合发行地方债券。每个地方政府均拨备了专门准备金，并为每次联合发行债券的还本付息承担连带责任。此后，越来越多的地方政府加入该联合发行计划，日本联合地方政府债券规模持续增加，其在地方政府债券中的比重也逐渐增加。

除了联合发债方需要承担债务还本付息的连带责任外，为确保在发生不可预见的情况时（如某一地方政府出现自然灾害时），债券本息能够及时偿付，联合地方政府债券要求建立"流动性特别准备金"，参与联合发债的地方政府要从其各自的准备金中提出部分存入约定的商业银行，年度累计总量为整个联合地方政府债券的分期付款数的1/10。截至2016年特别准备金已达到 180 亿日元。由于联合地方政府债券具有信用度高、流动性好的特点，这类债券日益成为日本政府债券以外的主要基准债券。

日本市政金融组织和全国政府基金是地方政府贷款的主要提供方，也是公共资金举债的主要来源。其中日本市政金融组织向地方政府提供长期低息贷款，其贷款资金主要来源于发行债券；而全国政府基金主要为财政贷款基金。自 2001 年财政投资和贷款体系改革后，该基金规模呈现下降趋势。

日本市政金融组织自 1957 年起就参与地方政府举债，向地方政府提供长期低息资金。其前身是 1957 年 6 月 1 日成立的日本市政企业金融公司，由日本中央政府所有。此后公司权责逐渐下移，于 2008 年 10 月 1 日转型为日本市政企业金融组织，所有权转归地方政府，并在 2009 年 6 月 1 日进行重组成立日本市政金融组织，扩大了贷款范围。其成立的法律依据是日本市政融资组织法，该法案在 2007 年作为第 64 号法案进行修订。

当前日本市政金融组织拥有资本金为 166 亿日元，由日本地方政府全资拥有。股东为 1789 个日本地方政府和 31 家地方政府协会（其中市政府和东京特别区持股 55.4%、县持股 38.4%、村镇和地方政府协会持股 6.3%）①。自重组以来，地方公共团体金融机构每年提供的贷款量占地方政府债务增量的比重从 2009 年的 12.9% 逐步提高到 2016 年的 16.1%。截至 2016 年 3 月 31 日，发放的地方政府贷款为 23.6 万亿日元，贷款对象为日本全部地方政府在内的 2160 家公共机构。日本市政金融组织的信用评级为 A+（标准普尔）和 A1（穆迪），拥有和日本主权债相同的评级。贷款用途主要为垃圾处理（占 33.9%）、暂时性的财政资金周转（占 19.1%）、水供应（占 15.1%）。贷款政府主要为市、镇、乡政府（合计 125.3 万亿元，占比 59.6%）、县政府贷款 41.7 万亿日元（占比 19.8%）、政府直辖市贷款 36.9 万亿日元（占比 17.6%）、地方政府协会和公司贷款 6.2 万亿日元（占比 3.0%）。

日本市政金融组织的资金来源为发行债券和向银行举借的长期贷款。截至 2016 年 3 月底，日本市政金融组织发行债券 19.8 万亿日元，长期借款金额为 1000 亿日元。该组织提取的准备金为 3.4 万亿日元，提取的市政运营改善基金为 9000 亿日元（包括运营市政比赛收益，用于地方政府贷款的利息减免优惠等）。在运营方式上，通过发行 10 年期债券（平均债

---

① 此处股东数量和股权比例为 2016 年 3 月底数据。

券期限为 7.66 年)、发放更长期贷款的方式(平均贷款期限为 8.96 年)进行持续运营,但其债务融资方式存在借短贷长的期限错配风险。JMF 主要采取提取利率波动储备和 ALM 承诺等方式来进行利率风险管理。后者主要是通过场景模拟、风险估值、久期分析等方式来分析风险,进行中长期管理。

### 8.2.5.2 日本地方政府债务管理

日本地方政府债务体系是随着日本政府间持续进行的分权改革而不断发展的,大致可以划分为三个阶段:第一阶段大致为 1993~2001 年。这一阶段的改革目的是确保中央和地方政府之间拥有平衡和合作的关系。第二阶段为 2001~2006 年。通过三方改革,来推进分权。第三阶段自 2007 年开始。

日本地方政府不允许破产,但要求财务状况较差的地方政府进行债务重整,中央政府对地方政府债务负有很强的监管和连带责任。日本的预算法要求地方政府提供必要的公共服务,同时要求中央政府设立地方财政项目为地方政府执行包括债券偿还在内的标准公共服务提供资金支持。中央政府每财年会基于地方政府财务状况以及地方政府全部收入和支出的预测来评估制定地方政府财政项目。根据该项目,地方政府收入和支出的总额应该平衡。

与此同时,中央政府通过地方配置税体系,对税收收入较低的地方政府提供资金支持,以平衡地方政府间的收入,从而确保各个地方政府具有相同的服务标准。在计算需要转移的地方配置税时,中央政府会考虑地方政府当年需要偿还的债务本息,并将其按照一定比例纳入标准财政需求中。日本中央政府通过地方财政系统监管地方政府债券的还本付息情况,通过地方配置税来保证地方政府可以从中央政府获取基本的社会资本,并对居民提供标准的公共服务。

财政状况良好的地方政府在发行私人基金债券时,需要向中央政府或者都道府县政府报告。在发行公共资金债券时,需要向上述两个上级政府申请,未经同意发行的债券无法获取地方配置税。对于财政条件出现恶化的地方政府其需要同时得到上述两个上级政府的批准,才可以发行债券。对于联合地方政府债券,其本金和利息也纳入地方配置税计算时的标准财政需求数量中。地方政府应该按照内务省的要求拨备用于年度债券还本付息的准备金。

根据地方政府的财政状况,日本地方政府债务管理可以分为三个部分。在地方政府的财政状况较好时,通过测算财政指标(实际赤字率、充

足实际赤字率、实际债务偿付率、未来负担率、基金短缺率），向议会提
交经由审计官员签字的政府财务报告并公开。

对于进入债务预警阶段的地方政府，则要求地方政府通过努力来改善
其财政条件，包括制定和实施财政恢复计划，该计划需要得到议会批准，
并由外部审计人员签字。每个财政年度向议会报告计划执行进度，并向社
会公布。如果这一计划可能无法按期落实，内务省或者地方长官可以建议
调整政策。

对于财政条件明显很差的地方政府，由中央政府介入进行重建，制定
财务重组计划（需有议会批准），并由外部审计人员签字。财政重组计划
需向中央政府指定部门（MIC）申请，并由其同意。如果财政管理水平无
法满足该计划，该部门可以建议采取调整预算等行为。

日本政府通过要求地方政府定期公开披露相关信息，来检查其财政状
况，以维护财政纪律，并且在地方政府的财政条件恶化的早期阶段采取措
施。通过分析地方政府的存量和流量指标来确保其财政管理能够在中长期
得到改善。在这一财政规则体系下，地方居民、地方议会和审计官员都能
够检查地方政府、相关地方公共公司的潜在风险。当财政条件恶化的地方
政府自身无法进行重建时，中央政府能够为其提供帮助。表 8 - 3 列出了
日本对于地方政府债务的早期预警线指标和重组线指标。

表 8 - 3　　　　　　　　日本政府早期预警和重组线指标

| 项目 | 早期预警线 | 重组线 |
|---|---|---|
| 1. 实际赤字率 | 都道府县：3.75% | 5% |
|  | 市，根据财政规模大小：11.25% ~ 15% | 市：20% |
| 2. 广义实际赤字率 | 都道府县：8.75% | 15% |
|  | 市，根据财政规模大小：16.25% ~ 20% | 30% |
| 3. 实际债务支付率 | 25% | 35% |
| 4. 未来负担率 | 都道府县和政令指定都市：400% | |
|  | 其他市：350% | |
| 管理改进线：公共企业资金短缺率 | 20% | |

注：其中实际赤字率是赤字占标准财政收入的比重，广义实际赤字率是各类账户中的全部赤
字占标准财政收入的比重，实际偿债率是财政收入中偿还的债务金额占标准财政收入的比重。
未来负担率是政府债务余额和公共企业以及政府派出机构的或有债务合计值占标准财政收入的
比重。公共企业基金短缺率是每一个公共企业上一财年的资金短缺额占其上一财政营业收入的
比重。

当地方政府的债务负担指标越接近于上述标准，对其发行债务就有越严格的规定。以实际债务支付率为例，对于实际债务支付率低于18%的地方政府，在债券发行前需要告知都道府县政府；对于实际债务支付率在18% ~25%的地方政府，发行债券则需要制订债务管理计划，并获得县政府的支持。对于这类地方政府，县政府会根据一般的标准进行审批。

对于实际债务支付率在25% ~35%的地方政府，根据法律，债务发行时需要提供财政充足性计划，并获得县政府的同意；而对于实际债务支付率达到35%以上的地方政府，就需要在发债时提供财政重组计划，并获得县政府的同意。否则，除了发生灾难性的重建项目，这类地方政府不允许发行新债。

近年来，日本地方政府超过早期预警线和重组线的数量大幅下降，2007年有40个地方政府超过早期预警线；而在2008年减少为21个；到2013年为0。超过重组线的地方政府数量在2007年有3个，此后一直仅有1个。

### 8.2.6　西班牙的地方政府债务管理

西班牙是欧洲各国央地政府分权程度较大的国家，其对地方政府的财政规则要求较高。西班牙的地方政府主要由17个社区自治体组成。在2008年之前，地方政府负债率为6%；在2012年则已经达到了18%。在2011年，西班牙市级政府的预算赤字达到15亿欧元，而同期西班牙中央政府的预算赤字达到30亿欧元。

2012年9月27日，西班牙议会通过修正案，根据欧洲财政法案引入债务限额和赤字限额。宪法新修订的135.1条规定，所有公共管理机构必须服从预算稳定原则。比如，在具有长期效应的结构性改革能够实施的条件下，财政赤字可以达到GDP的0.4%，否则必须遵从结构性零预算赤字目标。为此，西班牙开始实施一系列债务管理机制，包括早期预警体系。对于达到预算限额的地区减少融资数量，更严格的报告制度和新债举借审批程序。

在西班牙，中央政府采用事前地方政府债务限额管理，按照负债类型采取不同的债务限额规定（见表8-4）。对于违反限额规定的市政府，未经上级政府同意，不得举借新的长期债务。

在2009年5月，西班牙允许地方政府在陷入现金赤字时，使用超额银行贷款。条件是要求地方政府必须有财务规划以确保偿还银行贷款，最高贷款期限是6年。贷款资金只能用于支付应付账户。在2011年1月，中央政府禁止债务率超过 75% 的地方政府发行长期债务（即使地方政府有净预算盈余），只能向 FLA 举债。在此后，中央政府分几个阶段给地方政府应急流动性资助。在 2012 年 2 月，部分地区得到西班牙国家信贷局 100 亿欧元的信贷支持；3 月西班牙成立了一支 350 亿欧元的基金为地方政府提供 10 年期贷款，定向用于置换 2012 年 1 月 1 日前到期的短期负债。

表 8 – 4　　　　　　　　　　西班牙地方政府债务限额管理

| 管理项目 | 说明 |
| --- | --- |
| 1. 发债前的要求 | 当年财政预算要经过议会通过 |
| 2. 地方政府权限 | 长期债务只能用于议会通过的财政预算中的投资性支出。债务水平不超过上年财政收入 10% 的，市长可以直接同意，不需要出具财务报告。短期债务未超过上年财政收入 15% 的，市长可以决定。超过 15% 的，需要议会预算委员会的同意 |
| 3. 上级政府监管 | 净财政余额小于 0 的地方政府，需要制订财政计划，在 3 年内消除财政赤字。对于地方政府的债务率高于 110% 的，要求地方政府制定财政计划将债务率减少到 110% |
| 4. 债务上限 | 州预算法可以设定地方政府年度信贷上限。对于短期债务，市级短期债务余额占综合财力的比重不得超过 30%。为额外支出或紧急性支出举债，年度举债金额不能超过综合财力的 5%，总债务率不能超过 25% |

资料来源：Benito 等，2015，表 1。

在 2012 年 7 月，为降低地方政府融资成本，西班牙中央政府成立了 FLA 基金。通过提供更好的融资条件，而获取中央政府对地方政府更大的干预权。地方政府如果无法在金融市场以低融资成本获取资金或者以低利率发行债券，均可以申请该基金的资金支持。在 2012 年和 2013 年，FLA 提供了 391 亿元的资金给 9 个地区自治体，上述地区的债务总量占到西班牙地方政府债务的 71%。该基金允许地方政府以较低的利率（国债利率 + 10 个基点）获取长期借款（10 年期 +2 年宽限期），但是要求地方政府接受中央政府更为严格的财政条件和财政监督。

### 8.2.7　意大利的地方政府债务管理

意大利为四级政府（中央、地区、省、市）体制，有 20 个地区、100 个省、超过 8300 个市。市和省委管理主体，地区为立法主体。上级政府监督和协调下级政府的工作，但是在实践中，不同级政府间并没有等级关系，每个地方政府在追求其政策时具有相对自主性。在不同级政府间很少存在财务联系，三类地方型政府均和中央政府有直接财务联系，为部分当期财政支出项目融资。

1865 年，意大利颁布了第一个允许地方政府有条件发行债券的法律（Bordignon et al.，2015），在第二次世界大战前债券发行较为零散。在1947 年，地方政府发行的债券约为 120 万欧元，总债务约为 1220 万欧元。在 1975 年债券存量增加到 2850 万欧元，但远远小于地方政府的总债务（1976 年达到 70 亿欧元）。

意大利在 1972～1973 年的税制改革，增强了中央政府的税收收入，使得地方政府的自有税收收入占总收入的比重从 1972 年的 50% 下降到1978 年的不到 10%。而这一时期中央政府的转移支付占税收收入的比重则从 30% 上升到 80%。为应对财政支出的增加，地方政府只能通过商业银行举债融资。到 1977 年底，市政债达到 1970 年水平的 3 倍，利率超过 20%。许多地方政府发现其无法还本付息，许多城市面临破产风险。

1977 年，意大利政府采取紧急措施限制地方支出的增加，限制地方政府举债，并且增加了中央政府的转移支付。1978 年中央政府宣布对市级政府在 1977 年前累计的债务（包括利息）负责，转移支付增加了300%。同时中央政府也对地方支出进行约束，禁止借款为经常性支出融资，从而严格控制了地方政府支出的增长率，也使得地方政府债务在 20世纪 80 年代始终维持在 10% 的负债率水平。

随着对地方政府管理的不断加强，在 20 世纪 70 年代后债券发行规模大幅度下降。到 90 年代中期，地方政府债券基本消失，而地方政府的总债务仍然有 200 亿欧元。在 90 年代后期，地方政府债券在新的更具灵活性的法规下重新发行。在 2006 年就达到 310 亿欧元的水平，而地方政府总债务规模已经达到 1100 亿欧元。

20 世纪 90 年代以后，意大利发行的市政债是 1996 年根据财政部的法令确定的。根据该法令，市政债可以用于为投资支出融资，但是禁止为经常性支出融资。此外，仅允许财务状况较好的城市发行债券，即发债城市不能有经常性赤字，或者曾经发生过对该地方政府赤字进行救助的情况。债券的期限不能少于 5 年，贷款金额不能超过项目资本规模。

债券为附息债券，按期支付利息（年、半年、季度），利率可以为固定或浮动利率，浮动利率债券，第一次的利息支付由债券发行时的相同期限国库券收益率或者罗马银行间拆借利率确定。对于在外国发行的浮动利率贷款，利率的参考基准为发行时同期限的伦敦银行同业拆借利率。新发行债券在发行时的有效税前收益率与上月发行的同类期限债券的当期总收益率之差不能超过1；上月为发行同类期限债券的，则于期限接近于新发行债券的政府债券的收益率之差不能超过1，由此确定了债券能够提供的收益率的上限。

债券采取分期还本付息的方式偿付。由于地方政府债券市场发展较慢，2001年意大利通过法令允许市政府在几年内发行到期一次还本的债券。在2008年又重新引入了分期还本方法。债券的偿还由市政府自有税收资源和中央政府转移支付的担保，这实际上使得投资者形成了救助预期。

在20世纪90年代重新发行政府债券的一个主要原因是地方政府有利用金融资源来增加投资的意愿，以及通过发行债券来降低融资成本的期望；二是为了增加投资者的投资类型，通过在国内债券市场提供更多品种的政府债券；三是希望转变地方政府的投资理念，通过债券投资来为地方政府引入项目融资的概念，来对公共投资进行评估；四是试图改进政府会计制度，以及完善财务信息披露。但是大多数目标并未能够取得预期的效果。

但是意大利地方政府债券的发行并未能达到预期效果，地方政府债券占地方政府总债务的比重较低。在20世纪90年代末期，地方政府债务占到政府债务的2%；在2007年达到7%；在2013年下降到5.2%。一方面，债券发行的相关规定较为严格，限制了地方政府对这一工具的使用。部分债券的唯一购买者是银行，导致债券的价格和银行贷款的价格高度相关，使得融资成本并未出现显著下降。意大利的地方债券具有美国收益债券和一般责任债券的双重性质，其债券发行用于收益性项目融资，但是却用税收收入作为偿付担保，使得很难与立法中规定的用于项目融资的规定相协调；另一方面，意大利国有银行，以3%的年利率（包括一年免息）为地方政府提供30年期的贷款，以定向支持地方政府遵守债务管理安排。这在一定程度上降低了债券在意大利地方政府债务中的作用。

2013年意大利地方政府的债务规模达到了1080亿元，占到政府总债务规模的6.5%。从地方政府结构来看，意大利地方政府债务中34%为地方债；8%为省级债务；44%为市级债务；14%为其他地方机构债务。大多数地方政府债务是银行贷款，一家银行提供的贷款占到总债务的90%。在2011年，中央政府对地方政府债务进行一次性调整，在一定程度上降低了各级地方政府的债务规模。此后，意大利中央政府进一步加强了对地方政府债务的管理，制定和通过了多部法律，包括内部稳定法案、健康法案，以监督地方政府的债务。

在债权人保护方面，地方政府的贷款和债券均得到一个不可撤销的支付代表团支持，其要求国库①配置适当的基金以满足到期债务的本息支出。各地方政府缴纳的基金按照地方政府收入进行分配，并且优先于地方政府的其他支付责任。意大利对于陷入财务困境的地方政府的救助程序相似于私人部门破产程序。市政会受到外部委员会的控制。该委员会负责管理财务状况，而地方政府的管理机构则负责日常运营。虽然意大利宪法明确禁止中央政府对地方政府债务提供显性担保，但是每一次财务困境都由中央政府进行干预，并且对于陷入困境的地方政府提供一定的基金支持。此外，中央政府还会在上述程序之外提供支持。2008年9月，卡塔尼亚（Catania）市面临债务违约，中央政府通过1.4亿欧元的转移支付进行救助。这一系列的救助经历使得地方政府认识到中央政府会在财政困难时期进行救助，这导致地方层面财政不负责任的道德风险问题。为此，中央政府必须严格控制地方政府支出，但是又面临如何解决软预算约束问题。

### 8.2.8 阿根廷的地方政府债务救助历程

阿根廷地方政府有24个自治的政治区域构成（23个省和布宜诺斯艾利斯城）。作为拉美财政分权程度最高的国家之一，地方政府具有高度的政治自主性和高度的财政分权。地方政府的财政支出占全国财政支出的50%以上，但主要的税收为中央税。地方支出的65%依靠中央转移支付，存在较强的纵向不平衡。阿根廷形成了一套以分税制为主的复杂的政府间转移支付体系来解决纵向财政不平衡问题②。其复杂性源于历年来对这一体系的反复调整，并且没有任何经济标准（World Bank，1996），使得地方政府在财政资金使用上具有很强的道德风险和预算软约束。

在20世纪80年代，并不存在自愿性的私人资金来源。各省的融资渠

---

① 意大利地方政府通过一个或多个代理银行作为他们的国库，国库作为意大利地方政府和意大利银行的中间基金，意大利银行也是中央政府的国库。中央政府的国库体系要求地方政府国库从意大利银行的地区分布存储现金和提取基金，但各级地方政府的管制力度不一。
② 1988年确定的基本税收分享政策是当前主要的分享方案，其核心分配方式是税收的42%归中央政府，57%归地方政府，剩余1%为地方政府应对突发事项的准备金（2003年仍然有效，Nicolini et al.，2003）。

道主要来自中央政府、政府担保下的多边组织、省内和全国性的银行，以及财政欠款。这种融资模式决定了需要全国性的债务管理，但是债务规模相对较小，债务管理模式的优劣性尚不明显。同样因为债务规模较小，财政管理也相对弱化。虽然部分省份通过立法对政府举债活动进行约束，部分地区要求发行政府债务获得立法会多数通过，但是这些法律的约束力较弱。债务限额对于地方政府财政行为的影响并不显著。

自 1992 年起实施的布兰迪（Brady）计划，中央政府开始进入国际和国内资本市场融资，部分地方政府也开始从资本市场获取资金。

在此期间，绝大多数阿根廷省级政府以各省的全国性税收为抵押，向省内地方银行贷款（这些地方银行对地方政府的依赖性很强）。同时阿根廷允许地方银行以上述贷款向中央银行申请再贴现，从而使得地方政府可以获得铸币税收益（Dillinger and Webb，1999）。但是这类省内银行因此而出现的大量坏账也使得在 1995 年影响南美洲的墨西哥货币危机后，成为金融业重组的主要对象。到了 1998 年中期，只有 6 家省级银行仍然在处于省级公共部门手中。

在 20 世纪 90 年代，阿根廷地方政府出现了几次财政危机，中央政府均进行了救助，包括胡胡伊省（Jujuy，1998）、图库曼省（Tucuman，1993）、圣地亚哥 – 德尔埃斯特罗省（Santiago del Estero，1993，1994）、里奥内格罗省（Rio Negro，1995）。中央政府提供了包括转移支付、贷款、未来税收担保、支出责任转移、地方政府债务担保等在内的多种方式和手段。

值得一提的是，在 1990 年的救助中，由于反对党执政，科尔多瓦（Cordoba）成为少有的未得到中央政府救助的地方政府。科尔多瓦位于阿根廷中部，经济实力居于阿根廷前三，和布宜诺斯艾利斯、圣塔菲、门多萨以及布宜诺斯艾利斯城共同构成发达地区。自阿根廷民选政府执政以来，该省的执政党一直为激进党（Radical Party）。作为中央政府的反对党，该省一直反对联邦政府的大多数经济政策。其在 20 世纪 90 年代并未加入全国养老金系统；在 1992 年和 1993 年拒绝签署联邦财政法案，并且拒绝私有化该省内的省属企业和银行。

在 20 世纪 90 年代初中期，随着经济的恶化，该省的财政赤字不断增加。由此导致每年偿债金额不断累加，从 1990 年的 400 万比索增加到 1996 年的 4.03 亿比索；而累积的债务也达到 6.84 亿比索，主要的债权人是省属银行（4 亿比索），其次是其他私人银行（1.15 亿比索）。在 1993 年，省政府在无法获得更多财政收入的情况下，将未来的税收收入作为资产卖给了省属银行（2.35亿比索）。在此后无法获得银行贷款的情况下，则直接欠款。

1995年墨西哥货币贬值使得阿根廷产生很大的流动性危机，直接导致银行挤兑，科尔多瓦省内的科尔多瓦银行在1994~1995年流失了4亿比索的储蓄。这使得地方政府不仅不能从省属银行获取贷款，而且必须采用本省的财政资金来支持银行，防止其破产。而1995年各省税收收入的下降和中央转移支付的减少，加重了地方政府的财政负担。因为科尔多瓦未签署财政法案，进一步加大了其财政收入的下降幅度，使得在1995年陷入财政危机。联邦政府拒绝救助，一直到该省执行党轮替。

在省政府的执政党更换后，联邦政府和科尔多瓦省政府签署救助协议，主要包括通过阿根廷国家银行提供7000万比索的过桥贷款；在签署财政法案后，提供转移支付支持（1亿比索）；收到预分成7000万比索。而科尔多瓦省为此也进行了大幅度的财政调整，包括减少14000个工作岗位、将工作时间下调为6小时、将工资下调10%等，以减少政府工资支出；同时资本支出削减40%；发行债券向市进行财政转移支付，允许用债券来抵税等。

自2000年以来，阿根廷经济部要求各省在每次举债前必须向该部申请，并经批准。而各省也会在发债前与中央政府协商以避免资本市场出现扎堆发债，但是地方政府债务规模在这一时期仍然出现了持续快速增加，负债率从1996年的不到4%增加到2001年的超过8%。5年内增加了100%。2001~2002年，阿根廷经济和金融危机时期，地方政府面临财政赤字和货币贬值，政府债务面临违约，部分债务进行重组，部分债务由债权人提出债务诉讼。

自2002年开始，阿根廷进入去杠杆化过程。阿根廷中央政府通过调整财政政策减少政府对于外债和内债的依赖，对地方政府提供支持以及减少地方政府对债务的依赖。在这一时期，中央政府对地方政府债务的管理包括经济和财政部对各省财政状况的连续分析，厘清各省负债情况，并提供财务和技术帮助。加强法制，2004年的财政责任法要求地方政府遵守财政透明度规则；设定公共支出增长限额；各省当年还本付息额超过其财政收入15%时，不允许举借新债；省级政府发行债务需要得到中央政府批准等。中央政府的全国信贷办公室对各省债务管理办公室提供专业指导。在每年的11月末，举行一次全国性会议，讨论央地政府合作和省际政府合作的方式。在8年的"去杠杆化"过程中，地方政府债务负债率逐渐下降到2%以上的水平。

### 8.2.9　瑞典、荷兰的地方政府债务救助管理

#### 8.2.9.1　瑞典的地方政府债务及其救助

瑞典作为单一制国家，为三级政府制（中央、县、市）。地方政府有权确定本地所得税税率，市政府有权自行举债。在融资方式上，瑞典在1986 年成立了市政融资机构，在一定程度上替代了金融市场，为地方政府提供资金支持，减少利息负担。1997 年，中央政府负债率为 59.7%；县政府负债率为 4%；市政府负债率为 14%。如果包括市政控制的公司的举债（占 GDP 的比重为 15%），则市政府负债率上升到 29%。

在 20 世纪 90 年代初期的经济衰退时期，瑞典几个市陷入财政困难。而 1991 ~ 1993 年全国立法会暂停了市政府增加自有税种税率的要求，也使得瑞典地方政府的财政能力受到影响。在 1996 ~ 1998 年，大量市政府因为自身无法解决上述财务问题，向中央政府寻求帮助。

在 1992 年，汉宁格市是第一个向中央政府寻求帮助的市政府，因为该市所属的住房公司无法向市政府偿还借款，使得市政府无法按其债权人支付 13 亿瑞典克朗的债务，城市陷入破产。经过两年协商，中央政府和该市政府达成协议，中央政府对住房公司的所欠债务负责，城市将其拥有的该住房公司股份转给中央政府，后者给该公司 6 亿克朗的援助贷款。在 1995 年该市又从中央政府收到 8.5 亿克朗的额外转移支付以偿还住房公司剩余的债务。同时该市也强制性地提高地方税率 1 个百分点。

第二个市级政府救助发生在比夫（Bjuv）城。由于隶属该城的住房公司过度举债，1995 年，该市告知中央政府其陷入财务困境。在1996 年，向中央政府申请额外的 2 亿克朗转移支付。1998 年 3 月该市总债务达到 6.27 亿克朗。中央政府与该市之间的债务协商不同于汉宁格市。比夫市允许继续持有住房公司，并从中央政府收到转移支付以支持住房公司的 1.5 亿克朗的欠款，以及对该公司再注资 900 万克朗。截至 1998 年，288 个瑞典市政府中有 87 个市向中央政府申请了至少 1次救助。

#### 8.2.9.2　荷兰的地方政府债务及其救助

荷兰地方政府由 12 个省、403 个市组成。市政的公共服务提供具有一定的自主性，但是存在公共压力和政治压力而必须提供隐性的最低公共服务水平。而荷兰的转移支付体系也确保了各地区间的财政差异能够在一定程度上得以缓解。均等化资金是根据公式计算的，并不包括相机抉择成

分，而分配公式中的变量选取主要是为了防止市政影响其收到的资金数量。

荷兰市政府的税收权力较弱，其主要依赖中央政府提供的资金，这种纵向财政不平衡使得地方政府很难处理持续的财务困难。在允许地方政府进行债务融资时，荷兰对于地方政府的债务施加两类法律约束，但是都用于约束政府债务额期限结构，而不是其债务规模。其中短期债务限额要求市政府持有的净短期债务（期限在 1 年内）应限于该财年每季度预算支出的 8.5%；而长期债务上限要求长期债务数量（期限在 1 年以上）上限为预算支出的 20%。

荷兰市政管理部门受到市政委员会的监督（水平监督。后者根据每四年一次的比例代表制度选举产生），市政法律要求市政委员会必须保证市政预算平衡（也存在例外。比如当期不平衡，但是在未来几年中会平衡时，也是可行的）。但市政委员会的专家并非全都是财务专家，因此各省也有监督市政财务的职责（垂直监督）。但是省级政府自身不能采取措施约束市政府的财务活动，其能够告知委员会需要采取措施约束市政管理部分，进行管理。荷兰立法规定无论是否是地方政府自身的原因，当地方政府无法维持预算平衡时，而地方税率又已经较高时，可以获取救助专项①，并且这种救助是一种赠与，而不是对地方政府的贷款。但是在实际中，很少有地方政府申请紧急救助，救助的金额也相对有限。而获得救助的地方政府也会迅速改进其财务情况，而无须后续救助活动。因此，从荷兰的实际情况看，其对于地方政府的救助体系并未导致地方政府出现逆向选择行为。其救助基金是市政集合基金，类似于互助保险，从而在整体上降低了风险溢价。该资金由市政基金提供，后者由各市出资设立。因此这一救助资金来自其他市政府，而不是中央政府，但是是否进行救助的决定由中央政府做出。

市政基金的救助程序是市政府提出救助申请，中央政府根据相关省份、内务部专家，以及财务关系独立顾问委员会的建议做出是否救助决定。荷兰的这一救助立法使得其市政债的借款成本较低，荷兰两家专向地方政府贷款的银行（BNG 银行、NWB 银行）的信用评级均为 3A 级。

在救助基金成立的第一年（1967 年），15% 的市政府被救助。此后，

---

① 荷兰在 1933 年对市政救助进行立法，当前的救助政策是根据 1960 年的财务关系法制定的。该法第 12 条规定市政府的收入面临明显的结构性短缺，不足以覆盖必要的支出，并且地方税率很高时，可以接受补充资金。

随着小规模市政府数量的减少，以及财政均等化体系的完善，救助逐渐减少。而 1997～2005 年新的资金均等化制度的设定，使得救助活动更少发生。1998～2014 年，有 10 个市政府被救助，收到救助资金的年份平均为 3～4 年，每年有不到 4 个市政府（0.7%）收到救助。救助金额平均为每年每人 150～400 欧元。在整个救助期内，最高达到了每人 2800 欧元，但是救助金额占市政资金的比例平均为 0.1%（1998～2013 年）。

# 第9章 县级政府债务管理的政策建议

## 9.1 构建县级政府举债空间测算框架

本书认为，县级政府偿债能力的衡量和举债空间的测算不能仅考虑县级政府的财政收入和债务率等债务负担，还应该结合县级政府的经济发展规划、人口结构、产业结构和资源禀赋等多个因素。对于县级政府举债空间的测算应该是一组结构性因素的集合，在其中应该考虑县域所面临的财政和经济压力；这种财政和经济压力对于县域未来增长和发展能力的影响；县域经济的调整路径以及这种调整方式如何由经济因素、产业结构因素、人口因素、地区资源禀赋所影响；当前或者规划的经济发展策略是否能够带来长期、可持续的增长等。

因此，县级政府举债空间测算的目的是在给定国家政策约束、应税税源、公共支出需求等条件下，县级政府如何有效地采用债务管理政策，使财政收支相匹配，以增强县域经济体的经济实力和增长潜力。从这一目的出发，县级政府举债空间应该至少满足（或包括）以下几个方面的要素：省以下的政府间关系、县域的经济基础、县域的财政收入和当前的财政政策、县域的财政支出与可能的支出需求、县域的产业结构。

正如本书所分析的，体系化的县级政府举债空间分析的困难在于县域经济体之间的差异性极大，并且受到不同地方（省级）政府的影响，其财政支出责任也具有很大的差异。此外，县域经济体也受到地区间经济和人口结构因素差别和地区间财政支出需求差异的影响。即使在一个省内，不同县域经济体也具有不同的财政状态。此外，缺乏准确、及时和可比的数据以便于比较、分析和掌握县域当前和未来的情况、责任和财政政策制定，也是这一方法面临的重要困境。

而有益的一面是，虽然每个县域都各有差异，但是县域经济财政资源产生活动的方式和类型，以及县域所面对的财政和经济决策的制度是相同的，这也为体系化的分析方法提供了最根本的基础。

本节提出一个县级政府举债空间的测算框架，这一框架着重考察如下四个方面的内容。

一是政府间财政关系，即省级政府设定的省以下政府间的财政关系。对省以下财政结构的分析是构建举债空间的重点。政府间关系也会影响地方政府的经济基础和财政支出需求。省级政府会控制地方政府的税收自主权、债务限额、确定地方政府需要承担的财政支出责任，甚至约束或者指导地方政府的财政管理实践。

二是县域的经济实力。经济实力决定了县级政府能够为财政支出融资的收入多少。当然，对于转移支付的依赖使得县域的财政能力在某些特定情况下，与其经济基础和人口因素无关。在当前的政府间财政关系下，个别县域的经济发展与其能提供的财政资源之间的关系较弱。在考察县域经济实力时，还应当适当区分各个县域的经济基础与其财政结构之间的差异。

三是限制县级政府财政收支活动的法律法规。特别是该县域特定的政策，比如耕地占用税、城镇土地使用税等地方性税种的税率差异、县域经济体所设定的最低工资、养老金的支付方式等；县域特定的支出责任，包括教育、科技、农业、基本运转等。这些都可能约束或增加县域举债空间的范围。

四是居民对本县公共服务的需求和偏好。县域居民对公共服务的需求和偏好不仅取决于县级政府自身的财力以及获取转移支付的能力，也依赖于县域的特征（比如其人口年龄结构、企业和行业类型、交通网络和通信便利程度）。考察这一特征的目的是更好地了解县域公共服务需求的变化，不同人口和社区公共服务需求的变化，以及市民和企业对于公共服务支付意愿的变化。

此外，在县级政府举债空间的测算中，需要考虑省级层面的财政结构以及各省约束地方政府财政控制的程度。这就包括上一级政府对于县级政府举债限额的规定，上一级政府能够为地方财政能力提供的支持。

在具体的应用上，对于县级政府举债空间的测算需要保持连续性。在进行具体测算时，还需要注意如下情形：

第一，基于举债的黄金规则，县级政府债务中专项债主要用于地方的资本性项目，因此举债空间测算需要根据地方政府资本性支出计划的变更来进行相应调整，从而增强债务与基础设施投资之间的联系。同时合理界定债务的发行期限，以中长期债券募集的中长期资金来支持地方政府的资本性支出，降低融资成本①。

第二，确定包含不同类型地方政府债务情况下的县级政府举债空间，对于县级政府举债空间的测算，应该基于地方政府的整体债务负担。

第三，需要对县级政府举债空间的测算进行敏感性分析，特别是考虑债务发行条件、利率和未来财政收入变动等不同假设下，政府举债空间的变动。这有助于县级政府根据本地区的经济、财政等实际情况的变动来确定相应的债务负担。

第四，在确定举债空间时，充分考虑新增债务中以低成本融资工具来借新还旧，替换存量高成本债务的比率；同时逐步增加每年新增举债额度中用于增量债务的比重；同时有效划分替换存量债务和新增债务的债务期限，确保地方政府债务期限配置的合理性。

第五，由财政部统一测算各县的举债空间。各地县域经济的发展水平、财政收入构成具有一定的差异性，人口结构也不尽相同，相应的基础设施需求也存在较大差异。因此各地对债务上限的认定也会存在不同理解。而由财政部统一采用多种指标，从多个视角对各县举债空间进行横向比较能够提供更具权威性和综合性的建议。

# 9.2　增强县级政府偿债能力的制度安排

影响县级政府偿债能力的制度因素主要为两个，地方政府举债的法律框架以及县级政府的财务能力和政府治理能力。后者取决于政府间财政关系以及地方政府的财务管理和治理能力，包括收入管理能力、技术和财务管理以及基础设施项目执行能力等。

## 9.2.1　建立地方政府债务的法律和规制性框架

地方政府举债要求具有明确的法律和管制框架，潜在的投资者需要确保地方政府具有发债的法律许可、发债的法定条件和程序以及债务违约时的处理方式。而在法治欠完善的国家，其地方政府举债行为主要表现为两个方面，一类国家在立法上明确禁止地方政府举债。而地方政府以各种方

---

① 中长期债券的优点在于：首先，中长期债券与基础设施项目的建设期更为匹配；其次，当存在通货膨胀时，中长期债券的实际价值会不断下降；最后，只要中长期债券支持的基础设施项目在建成后的经营运作效率略高于偿债利率，就能够有效地保证其未来还本付息的需要。

式绕开法律限制进行举债，地方政府举债行为完全没有约束；另一类国家允许地方政府举债。但是由大量不同的法律对地方政府的举债行为进行约束和规范，进而使得地方政府的举债行为受到过度约束。因此对于地方政府举债的法律限制应该制定一部综合性的地方政府债务法。由于在地方政府举债活动中往往存在许多不同类型的债券持有人，因此，在立法时应该充分考虑和保护所有人的利益。

对于地方政府债务，基本的原则是应该用于长期项目以及资本性投资项目以确保代际公平。在立法时，对于地方政府债务的主要约束条件应该包括：禁止发行外币债券，因为外币债券受汇率和利率风险的影响①；设定债务上限，不设定债务上限会导致债务的快速积累，各国对地方政府债务会根据其预算收入、累计地方政府债务余额等设定上限；先决条件，对于发债的地方政府要满足基本的条件或者设定更为详尽的指标体系；债券类型，将地方政府的债务类型限定为贷款和债券。对于地方政府债券的发行确定清晰的规则和程序，同时通过项目类型来区分各类债务（如一般债、专项债等）；优先权，授权特定机构为地方政府的特定项目提供贷款；外部监督，为确保基于规则的控制，地方政府举债也应该受到中央政府和其他负责地方政府监管的机构的审核，为此需要在立法时制定清晰和精确的程序；市场纪律，在缺乏外部监督的情况下，市场可以基于供求规则来对地方政府举债施加约束。

立法中还应该明确地方政府举债出现违约时，中央政府是否应该救援。一种观点认为立法中应该明确中央政府不会进行救助，以避免潜在的道德风险问题。但是相应的问题是，如果地方政府"太大而不能倒"时，该怎么办？在这种情况下，可能存在更大的"风险"，救助或者政府担保（隐性的政府担保）都会存在；另一种观点在立法中明确中央政府的救助或者担保会提高政府债券的信用评级，降低利率，因此更利于从资本市场融资。在德国的地方政府债务立法中就明确了违约情况下的中央政府救助和担保条款，但是这种规定往往附加严格的制约条件。比如财政转移支付的减少、中央政府对地方政府进行控制等，这是一种可行的选择。

### 9.2.2　加强县级政府债务信息的透明度和信息披露

信息披露是确保地方政府债务市场效率的基础。加强县级政府债务透

---

①　目前我国地方政府中，上海于 2016 年在自贸区发行地方政府债券，广东省和深圳市于2021 年在澳门、香港发行地方政府债券。但是本书认为对于绝大多数地方政府，这种域外发行债券的方式应该慎重。

明度建设是债务信息披露机制建设不可缺少的内容，有助于强化举债单位的预算意识，增强举债的计划性和针对性。加强债务预算透明度建设就是通过一定的方式将债务管理的相关信息对外公开，以提高债务预算的公开性和透明性。

对于债务信息的需求主要有三方，金融中介（比如银行和投资者）需要这类信息以评估贷款或债券的风险；中央政府用于明确债务规模（这就要求所有的债务发行都必须在中央政府登记备案，从而可以确保中央政府可以执行债务限额、监督总量债务规模以及分析其对宏观经济稳定的影响）；本地居民需要了解本地区的债务状况。债务信息的披露应该考虑到各方的需求，同时具有统一的标准。债务信息披露的标准化对于地方政府也是一种激励，对标准化的遵从要求地方政府必须投入时间和资源以应对债务问题。当设计信息披露要求时，需要关注何时发布信息、谁来发布信息、向谁发布信息。作为一个系统的制度建设，必须进一步完善县级政府债务信息公开机制体系，包括规范机制、审查机制、反馈机制和问责机制等。

### 9.2.2.1 建立县级政府债务信息公开规范机制

债务信息公开规范机制是确定债务信息公开的范围、内容、标准、要求等有关债务公开指导及操作方面的规范性法规、制度和文件等。

一是进一步细化地方政府债务信息公开的内容标准。财政部对于债务信息公开已有标准①和要求，债务信息公开有规可依、有章可循。但是对于县级政府而言，能否实际形成操作规范、富于激励、刚性约束、严格问责的工作机制，仍是一个较为艰辛的工作。建议对县级债务信息公开的范围、内容、标准、形式等制定一个标准的信息报告模板，对于债务期限、年度还本付息金额、地方政府隐性债务数量等内容均要按照指定的报告版本进行公布。视地方政府债务的发展进度，进一步明确本年新增债务信息公开的内容和存量债务信息公开的内容，减少县级政府进行选择性公开的激励。促进债务信息公开的制度化、规范化、统一化，让地方政府债务尽可能地置于阳光下，接受社会的监督。

二是制定县级政府债务信息公开细则。在财政部出台债务信息公开标准的基础上，应进一步明确县级地方政府披露债务信息的时间、格式、内容及其各项指标的口径。在各省分别制定明确的情况下，应由财政部门来规定各项指标的具体口径，以及在财政预决算系统中的对应编码，提高其

---

① 财政部，《地方政府债务信息公开办法（试行）》。

县域间的可比性、合理性和数据获取的及时性。（1）明确县级政府披露债务预算、决算信息的时间期限。要求省级政府在相同的期间按照更细致的模板公开债务信息，既可以保证全国各地所公开的债务信息的可比性，也可以给各级地方政府造成一定的竞争性压力，有效促进各地公开债务信息的主动性。（2）统一规范县级政府债务信息的披露内容和口径。债务管理有编制、执行、决算等环节，债务资金管理有举借、使用、偿还等环节，各环节信息内容多、种类繁杂。要实现债务信息公开的全面性、完整性和可比性，必须由中央统一界定和规范债务信息公开的内容和口径，由地方政府统一遵照执行。（3）统一制定县级政府债务信息公开的格式。债务信息的公开需要有一定的载体，包括文字说明、报表及其附注等。这些载体可以有多种范式和格式，而不同的范式和格式展示出来的信息会有所不同。如果格式不同，即使是内容和口径相同，也无法真正实现信息的统一性和可比性。（4）加快建立省级财政预决算公开平台。债务信息的公开还应方便广大信息使用者查找和阅读，这就需要建立专门的公开平台，所有的信息都在该平台公开披露。在尚未建立统一平台的省区，应要求各县在财政预决算中明确区分政府预决算、部门预决算，在财政信息公开栏目中增加政府债务信息子栏目。相关表格统一为网络发布的格式。对于法定年限内应公开的表格，应定期检查其网络链接的有效性。

### 9.2.2.2　建立县级政府债务信息公开审查监督机制

政府预、决算信息内容复杂、专业性较强，社会公众一般无法仅仅根据公布的数字来判断相关数据的合理性、合规性和效率性，县级政府债务预、决算同样如此。因此，债务信息公开还应建立审查监督机制，给予权威性判断和标准性指导，以引导非专业信息使用者看懂信息，分析信息，真正提高债务信息的透明度，既"透"，又"明"。

一是指定专业的、独立性强的审查监督机构。独立性可以保障审查监督的公正性，专业性可以保障审查监督的质量和权威性。机构的设置主要有三种选择：第一种是直接利用现行的审计部门；第二种是利用人大及其常委会机构；第三种是成立独立的审查委员会，即从实践部门和理论界选择相关专家，组成审查委员会，并赋予其相应的法律地位和权力。前两种选择直接利用现有机构，与第三种选择相比，实施起来比较容易。但在独立性上可能会弱于第三种选择，而独立性恰恰是审查监督的生命之源。第三种选择还能充分发挥专家学者的专业优势及其对社会公众的影响力。鉴于当前实际，本书倾向于采取包括第三种选择在内的多方监管制度。

2021 年 7 月，中共中央办公厅印发《关于加强地方人大对政府债务审查监督的意见》（以下简称《意见》）。《意见》就推动完善政府预算决算草案和报告中有关政府债务的内容、规范人大审查监督政府债务的内容和程序、加强人大对政府债务风险管控的监督、加强组织保障等作出了明确规定，提出了工作要求。《意见》的印发实施，为实现更加高质、高效、公平、可持续的地方政府债务发展，提供了重要的制度和机制保障。

具体到对县级政府债务的审查监督上，创新审查监督方式，切实提高审查监督的效率和效益是下一步工作的重点和难点。目前县级人大主要集中在债务限额及余额变动情况、债务偿还计划、风险防控措施的审查批准。对于政府债务的用途、可行性、偿还期限、债务风险的评估和资金绩效的评价等更专业内容的审查监督，部分县级人大存在一定的不足。这一部分审查评价工作所需的专业人才即使是在县级财政部门内部都尚且配备紧张，更遑论在县级人大及其下辖的预算工作组中。落实县级人大对政府债务的审查监督，尤其是对债务风险评估的审查监督，在方式和方法上仍需突破和完善。

本书认为，推动县级人大与县级审计部门对县级政府债务的联合监督，是有效推动《意见》在基层人大落地生效的可行方式之一。在已贯彻落实人大对审计查出突出问题整改情况进行监督的基础上，将两部门的合作机制从事后扩展到事前、事中，探索对县级政府债务的日常联合监督审查制度，提前确定县级政府债务监督内容和时限，提高监督的针对性和有效性，更好结合审计部门的专业审查能力与人大的法定监督权力。目前，个别地区的区县人大和审计部门已经在部门联动上开展了初步的探索，人大监督和审计监督的合力效力得到发挥。在制度保障上，建议以县级政府债务的审查监督为切入点，制定或完善人大监督和审计监督工作联动机制办法；在工作实施上，以县级人大预算联网平台为依托，加大两部门的债务信息共享范围；在县级政府债务审计整改上，加大人大监督的力度。以《意见》的具体实施意见为依托，贯彻落实县级人大对政府债务的监督审查职责，更好地发挥县级政府债务对县域经济发展的积极作用。

二是设立科学合理的评判标准体系和说明。信息中独立的数字无法清晰地反映实际情况，可以说是"透"但不"明"，信息使用者无法评判其合理性等。这就需要审查监督机构设置并公布科学合理的评判标准体系和文字说明，给出各类数据的合理性和效率性标准，以及合规性说明，信息使用者参考标准体系和文字说明可以较容易地作出自己的判断。既可以避免社会公众盲目的批评，又可以调动社会公众监督债务预决算的积极性和主动性，真正达到债务信息公开的目的。

三是作出相应的权威性判断。审查监督机构应首先对债务预算信息作出基本判断，并附上判断结果，随债务信息一起向社会公开，以正确引导社会公众的判断。审查监督机构在作出判断的过程中实际上已经对债务管理起到外部监督的作用，因此，除了对社会公众的引导，其还对债务管理部门进行了监督。

### 9.2.2.3　建立债务信息公开反馈回应机制

信息公开反馈回应机制是指信息公开部门针对社会各界在信息公开过程中提出的疑问、质疑、异议、建议和意见等，给出相应的回应、解答、处理、落实等机制。信息公开反馈机制可以促进相关部门及时纠正债务预算管理工作中出现的偏差，以促进地方政府债务管理水平的提高。

一是建立通畅的反馈渠道。建立多种反馈方式，如意见箱、热线电话、网站公开栏等，广泛征求社会各界的意见和建议，以保证反馈渠道的畅通。

二是建立督促整改机制。对社会各界反馈的意见和建议进行甄别整理，对于切实存在的问题责成相关部门和机构进行整改和落实。

三是建立回应通报机制。建立回应通报机制，及时将落实与整改情况进行通报。可采取直接答复、会议通报、新闻媒体报道、网站政务公开栏公布等形式，及时向社会通报，确保公众知情和监督权的落实。

### 9.2.2.4　建立债务信息公开问责机制

完善的债务信息公开机制体系还应建立相应的问责机制。对于债务信息公开中存在的问题，追究相关责任人的责任，以确保债务信息公开各相关规定的贯彻落实。

一是制定责任追究办法。对责任范围、种类、责任人等进行明确界定，确定各种责任的处理和惩罚方式。

二是建立责任调查处理程序。根据办法规定，应当对拟追究责任事项全面、客观地调查取证，查清事实，认真听取有关责任人的陈述和申辩。并根据实际情况，准确区分责任，视情节与后果作出相应处理，并下达书面通知。被追究责任的单位及相关人员对处理结果有异议的，可以按照规定申请复核或提出申诉。

### 9.2.2.5　建立县级政府债务报告体系

地方政府债务信息的披露，除了债务预算信息、债务会计信息外，还应以债务报告的形式披露债务信息，从而形成多角度、立体的债务信息披露制度，为加强县级政府债务管理奠定坚实的基础。

财政部于 2010 年底发布《权责发生制政府综合财务报告试编办法》后，我国自 2011 年开始在部分省区市及所属市县进行试编权责发生制政府综合财务报告，并逐年扩大编制范围。2021 年全部县级以上财政部门均要编制本级政府综合财务报告，所有地区及新疆生产建设兵团，原则上均要编制 2021 年度合并后的地方政府综合财务报告①。地方政府债务信息作为政府综合财务报告的组成部分，主要在会计报表附注中予以列示。本节正是结合政府综合财务报告试编的情况，提出在政府综合财务报告中补充县级政府债务报告的相关建议。

一是建立规范的县级政府债务报告编制制度。根据近年来权责发生制政府综合财务报告试编工作的经验和问题，确立统一的县级政府债务报告编制制度，包括编制原则、编制办法和操作指南等。

二是建立县级政府债务报告审计制度。县级政府编制的债务报告通过有资质的第三方提供客观、公允的审计鉴证报告。建立债务报告审计制度既有利于保证县级政府债务报告所提供信息的真实性和公允性，也有利于促使政府提供高质量的债务信息。

县级政府债务报告审计的核心在于，它是对债务报告的公允性进行审计，涵盖债务所有相关事项。因此，在审计制度的设计上既要充分考虑审计机构的独立性，又要考虑审计机构的权威性。

三是建立县级政府债务报告披露制度。县级政府债务报告披露制度是指政府编制好的债务报告，经审计机关审计后，对外进行公开的制度。政府债务报告的披露应坚持制度化、规范化、统一化原则，以避免出现信息披露的乱象。因此，应研究出台政府债务报告披露的制度和指导性意见，以规范地方政府性债务信息提供的主体、种类、内容、方式、程序等。

### 9.2.3 探索县级政府信用水平评定制度

地方政府偿债能力是由地方政府的信用水平决定的。而投资者对于信用标准的判断是基于信用风险，特别是对于债务人偿还债务的意愿和能力的评估。高的信用风险反映出高的利率。虽然没有绝对的信用风险水平可以组成信用，但是仍然可以被视为是在接受和拒绝借债之间进行划分。虽然我国目前仍然实施省级政府代发债的模式，但是作为债务资金的实际使用主体，对县级政府信用水平的评价仍然应该作为县级政府偿债能力判定

---

① 财政部，《关于开展 2021 年度政府综合财务报告编报工作的通知》。

的重要依据。

与省级政府相比，县级政府的信用受到更多不可控因素影响，比如宏观经济形势、法律框架和政府间财政关系。但是仍然有许多因素能够确定县级政府的信用，并且可以通过管理和治理绩效来直接影响到县级政府的信用水平。这些因素在县级政府举债时应该充分予以考虑，因为好的地方财务管理和治理不仅能够改进信用，而且可以获得更多的收益。

充足率和财政绩效是县级政府信用的核心。为评估县级政府信用，潜在的投资者需要对其财政收入和财政支出进行比较分析。其他可利用的信息也有助于评估县级政府财务状况，好的财务管理绩效以及对支出和收益的治理是县级政府举债的必要条件。虽然方法多样，但是用于评估县级政府财务状况，决定其是否存在结构性问题的关键指标基本都是相同的，表 9 - 1 给出相关指标的构成及其说明，基于数据指标的信用评估应该尽可能地依赖于对时间序列指标的分析，以及和不同县级政府之间的横向比较。

表 9 - 1　　　　用于评估地方政府偿债能力的关键财务指标

| 指标名称 | 说　明 |
|---|---|
| 财政总收入 | 财政收入总量，是确定举债规模的关键指标 |
| 县级政府预算盈余 | 预算盈余是财政状况的关键指标，其用于显示县级政府应对未预期到的财政支出和新增债务举债融资的能力 |
| 收入结构（税收收入/财政收入；非税收入/财政收入） | 财政收入包括转移支付、税收收入和非税收入，税收收入包括地方税、共享税。在收入水平相同的情况下，对于地方自有税依赖度更高的县级政府，其信用水平更高，因为其在地方政府的直接控制下 |
| 税收覆盖率 | 潜在的税基覆盖程度 |
| 税收征收率 | 税收的征收程度 |
| 债务还本付息占收入的比重 | 一般债务还本付息额占一般公共预算支出的比重，专项债务还本付息额占政府性基金支出的比重。比重越低，其信用水平越高 |
| 财政收入增速和波动 | 财政收入的增速和波动都用于评估财政状况是否稳定，也用于显示财政管理和治理的不足。财政收入波动可以视为是政治不稳定或者行政干预过高的指标，或者地方经济对于单一行业依赖度过高，这些因素均会增加不确定性，从而减少信用度 |
| 资本性支出占总支出的比重 | 持续上升的资本性支出以及高的资本支出占比都可以视为积极因素，因为其往往是财务稳定、好的融资状况和管理能力、未来的经济增长向好等方面的指标性因素 |
| 经常性支出占总支出的比重 | 这一比值用于评估预算是否存在结构性问题。较高比例的经常性支出表明意味着存在过高的行政成本和结构性问题 |

| 指标名称 | 说　明 |
|---|---|
| 债务负担和债务结构 | 债务率用于评估是否存在债务负担过高而不能发行新债的可能性。可以选择的指标包括债务占综合财力的比重；人均债务余额；债务还本付息额占综合财力的比重等。包含债务期限在内的债务结构对于特定时点上的偿债能力也会有影响 |
| 债务记录、债务史 | 违约史，或者以往未能偿还债务都会增加不确定习惯，这些信息对于潜在投资者均具有重要价值 |

### 9.2.4　调整优化省以下政府间财政关系

政府间财政关系确定了政府间的收益、支出、财政自主性以及地方政府的财政权力（比如确定税率、收费等）。其有助于保证地方政府财政收入的充足性和提高地方政府的信用水平，设计良好的政府间财政框架对于地方政府从金融市场获取信贷资金非常重要。

各国在政府间财政关系的设计中，对于收入、支出等存在多种多样性的设计方案。地方政府面对的基本问题是其财政资源以及财政权力并不能与其财政支出责任相匹配，增加了地方政府的举债融资需求，也使得其偿债能力较多地依赖于上级政府。因此，县级政府偿债能力的提升还要求进一步优化省以下的政府间财政关系。

县级政府自身财政收入和其财政支出之间的缺口（纵向财政失衡）通常由上级政府的转移支付来补充，对于转移支付的高度依赖会分割公共服务和基础设施建设的成本与收益。如果一个地方提供公共服务所需的资金来源于全国各地的税收（比如通过转移支付给予资金支持），那么该地方政府只需要支付小部分成本就能获得大部分收益。对于提供公共服务和基础设施建设的成本缺乏全面的责任，会导致地方政府存在过度支出，从而制造更强的激励以从公共池中获取转移支付。

县级政府举债空间的增加还要求县级政府对于一部分转移支付具有自由支配的能力，从而对县级政府产生正向的激励效应。但是转移支付也会产生道德风险问题，特别是县级政府的预算对于转移支付的依赖越重，其道德风险就越高。在这种情况下，即使是好的财务管理也不能显著地提高县级政府的财政收入水平和财政治理能力，其可能偏向于实行较差的绩效激励。对于转移支付的依赖越大，越可能降低地方政府的财政治理水平。与其寻求更好的成本效益比，地方政府可以将资金不足归咎于上级政府未能及时、充足地提供资金。为避免负向激励，就要求在设计转移支付机制时，考虑相应的绩效标准。

因此，基于财政能力均等化的纵向或横向的转移支付是县级政府最主要的财政收入来源。理顺省以下政府间收入关系，完善省以下转移支付制度，也是进一步推进省以下财政体制改革工作的重要举措。[①] 本书认为，无论其是否有利于地方政府举债，一个好的转移支付体系应该能够满足几个标准：

一是透明、基于规则和可预测。转移支付的数量和时间应该提前确定并公示，以减少未来财务状况的不确定性，以利于地方政府债务的供求双方都能够更好地评估地方政府债务的风险。

二是相机抉择的能力。转移支付可以是专项的，也可以是一般的。专项转移支付可以确保资金用于给定的目的，特别是将资金投入具有高需求和高政府关注的领域。专项转移支付也能够决定资金是否用于当期支出或是资本性投资，但是特定部门的专项转移支付也可能会产生负面效应，因为其使得资金不能按照需要来分配。对于专项转移支付的接收部门，某些投资可能没有其他行业的投资重要；如果可以自行分配转移支付资金，可以减少其他部门的投资所需的举债数量，也有助于降低债务利率。

---

① 中央全面深化改革委员会第二十五次会议，《加强数字政府建设　推进省以下财政体制改革》，http：//www.gov.cn/xinwen/2022 – 04/19/content_5686128.htm。

# 参 考 文 献

1. 陈志勇，毛晖，张佳希. 地方政府性债务的期限错配：风险特征与形成机理 [J]. 经济管理，2015 (5)：12 – 21.

2. 陈志勇，王银梅. 我国地方政府性债务信息披露问题研究 [J]. 地方财政研究，2014 (2)：37 – 41.

3. 陈志勇，庄佳强. 地方政府信用评级方法比较及在我国的应用 [J]. 财政研究，2014 (7)：25 – 28.

4. 陈志勇，庄佳强，毛晖，王银梅，陈思霞. 地方政府性债务管理与风险防范研究 [M]. 北京：经济科学出版社，2017.

5. 刁伟涛，傅巾益. 我国县级政府债务风险的分类度量、区域分布和变化特征：2015—2017 [J]. 财政研究，2019 (5)：58 – 76.

6. 刁伟涛，傅巾益，任占尚. 地方政府债务信息公开全面评估——基于 2015 – 2017 年县级跟踪调查 [J]. 地方财政研究，2019 (1)：70 – 80.

7. 伏润民，王卫昆，缪小林. 我国地方政府债务风险与可持续性规模探讨 [J]. 财贸经济，2008 (10)：82 – 87.

8. 龚强，王俊，贾珅. 财政分权视角下的地方政府债务研究：一个综述 [J]. 经济研究，2011 (7)：144 – 156.

9. 郭濂. 关于地方债务置换的思考 [J]. 金融博览，2015 (5)：32 – 33.

10. 何杨，满燕云. 地方政府债务融资的风险控制——基于土地财政视角的分析 [J]. 财贸经济，2012 (5)：45 – 50.

11. 黄国桥，徐永胜. 地方政府性债务风险的传导机制与生成机理分析 [J]. 财政研究，2011 (9)：2 – 5.

12. 贾康. 多视角考量地方债风险 [J]. 中国金融，2014 (7)：20 – 21.

13. 匡小平，蔡芳宏. 论地方债的预算约束机制 [J]. 管理世界，2014 (1)：173 – 175.

14. 类承曜. 我国地方政府债务增长的原因：制度性解释框架 [J].

经济研究参考，2011（38）：23 – 32.

15. 类承曜，吕蒙．关于"准市政债券"的现实和理论思考［J］．财政研究，2009（9）：33 – 38.

16. 李萍．地方政府债务管理——国际比较与借鉴［M］．北京：中国财政经济出版社，2009.

17. 李齐云．建立健全与事权相匹配的财税体制研究［M］．北京：中国财政经济出版社，2013.

18. 李燕．地方政府性债务期待规范化、透明化管理［J］．中央财经大学学报，2009（12）：1 – 5.

19. 刘珝珝．地方政府债务融资及其风险管理：国际经验［M］．北京市：经济科学出版社，2011.

20. 刘尚希．财政风险：一个分析框架［J］．经济研究，2003（5）：23 – 31.

21. 刘尚希．公共债务的分析与计量［J］．财政与发展，2005（12）：7 – 8.

22. 刘尚希．公共风险视角下的公共财政［M］．北京：经济科学出版社，2010.

23. 刘尚希．地方政府性债务的法治之举［J］．财政监督，2015（1）：44 – 49.

24. 刘煜辉，沈可挺．中国地方政府公共资本融资：问题、挑战与对策［J］．金融评论，2011（3）：1 – 18.

25. 马海涛，崔运政．地方政府债务纳入预算管理研究［J］．当代财经，2014（6）：23 – 31.

26. 马金华，宋晓丹．地方政府债务：过去、现在和未来［J］．中央财经大学学报，2014（8）：16 – 21.

27. 马骏．化解国家资产负债表中的长期风险［J］．财经，2012（6）.

28. 马骏．以市政债制度硬化地方政府预算约束［J］．新金融，2014（7）：14 – 16.

29. 毛晖，严笑羽．地方政府性债务的土地依赖：现实困境与改革路径［J］．行政事业资产与财务，2014（12）：4 – 7.

30. 米歇尔·布维耶，黄严译．"黄金法则"：通向公共预算平衡及削减公共债务的法律之路［J］．公共行政评论，2011（12）：103 – 115.

31. 苗庆红．地方政府债务偿还机制研究［J］．经济体制改革，2015（4）：13 – 19.

32. 缪小林，伏润民. 我国地方政府性债务风险生成与测度研究——基于西部某省的经验数据 [J]. 财贸经济，2012 (1)：21 - 24.

33. 潘功胜，马骏. 市政债市场与地方政府预算约束 [M]. 北京：中国金融出版社，2014.

34. 裴育，欧阳华生. 地方债务风险预警程序与指标体系的构建 [J]. 当代财经，2006 (3)：34.

35. 裴育，欧阳华生. 我国地方政府债务风险预警理论分析 [J]. 中国软科学，2007 (3)：110 - 114.

36. 孙国伟. 债务期限结构、流动性与公共债务管理 [J]. 金融评论，2012，4 (5)：78 - 89.

37. 孙开. 应急财政资金的保障机制与制度化管理研究 [J]. 财贸经济，2013 (3)：13 - 20.

38. 孙涛，张晓晶. 开放视角下的国家综合负债风险与市场化分担 [J]. 经济研究，2007 (7)：71 - 72.

39. 孙悦. 地方政府破产与财政重建研究：以日本北海道夕张市为个案 [J]. 公共行政评论，2011 (1)：122 - 136.

40. 田鑫. 我国地方政府债务风险及预警研究 [D]. 西南财经大学，2014.

41. 王华. 中国金融机构不良资产的财政风险问题 [J]. 中央财经大学学报，2003 (8)：11 - 14.

42. 王俊. 地方政府债务的风险成因、结构与预警实证 [J]. 中国经济问题，2015 (2)：16 - 19.

43. 王振宇，连家明，郭艳娇等. 我国地方政府性债务风险识别和预警体系研究——基于辽宁的样本数据 [J]. 财贸经济，2013 (7)：19 - 26.

44. 王银梅，程新华. 基于信息有用性的政府会计改革研究 [J]. 财会通讯 (12 上)，2012：37 - 39.

45. 王银梅，潘珊. 应用现值理论计量我国地方政府或有负债探究 [J]. 财政研究，2014 (2)：62 - 65.

46. 王银梅. 权责发生制政府预算与会计改革问题研究 [M]. 北京：中国社会科学出版社，2009.

47. 王银梅. 我国财政超收问题研究 [M]. 北京：经济科学出版社，2015.

48. 魏加宁，宁静，朱太辉. 我国政府性债务的测算框架和风险评估

研究 [J]. 金融监管研究, 2012 (11): 36 - 41.

49. 魏加宁. 地方政府债务风险化解与新型城市化融资 [M]. 北京: 机械工业出版社, 2014.

50. 温来成, 苏超. 地方政府投融资平台整合前景及对策研究 [J]. 财贸经济, 2013 (5): 23 - 29.

51. 肖鹏. 基于防范财政风险视角的中国政府会计改革探讨 [J]. 会计研究, 2010 (6): 20 - 25.

52. 熊波. 公共服务均等化视角下的财政转移支付: 理论、现实与出路 [J]. 经济体制改革, 2009 (2): 37 - 41.

53. 徐长生, 程琳, 庄佳强. 地方债务对地区经济增长的影响与机制——基于面板分位数模型的分析 [J]. 经济学家, 2016 (5): 77 - 86.

54. 徐建国, 张勋. 中国政府债务的状况、投向和风险分析 [J]. 南方经济, 2013, 31 (1): 14 - 34.

55. 闫明, 顾炜宇. 我国地方政府信用风险评级体系构建: 框架与方法 [J]. 中央财经大学学报, 2014, 1 (3): 47 - 54.

56. 杨胜刚, 张润泽. 政府信用评级与市政债券发债规模探讨 [J]. 现代财经 (天津财经大学学报), 2011 (5): 29 - 35.

57. 杨亚军, 杨兴龙, 孙芳城. 基于风险管理的地方政府债务会计系统构建 [J]. 审计研究, 2013 (3): 94 - 101.

58. 尹新才. 瑞典政府债务审计 [J]. 湖北审计, 2003 (1): 28 - 29.

59. 张帆. 中美地方政府债务多维视角比较与分析 [J]. 地方财政研究, 2015 (5): 90 - 96.

60. 张宏安. 新中国地方政府债务史考 [J]. 财政研究, 2011 (10): 7 - 10.

61. 张世锋, 韩守乐. 市政债的国际经验及对我国的启示 [J]. 金融纵横, 2011 (9): 19 - 22.

62. 张亚秋, 赵英杰. 美国市政债券监管体系及其对我国地方政府自主发债监管的启示 [J]. 金融监管研究, 2014 (6): 71 - 83.

63. 张志华, 周娅, 尹李峰等. 美国地方政府债务危机处理 [J]. 经济研究参考, 2009 (43): 21 - 25.

64. 张志华, 周娅, 尹李峰等. 国外地方政府债务的规模控制与风险预警 [J]. 经济研究参考, 2008 (22): 8 - 10.

65. 赵全厚. 中国地方政府融资及其融资平台问题研究 [J]. 经济研究参考, 2011 (10): 24 - 30.

66. 赵全厚, 孙昊旸. 我国政府债务概念辨析 [J]. 经济研究参考, 2011 (10): 42 – 45.

67. 赵云旗. 地方政府性债务风险防范研究 [J]. 财会研究, 2013 (3): 5 – 13.

68. 郑洁, 寇铁军. 地方政府性债务预算的框架设计与实现路径选择 [J]. 财政研究, 2014 (7): 23 – 25.

69. 周孝华, 周青. 地方政府投融资平台风险管理——基于重庆市投融资平台的实证研究 [M]. 北京: 经济管理出版社, 2014.

70. 周学东. 地方债风险化解与市政债试点 [J]. 中国金融, 2014 (2): 71 – 73.

71. 周沅帆. 我国地方政府债务融资体系研究 [M]. 北京: 北京大学出版社, 2013.

72. 朱军. 地方政府债务预算的困境摆脱与策略选择 [J]. 财政金融, 2012 (10): 51 – 71.

73. 朱太辉, 魏加宁. 我国地方债发行的金融学理论基础 [J]. 财政研究, 2012 (5): 19 – 21.

74. 庄佳强. 地方政府债务风险管理模式比较: 国际经验与启示 [J]. 郑州轻工业学院学报 (社会科学版), 2015 (12): 89 – 96.

75. 庄佳强. 基于债务限额法的我国地方政府举债空间测算 [J]. 财政经济评论, 2015 (2).

76. 庄佳强, 陈志勇, 解洪涛. 我国地方政府性债务的非线性增长效应研究性增长效应研究 [J]. 当代财经, 2017 (10).

77. 庄佳强, 陈志勇. 城镇化进程中的地方政府财政风险——基于三类融资模式的比较分析 [J]. 中南财经政法大学学报, 2017 (1).

78. 庄佳强. 地方政府举债空间: 概念、测算与影响因素 [J]. 公共财政评论, 2019 (1): 36 – 51.

79. 庄佳强. 新格局下县域政府债的规模、结构与可持续性 [J]. 财政监督, 2021 (18): 17 – 23.

80. Akai, Nobuo, 1994, Ricardian Equivalence for Local Government Bonds Budget Constraint Approach [J]. Economic Letters, Vol. 44, pp. 191 – 195.

81. Alesina, Alberto, Ricardo Hausmann, Rudolf Hommes and Ernesto Stein, 1999, Budege Institutions and Fiscal Performance in Latin America, Journal of Development Economics, 59 (2), pp. 253 – 273.

82. Allers, Maarten A. , 2015 , The Dutch Local Government Bailout Puzzle, Public Administration, Vol. 93, No. 2, pp. 451 – 470.

83. Bae, Sang-Seok, 2006, Public Economics, Institutions and Financial Management of Debt Financing in Local Governments, Electronic Theses, Treatises and Dissertations, Paper 894.

84. Bastos, Fabiano and Emilio Pineda, 2013, Fiscal Space of Brazilian States, Inter-American Development Bank, Discussion Paper, No. IDB-DP-310.

85. Bayoumi Tamim, Morris Goldstein and Geoffrey Woglom, 1995, Do Credit Markets Discipline Sovereign Borrowers, Journal of Money, Credit and Banking, 27 (4): 1046 – 1059.

86. Benito, Bernardino, Maria-Dolores Guillamon and Francisco Bastida, 2015, Non-Fulfilment of Debt Limits in Spanish Municipalities, Fiscal Studies, Vol. 36, No. 1, pp. 75 – 89.

87. Bordignon, Massimo, Alessia Giglio and Gilberto Turati, 2015, Soft Budget Constraints: The Case of Municipal Bonds in Italy, in Kim Junghun and Hansjorg Blochliger eds, Institutions of Intergovernmental Fiscal Relations Challenges Ahead, Chapter 5, pp. 105 – 125, OECD Publishing.

88. Borge, L. E. , and J. Rattso, 2002, Local Government Budgeting and Borrowing: Norway. In: B. Daffl on ( ed. ) Local Public Finance in Europe: Balancing the Budget and Controlling Debt. Studies in Fiscal Federalism and State-Local Finance Series. Edward Elgar, Cheltenham-Northampton.

89. Bohn, H. and Inman, R. P. , 1996, Balanced budget rules and public deficits: evidence from the U. S. states, Carnegie-Rochester Conference Series on Public Policy, Vol. 45, pp. 13 – 76.

90. Borck, R. , F. M. Fossen, R. Freier and T. Martin , 2015, Race to the Debt Trap? Spatial Econometric Evidence on Debt in German Municipalities, Regional Science and Urban Economics, 53: 20 – 37.

91. Bruce, Neil, 1995, A Fiscal Federalism Analysis of Debt Policies by Sovereign Regional Governments, The Canadian Journal of Economics, Vol. 28, pp. S195 – S206.

92. Carrere, Celine and Jaime de Melo, 2007, Fiscal Policy Space and Economic Performance: Some Stylzed Facts, Working Paper, HALSHS-00556996.

93. Chari, V. V. and Patrick J. Kehoe, 2016, A Proposal to Eliminate the Distortions Caused by Bailout, Fed of Minneapolis, Economic Policy Paper 16 – 101.

94. Daly, George, G. , 1969, The Burden of the Debt and Future Generations in Local Finance, Southern Economic Journal, Vol. 36, No. 1, pp. 44 – 51.

95. Dove, John A. , 2014, Financial Markets, Fiscal Constraints, and Municipal Debt: Lessons and Evidence from the Panic of 1873, Journal of Institutional Economics, Vol. 10, No. 1, pp. 71 – 106.

96. Ellis, Michael A. , and D. Eric Schansberg, 1999, The Determinants of State Government Debt Financing, Public Finance Review, Vol. 27, No. 6, pp. 571 – 587.

97. Farber, G. , 2002. Local Government Borrowing in Germany. In: B. Daffl on (ed. ) Local Public Finance in Europe: Balancing the Budget and Controlling Debt. Studies in Fiscal Federalism and State-Local Finance Series. Edward Elgar, Cheltenham-Northampton.

98. Farnham, P. G. , 1985, Re-examining local debt limits: A disaggregated analysis, Southern Economic Journal, Vol. 51, pp. 1186 – 201.

99. Fraschini, A. , 2002. Local Borrowing: the Italian Case. In: B. Daffl on (ed. ) Local Public Finance in Europe: Balancing the Budget and Controlling Debt. Studies in Fiscal Federalism and State-Local Finance Series. Edward Elgar, Cheltenham-Northampton.

100. Feld, L. P. , G. Kirchg€assner and C. A. Schaltegger, 2011, Municipal Debt in Switzerland: New Empirical Results, Public Choice, 149: 49 – 64.

101. Foremny, D. , 2014, Sub-National Deficits in European Countries: The Impact of Fiscal Rules and Tax Autonomy, European Journal of Political Economy, 34: 86 – 110.

102. Galinski, Pawel, 2015, Determinants of Debt Limits in Local Governments: Case of Poland, Procedia-Social and Behavioral Sciences, 213, pp. 376 – 382.

103. Garello, Pierre, 2016, French Subnational Public Finance: On the Difficulty of being a Decentralized Unitary State. In Ehtisham Ahmad, Massimo Bordignon, Giorgio Brosio, eds, Multi – level Finance and the Euro Crisis Causes and Effects, Edward Elgar.

104. Gorina, Evgenia, 2013, Fiscal Sustainability of Local Governments: Effects of Government Structure, Revenue Diversity, and Local Economic Base, Dissertation, Arizona State University.

105. Granof, Michael, H. , 1984, A Fundamental Flaw of Debt Limitations for State and Local Government, Journal of Accounting and Public Policy, Vol. 3, pp. 293 –310.

106. Hanniman, Kyle, 2020, Covid-19, Fiscal Federalism and Provincial Debt: Have We Reached a Critical Juncture? Canadian Journal of Political Science, 1 –7.

107. Heins, James, A. , 1963, Constitutional Restrictions Against State Debt, Madison, WI: University of Wisconsin Press.

108. Heins, James, A. , 1967, Elements of a Theory of Local Borrowing, Proceedings of the National Tax Association, Vol. 60, pp. 75 –86.

109. Hendrick, Rebecca and Jared Crawford, 2012, Municipal Fiscal Policy Space and Fiscal Structure: Tools for Managing Spending Volatility, Working Paper, University of Illinois at Chicago.

110. Hoene, Christopher, Michael A. Pagano, Shu Wang and Yu Shi, 2012, The Fiscal Policy Space of Municipalities, Working Paper, University of Illinois at Chicago.

111. Huidrom, Raju, M. Ayhan Kose and Franziska L. Ohnsorge, 2016, Challenges of Fiscal Policy in Emerging and Developing Economies, Working Paper, 1604, Koc University.

112. Hulbert, Claudia and Camila Vammalle, 2016, Monetoring Sub-Central Governments' Debts Practices and Challenges in OECD Countries, in Hansjorg Blochliger and Junghun Kim eds, Fiscal Federalism 2016, Making Decentralisation Work, Chapter 5, OECD Publishing.

113. IMF, 2003, Sustainability Assessments—Review of Application and Methodological Refinements. Discussion Paper. International Monetary Fund, Washington, DC.

114. Irwin, Timothy C. , 2015, Defining the Government's Debt and Deficit, Journal of Economic Survey, Vol. 29, No. 4, pp. 711 –732.

115. Izvorski, Ivailo, 2009, Fiscal Space: Enhance the Set of Indicators Monitored, Talk to Investors, and be Cautions in Assessing the Available Fiscal Room, World Bank, Memo.

116. Jensen, Richard and Eugenia Froedge Toma, 1991, Debt in a Model of Tax Competition, Regional Science and Urban Economics, Vol. 21, pp. 371 – 392.

117. Jorgen, N. , and M. Pedersen, 2002, Local Government and Debt Financing in Denmark. In: B. Dafflon (ed.) Local Public Finance in Europe: Balancing the Budget and Controlling Debt. Studies in Fiscal Federalism and State-Local Finance Series. Edward Elgar, Cheltenham – Northampton.

118. Jyothish Rohith, 2015, Fiscal Policy Space in BRIICSAM Countries, Working Paper, Centre for Budget and Governacne Accountability.

119. Kneebone, Ronald D. , and Margarita Gres, 2013, The Past and Future of Ontario's Public Debt. In Jason Clemens and Niels Veldhuis (eds. ), The State of Ontario's Indebtedness: Warning Signs to Act. Fraser Institute.

120. Ley Eduardo, 2009, Fiscal Policy for Growth, World Bank PREM Notes No. 131.

121. Heller, Peter, S. 2005, Understanding Fiscal Space, IMF Policy Discussion Paper, PDP/05/4.

122. Heller, Peter, S. , 2007, Menachem Katz, Xavier Debrun, Theo Thomas, Taline Koranchelian and Isabell Adenauer, Making Fiscal Space Happen: Managing Fiscal Policy in a World of Scaled-Up Aid, IMF Working Paper, WP/06/270.

123. Ley Eduardo, 2010, Fiscal (and External) Sustainability, World Bank PREM Working Paper.

124. World Bank, 2015, Global Economic Prospects: Having Fiscal Space and Using it, World Bank Report.

125. MacIntyre, Hugh and Charles Lammam, 2014, Government Debt and Other Liabilities in the City of Vancouver, Fraser Research Bulletin.

126. Mahdavi, Saeid, 2014, Bohn's Test of Fiscal Sustainability of the American State Governments, Southern Journal of Economics, Vol. 80, No. 4, pp. 1028 – 1054.

127. Ministry of Internal Affairs and Communicatios, 2016, Local Government Bond System and Market in Japan, Japan Local Government Bond Association.

128. Mitchell, W. E. , 1967, The Effectiveness of Debt Limits on State and Local Government Borrowing, New York.

129. Nagami, Junichi and Hikaru Ogawa, 2011, Partial Coordination in

Local Debt Policies, Applied Economics Letters, Vol. 18, pp. 1785 – 1787.

130. Nicolini, Juan Pablo, Josefina Posadas, Juan Sanguinetti, Pablo Sanguinetti and Mariano Tommasi, 2002, Decentralization, Fiscal Discipline in Sub-National Governments and the Bailout Problem: the Case of Argentina, Working Paper.

131. Ogawa, Hikaru, and Mitsuhiro Yano, 2007, Local Public Debt with Overlapping Generations, Economics of Governance, Vol. 8, pp. 51 – 59.

132. Ogawa, H. and Nagami, J., 2011, Partial coordination in local debt policies, Applied Economics Letters, Vol. 18, pp. 1785 – 1787.

133. Pagano, Michael A. and Christophe W. Hoene, 2010, States and the Fiscal Policy Space of Cities, in Michael Bell, David Brunori, and Joan Youngman, eds. The Property Tax and Local Autonomy, Cambridge, MA: Lincoln Institute of Land Policy.

134. Perignon, Christophe and Boris Vallee, 2015, The Political Economy of Financial Innovation: Evidence From Local Governments, Working Paper, Harvard University.

135. Pogue, Thomas F., 1970, The effect of debt limits: Some new evidence, National Tax Journal, Vol. 23 (1), pp. 36 – 49.

136. Potrafke, Niklas, Marina Riem and Christoph Schinke, 2016, Debt Brakes in the German States: Governments' Rhetoric and Actions, German Economic Review, Vol. 17, No. 2, pp. 253 – 275.

137. Palacios, Milagros, Hugh MacIntyre and Charles Lammam, 2016, Canadian Government Debt 2014, A Guide to the Indebtedness of Canada and the Provinces, Fraser Institute Report.

138. Schultz, Christian and Tomas Sjostrom, 2001, Local Public Goods, Debt and Migration, Journal of Public Economics, Vol. 80, pp. 313 – 317.

139. Schultz, Christian and Tomas Sjostrom, 2004, Public Debt, Migration, and Shortsighted Politicians, Journal of Public Economic Theory, Vol. 6, No. 5, pp. 655 – 674.

140. Seitz, Helmut, 2000, Subnational Government Bailoutsin Germany, Inter-American Development Bank, Research Network Working Paper, R – 396.

141. Stadelmann, David and Reiner Eichenberger, 2010, Debt Capitalization—Ricardian Equivalence Without Altruism, Working Paper.

142. Stadelmann, David and Reiner Eichenberger, 2012, Consequences of

Debt Capitalization: Property Ownership and Debt versus Tax Choice, Southern Economic Journal, Vol. 78, No. 3, pp. 976 – 998.

143. Stadelmann, David and Reiner Eichenberger, 2014, Public Debts Capitalize into Property Prices: Empirical Evidence for a New Perspective on Debt Incident, International Taxation and Public Finance, Vol. 21, pp. 498 – 529.

144. Steinbach, Armin, 2015, The Mutualization of Sovereign Debt: Comparing the American Past and the European Present, Journal of Common Market Studies, Vol. 53, No. 5, pp. 1110 – 1125.

145. Stephens, G. Ross, 1974, State Centralization and the Erosion of Local Autonomy, the Journal of Politicas, Vol. 36, No. 1, pp. 44 – 76.

146. Stephens, G. Ross, and Nelson Wikstrom, 2007, American Intergovernmental Relations: A Fragmental Federal Policy, New York: Oxford University Press.

147. Swianiewicz, Pawel, eds, 2004, Local Government Borrowing: Risks and Rewards, Local Government and Public Service Reform Initiative.

148. Swianiewiez, P. , 2007, Local borrowing and municipal debt, In R. D. Ebel and G. Péteri (eds), The Kosovo Decentralization Briefing Book, Prishtinë: Kosovo Foundation for an Open Society and the Local Government and Public Service Reform Initiative of the Open Society Institute-Budapest.

149. Tsuneki, Atsushi, 1985, On the Neutrality of Local Public Bond in a Spatial Economy, The Economic Studies Quarterly, Vol. 36, No. 1, pp. 46 – 52.

150. Vetter, Stefan, Frank Zipfel and Jan Fritsche, 2014, Small is Beautiful? Capital Market Funding for Sub-sovereign Authorities on the Rise, EU Monitor, Deutsche Bank Research.

151. Von Hagen, Jurgen, Massimo Bordignon, Matz Dahlberg, Bhajan S. Grewal, Per Petterson and Helmut Seitz, 2000, Subnational Government Bailouts in OECD Countries: Four Case Studies, Inter-American Development Bank, Research Network Working Paper, R – 399.

152. Wagner, Richard, E. , 1970, Optimality in Local Debt Limitation, National Tax Journal, Vol. 23, No. 3, pp. 297 – 305.

153. Watts, P. A. , 2002, Local Government Capital Expenditure in England. In: B. Daffl on (ed. ) Local Public Finance in Europe: Balancing the Budget and Controlling Debt. Studies in Fiscal Federalism and State-Local Fi-

nance Series. Edward Elgar, Cheltenham-Northampton.

154. Weichenrieder, Alfons, J. , 2009, A Note on Local Public Investment and Debt Limitation in a Federation, Funnish Economic Papers, Vol. 22, No. 1, pp. 3 – 8.

155. Wolman, Harold, 2008, Comparing Local Governments Across Counties: Conceptual and Methodological Challenges to Building a Field of Comparative Local Government Studies, Environment and Planning C: Government and Policy, Vol. 26, pp. 87 – 103.

156. Wolman, Hal, Robert McManmon, Michael Bell and David Brunori, 2010, Comparing Local Government Autonomy Across States, in Michale E. Bell, David Brunori and Joan M. Youngman edits, The Property Tax and Local Autonomy, Lincoln Institute of Land Policy, pp. 69 – 114.